Daniel H. Pink

DIE KRAFT DER REUE

Daniel H. Pink

Die Kraft der Reue

Wie der Blick zurück uns hilft, *nach vorne zu schauen*

Aus dem Amerikanischen von Ursula Pesch

allegria

Wir verpflichten uns zu Nachhaltigkeit
• Klimaneutrales Produkt
• Papiere aus nachhaltiger
  Waldwirtschaft und anderen
  kontrollierten Quellen
• ullstein.de/nachhaltigkeit

Die Originalausgabe erschien 2022 unter dem Titel
The Power of Regret. How Looking Backward Moves Us Forward
bei RIVERHEAD BOOKS NEW YORK.

Allegria ist ein Verlag der Ullstein Buchverlage GmbH

ISBN 978-3-7934-2449-9

Redaktion: Clara Henssen
Gesetzt aus der Dante MT Pro
Satz und Repro: LVD GmbH, Berlin
Druck und Bindearbeiten: CPI books GmbH, Leck
www.ullstein.de

Inhalt

Teil 1. Reue zurückerobern

Teil 2. Reue sichtbar machen

Teil 3. Ein neuer Umgang mit Reue

»Obwohl wir gerne ohne Reue leben würden
und manchmal stolz darauf beharren, dass
wir dies tun, ist dies eigentlich unmöglich,
schon allein weil wir sterblich sind.«

— JAMES BALDWIN, 1967

Teil 1

Reue
zurückerobern

1.

Der Unsinn, nichts zu bereuen

Am 24. Oktober 1960 traf ein Komponist namens Charles Dumont mit Angst im Herzen und Songs in der Aktentasche in der schicken Pariser Wohnung von Edith Piaf ein.

Damals war Piaf wohl die berühmteste Entertainerin Frankreichs und eine der bekanntesten Sängerinnen der Welt. Sie war außerdem sehr zerbrechlich. Obwohl sie gerade erst vierundvierzig Jahre alt war, hatten Drogensucht, Unfälle und ein schweres Leben ihrem Körper stark zugesetzt. Piaf wog zu diesem Zeitpunkt weniger als fünfundvierzig Kilo. Drei Monate zuvor hatte sie wegen eines Leberschadens im Koma gelegen.

Doch trotz ihres hinfälligen Zustands hatte sich an ihrer berüchtigten Launenhaftigkeit und ihrem hitzigen Temperament nichts geändert.

Sie hielt Dumont und Songtexter Michel Vaucaire, mit dem Dumont zusammenarbeitete und der ihn bei diesem Besuch begleitete, für zweitklassige musikalische Talente. Früher am Tag hatte Piafs Sekretärin noch versucht, das Treffen abzusagen. Piaf weigerte sich erst mal, den Besuch zu empfangen, die Männer mussten in ihrem Wohnzimmer warten. Kurz bevor sie schlafen ging, gab sie jedoch nach und tauchte, eingewickelt in einen blauen Morgenmantel, dann doch auf.

Sie würde sich genau einen Song anhören, erklärte sie ihnen. Mehr nicht.

Dumont setzte sich an Piafs Klavier. Nervös schwitzend, begann er, seine Komposition zu spielen und leise Vaucaires begleitende Lyrics aufzusagen.[1]

Non, rien de rien
Non, je ne regrette rien.
Nein, rein gar nichts.
Nein, ich bereue nichts.

Sie bat Dumont, den Song noch mal zu spielen, und fragte sich laut, ob er ihn wirklich selbst komponiert habe. Sie bat ein paar Freunde, die zufällig zu Besuch waren, sich den Song mal anzuhören. Als Nächstes waren ihre Hausangestellten an der Reihe.

Stunden vergingen. Dumont spielte den Song immer wieder, einem Bericht zufolge mehr als zwanzig Mal. Piaf rief den Direktor des Olympia an, dem Pariser Hotspot für Konzerte, der kurz vor Tagesanbruch eintraf.

Non, rien de rien.
Non, je ne regrette rien.
C'est payé, balayé, oublié.
Je me fous du passé.
Nein, rein gar nichts.
Nein, ich bereue nichts.
Das ist bezahlt, weggefegt, vergessen.
Die Vergangenheit, sie kann mich mal.

Wenige Wochen später sang Piaf den zwei Minuten und neunzehn Sekunden langen Song im französischen Fernsehen. Als sie ihn im Dezember als furiosen Abschluss eines Konzerts performte, das dazu beitrug, das Olympia vor dem finanziellen Ruin zu bewahren, wurde sie zweiundzwanzigmal vor den Vorhang gerufen. Bis zum Ende des folgenden Jahres hatten ihre Fans über eine Million Exemplare ihrer »Je ne regrette rien«-Schallplatte gekauft, was der Chanteuse zum Ikonenstatus verhalf.

Drei Jahre später war Edith Piaf tot.

An einem kalten Sonntagmorgen im Februar 2016 wachte Amber Chase in ihrer Wohnung in der westkanadischen Stadt Calgary auf. Ihr damaliger Freund (und jetziger Ehemann) war verreist; am Abend zuvor war sie mit einigen Freundinnen ausgegangen. Ein paar von ihnen hatten bei ihr übernachtet. Die Freundinnen unterhielten sich und tranken Sekt mit Orangensaft, als Amber, angetrieben durch eine Mischung aus Inspiration und Langeweile, plötzlich vorschlug: »Wir lassen uns jetzt ein Tattoo stechen!« Die Gruppe stieg ins Auto und fuhr zu Jokers Tattoo & Body Piercing auf dem Highway 1, wo der anwesende Tattoo-Künstler zwei Worte in Ambers Haut stach.

Ambers Tattoo war fast identisch mit dem fünf Jahre alten Tattoo von Mirella Battista, die 2400 Meilen weit weg lebte. Mirella wuchs in Brasilien auf und zog mit Anfang zwanzig nach Philadelphia, um dort aufs College zu gehen. Sie fühlte sich in ihrer Wahlheimat sehr wohl. Während der Zeit am College hatte sie einen Job in einer örtlichen Steuerberatungsfirma, viele Freunde und eine Beziehung mit einem Mann aus Philadelphia. Die beiden konnten sich eigentlich vorstellen zu heiraten, trennten sich aber nach fünf Jahren. Mirella wollte einen Neuanfang – sie nannte es auf die »Reset«-Taste drücken – und zog neun Jahre nach ihrer Ankunft in den USA zurück nach Brasilien. Einige Wochen vor ihrer Rückkehr ließ sie sich hinter ihr rechtes Ohr zwei Worte tätowieren.

Ein Jahr zuvor hatte sich Mirellas Bruder Germanno Teles, ohne dass sie es wusste, ein fast identisches Tattoo stechen lassen. Germanno brannte von klein auf für Motorräder, zum Unglück seiner Eltern, die zwei sicherheitsbewusste Mediziner waren. Doch davon ließ sich Germanno nicht aufhalten, er lernte über Motorräder, was immer er konnte, sparte seine *Centavos* und kaufte sich schließlich seine geliebte Suzuki. Eines Abends, als er nahe seiner brasilianischen Heimatstadt Fortaleza auf dem Highway fuhr, wurde Germanno von einem anderen Fahrzeug seitlich erfasst – sein linkes Bein wurde dabei verletzt, und er konnte danach nur noch eingeschränkt Motorrad fahren. Kurze Zeit später ließ er sich direkt unter dem Knie seines verletzten Beins ein Motorrad tätowieren. Daneben befanden sich entlang seiner Narbe zwei Worte in Schreibschrift.

Das Tattoo, das Germanno sich an jenem Tag stechen ließ, war fast identisch mit dem, für das Bruno Santos sich 2013 in Lissabon, Portugal, entschied. Bruno, ein Personalmanager, kannte weder Amber noch Mirella oder Germanno. Genervt von seinem Job, verließ er eines Nachmittags sein Büro, ging in ein Tattoostudio und kam mit einem dreisilbigen Motto auf dem rechten Unterarm wieder raus.

Vier Menschen, die auf drei Kontinenten leben, jeder mit einem Tattoo, das aus denselben zwei Wörtern besteht:

No Regrets.

Ein reizvoller, aber gefährlicher Grundsatz

Einige Überzeugungen wirken im Stillen, wie existenzielle Hintergrundmusik. Andere werden zu Lobgesängen auf eine bestimmte Lebensweise. Und nur wenige Credos werden lauter verkündet als der Grundsatz, Reue sei schlecht – dass sie Zeitverschwendung sei und unser Wohlbefinden sabotiere. Aus jedem Winkel der Kultur dröhnt die Botschaft: Vergiss die Vergangenheit, erobere die Zukunft. Meide das Bittere, genieße das Süße. Ein gutes Leben zeichnet sich durch eine singuläre Ausrichtung (vorwärts) und eine unerschütterliche Kraft aus. Reue stört beides. Sie ist rückwärtsgewandt und unangenehm – ein Giftstoff im Blutkreislauf des Glücks.

Kein Wunder also, dass Piafs Song noch immer überall auf der Welt so beliebt und ein Maßstab für andere Musiker ist. Zu den Künstlern, die derlei »No Regrets«-Songs mit dem Titel aufgenommen haben, zählen die Jazzlegende Ella Fitzgerald, der britische Popstar Robbie Williams, die Cajun-Band Steve Riley & the Mamou Playboys, der amerikanische Bluessänger Tom Rush, die in die Country Music Hall of Fame aufgenommene Emmylou Harris und der Rapper Eminem. Luxusautomarken, Schokoriegel und Versicherungsgesellschaften – sie alle bekennen sich zu dieser Philosophie, indem sie Piafs »Je ne regrette rien« in ihrer Fernsehwerbung nutzen.[2]

Und welch größeres Bekenntnis zu einem Glaubenssystem könnte es geben, als es so offen zur Schau zu stellen – wie Bruno Santos, der es in schwarzen Kleinbuchstaben zwischen Ellbogen und Handgelenk seines rechten Arms verewigen ließ?

Wenn Tausende von tintenbefleckten Körperteilen Sie nicht überzeugen, sollten Sie zwei Giganten der amerikanischen Kultur

Gehör schenken, die weder gleichen Geschlechts waren noch die gleiche Religionszugehörigkeit oder politische Einstellung hatten, sich in Bezug auf dieses Credo jedoch einig waren. Gebt »der Reue keinen Raum«, riet Pfarrer Dr. Norman Vincent Peale, der Pionier des positiven Denkens, der das Christentum des 20. Jahrhunderts prägte und Richard Nixon sowie Donald Trump beriet: »Verschwendet keine Zeit auf … Reue«, riet Richterin Ruth Bader Ginsburg, die erst zweite Frau am U. S. Supreme Court überhaupt. Die praktizierende Jüdin erlangte später im Leben einen Göttinnenstatus unter amerikanischen Liberalen.[3]

Oder vielleicht interessieren Sie sich für die Meinung der Promis: »Ich glaube nicht an Reue«, sagt etwa Angelina Jolie. »Ich glaube nicht an Reue«, sagt Bob Dylan. »Ich glaube nicht an Reue«, sagt John Travolta. Und Transgender-Star Laverne Cox. Und Feuerlauf-Motivationstrainer Tony Robbins. Und der headbangende Guns-N'-Roses-Gitarrist Slash.[4] Und ich würde wetten, ungefähr die Hälfte aller Selbsthilfebücher in Ihrem Buchladen vor Ort. In der U. S. Library of Congress gibt es über fünfzig Bücher mit dem Titel *No Regrets*.[5]

Die in Songs eingebettete, die Haut schmückende und von Weisen propagierte Anti-Reue-Philosophie ist so offensichtlich wahr, dass sie öfter bestätigt als bestritten wird. Warum sollten wir den Schmerz einladen, wenn wir ihn vermeiden können? Warum Regenwolken herbeirufen, wenn wir in den sonnigen Strahlen der Positivität baden können? Warum bereuen, was wir gestern getan haben, wenn wir von grenzenlosen zukünftigen Möglichkeiten träumen können?

Diese Weltsicht ergibt intuitiv Sinn. Sie scheint richtig zu sein. Sie fühlt sich schlüssig an. Doch sie hat einen nicht unerheblichen Fehler.

Sie ist nämlich total falsch.

Was die Anti-Reue-Brigaden vorschlagen, ist keine Blaupause für ein gut gelebtes Leben. Was sie vorschlagen, ist – vergeben Sie mir die Terminologie, doch das nächste Wort wurde sorgfältig ausgewählt – Schwachsinn.

Reue ist nichts Gefährliches oder Anormales, kein Umweg auf dem andernfalls direkten Weg zum Glück. Sie ist gesund und allgegenwärtig, ein wesentlicher Teil des Menschseins. Reue ist auch wertvoll: Sie wirkt klärend. Bringt einem was bei. Wenn wir richtig mit ihr umgehen, muss sie uns nicht runterziehen; sie kann uns Auftrieb geben.

Und das ist kein vager Tagtraum, kein rührseliges Ziel, das uns in einer kalten, herzlosen Welt ein Gefühl von Wärme und Umsorgtsein vermitteln soll. Vielmehr haben wir es hier mit Ergebnissen zu tun, zu denen Wissenschaftler bei Forschungen gelangt sind, die vor mehr als einem halben Jahrhundert in Angriff genommen wurden.

Dies ist ein Buch über Reue – das Übelkeit verursachende Gefühl, dass die Gegenwart besser und die Zukunft heller wäre, wenn man in der Vergangenheit nur keine so schlechte, falsche Entscheidung getroffen oder so dumm gehandelt hätte. Ich hoffe, dass Sie die Reue im Verlauf der nächsten dreizehn Kapitel in einem neuen, klareren Licht sehen und lernen werden, ihre gestaltverändernde Fähigkeit als positive Kraft zu nutzen.

Wir sollten die Aufrichtigkeit von Menschen, die sagen, dass sie nichts bereuen, nicht anzweifeln. Vielmehr sollten wir sie als Schauspieler betrachten, die eine Rolle spielen – und dies so oft und voller Inbrunst tun, dass sie schließlich glauben, die Rolle sei real. Diese Selbsttäuschung ist weitverbreitet. Manchmal kann sie sogar gesund sein. Doch meistens hindert die Schauspielerei die Menschen daran, die schwierige Arbeit zu leisten, die zu echter Zufriedenheit führt.

Denken Sie an Piaf, die perfekte Performerin. Sie behauptete – verkündete sogar überall –, dass sie nichts bereue. Doch ein kurzer Rückblick auf ihre siebenundvierzig Jahre auf Erden offenbart ein Leben voller Tragik und Probleme. Mit siebzehn bekam sie ein Kind, das sie der Fürsorge anderer überließ und das starb, bevor es drei geworden war. Empfand sie nicht das geringste Bedauern über seinen Tod? Sie war einen Teil ihres Erwachsenenlebens alkoholabhängig und einen anderen Teil morphiumsüchtig. Bereute sie nicht die Abhängigkeiten, die ihr Talent erstickten? Sie führte, gelinde gesagt, ein turbulentes Privatleben, das eine katastrophale Ehe, einen ums Leben gekommenen Geliebten und einen zweiten Ehemann mit einschloss, dem sie Schulden aufhalste. Bereute sie nicht zumindest einige ihrer Entscheidungen in Liebesdingen? Es fällt schwer, sich vorzustellen, dass Piaf auf dem Totenbett ihre Entscheidungen feierte, vor allem, da viele von ihnen sie Jahrzehnte vor ihrer Zeit an dieses Totenbett gefesselt hatten.

Oder nehmen wir unsere internationale Gruppe von Tätowierten. Man braucht mit ihren Mitgliedern nur ein paar Worte zu wechseln, und schon wird deutlich, dass die nach außen hin bekundete fehlende Reue und das innere Erleben auseinanderklaffen. Mirella Batista zum Beispiel führte viele Jahre ihres Lebens eine feste Beziehung. Als diese scheiterte, fühlte sie sich elend. Wenn sie eine zweite Chance gehabt hätte, hätte sie wahrscheinlich andere Entscheidungen getroffen. Das ist Reue. Doch sie gestand auch ein, dass sie suboptimale Entscheidungen getroffen hatte, und lernte aus ihnen. »Jede einzelne Entscheidung brachte mich dorthin, wo ich jetzt bin, und machte mich zu der, die ich bin«, sagte sie mir. Das ist die positive Seite der Reue. Es ist nicht so, dass Mirella die Reue aus ihrem Leben strich. (Schließlich ist das Wort auf ihrem Körper verewigt.) Und sie bagatellisierte sie auch nicht zwangsläufig. Vielmehr optimierte sie sie.

Amber Chase, die fünfunddreißig war, als wir eines Abends über Zoom miteinander sprachen, sagte:»Du kannst im Leben so viele falsche Abzweigungen nehmen.« Eine ihrer falschen Abzweigungen war ihre erste Ehe. Mit fünfundzwanzig heiratete sie einen Mann, der, wie sich herausstellte,»eine Menge Probleme hatte«. Es war eine oft unglückliche, gelegentlich turbulente Ehe. Eines Tages verschwand ihr Mann, ohne vorherige Ankündigung.»Er hat einen Flug gebucht, weg war er … und ich wusste zwei Wochen lang nicht, wo er sich aufhielt.« Als er schließlich anrief, sagte er ihr:»Ich liebe dich nicht mehr. Ich komme nicht nach Hause.« Von einem Moment auf den anderen war ihre Ehe vorbei. Wenn sie noch einmal von vorn anfangen könnte, würde Amber den Typen dann heiraten? Auf keinen Fall. Doch dieser unglückselige Schritt führte letztlich zu ihrer heutigen Ehe – einer glücklichen Ehe.

Ambers Tattoo enthält eine gewisse Ironie, nimmt die Lebensphilosophie, die es enthält, auf die Schippe. Ihres lautet nicht»No Regrets«, sondern»No Ragrets« – wobei sie das zweite Wort absichtlich falsch schreiben ließ, als eine Hommage an den Film *Wir sind die Millers*. Der Film ist eine eigentlich nicht nennenswerte Komödie von 2013, in der Jason Sudeikis die Rolle des David Clark spielt, eines unbedeutenden Marihuana-Dealers, der gezwungen ist, sich eine erfundene Familie zuzulegen (eine Ehefrau und zwei Kinder im Teenageralter), um Schulden bei einem großen Dealer abzuarbeiten. In einer Szene lernt David einen zwielichtigen jungen Typen namens Scottie P. kennen, der mit einem Motorrad vorfährt, um Davids »Tochter« zu einem Date auszuführen.

Scottie P. trägt ein dreckiges weißes Muskelshirt, das den Blick auf mehrere Tattoos preisgibt, unter anderem eines in Druckbuchstaben, das am Schlüsselbein entlangläuft und No Ragrets lautet. David fordert ihn auf, sich hinzusetzen, um kurz mit ihm zu reden. Sie sprechen zunächst über Scotties Tattoos und haben anschließend folgenden Wortwechsel:

DAVID
(der auf das »No Ragrets«-Tattoo deutet)
Was ist denn das da?

SCOTTIE P.
Oh, das? Das ist mein Lebensmotto. No Regrets.

DAVID
(mit skeptischem Gesichtsausdruck)
Wie denn das? Du bereust nichts?

SCOTTIE P.
Nö.

DAVID
Also … nicht mal einen einzigen Buchstaben?

SCOTTIE P.
Nein, mir fällt kein einziger ein.

Sollten Scottie P. wegen der Worte, die seinen Hals umranden, je Zweifel kommen, wäre er nicht der Einzige. Etwa einer von fünf Menschen, die sich ein Tattoo stechen lassen (unter ihnen vermutlich Leute, deren Tattoo »No Regrets« lautet), bereuen ihre Entscheidung schließlich. Deswegen hat sich die Tattooentfernung allein in den USA zu einer Industrie mit einem Umsatz von $ 100 Millionen pro Jahr entwickelt.[6] Amber Chase hingegen bereut ihr Tattoo nicht, vielleicht, weil es gut verborgen ist. An jenem kalten Sonntag des Jahres 2016 in Calgary entschied sie sich, ihr Tattoo auf ihrem Hintern anbringen zu lassen.

Die positive Macht negativer Emotionen

Anfang der 1950er-Jahre kam Harry Markowitz, einem Doktoranden der Wirtschaftswissenschaften an der University of Chicago, eine Idee, die so grundlegend war, dass sie uns heute offensichtlich erscheint – damals jedoch derart revolutionär war, dass sie ihm einen Nobelpreis einbrachte.[7] Markowitz' große Idee wurde als »moderne Portfoliotheorie« bekannt. Was er herausfand – ich werde das jetzt der Länge halber stark verkürzen und vereinfachen –, war kurz gesagt die Mathematik, die dem Sprichwort »Setz nicht alles auf eine Karte« zugrunde liegt.

Bevor Markowitz seine Theorie vorstellte, glaubten viele Investoren, der Weg zu Reichtum sei der, in ein oder zwei Aktien mit großem Potenzial zu investieren. Schließlich brachten manche Aktien oft eine enorme Rendite ein. Man brauchte sich nur für diese Gewinner zu entscheiden, und schon machte man ein Vermögen. Folgte man dieser Strategie allerdings tatsächlich, kassierte man in Wahrheit zwangsläufig auch viele Verluste ein.

Aber hey, so funktioniert das Investieren nun mal, das Risiko muss hingenommen werden, so die Doktrin. Markowitz zeigte dagegen, dass Investoren, statt diesem Rezept zu folgen, ihr Risiko verringern und dennoch beachtliche Gewinne erzielen konnten: durch Diversifikation. Investiere in mehrere Aktien, nicht nur in eine. Streue das Risiko, indem du Aktien von Unternehmen unterschiedlicher Branchen kaufst. Investoren würden nicht mit jeder ausgewählten Aktie große Gewinne machen, doch im Laufe der Zeit bei einem viel geringeren Risiko viel mehr Geld verdienen. Sollten Sie zufällig irgendwelche Ersparnisse in Indexfonds oder börsennotierten Fonds angelegt haben, so haben Sie das der modernen Portfoliotheorie zu verdanken.

So überzeugend Markowitz' Einsicht auch sein mag, wir versäumen es oft, ihre Logik in anderen Bereichen unseres Lebens anzuwenden. Menschliche Wesen besitzen zum Beispiel auch so etwas wie ein Portfolio der Emotionen. Einige dieser Emotionen sind positiv – zum Beispiel Liebe, Stolz und Ehrfurcht. Andere sind negativ – Traurigkeit, Frustration oder Scham. Im Allgemeinen neigen wir dazu, eine Kategorie überzubewerten und die andere unterzubewerten. Dem Rat anderer und unser eigenen Intuition folgend, füllen wir unsere Portfolios mit positiven Emotionen und stoßen die negativen ab. Doch diese Einstellung zu Emotionen – die negativen über Bord zu werfen und die positiven anzuhäufen – ist genauso leichtsinnig wie die Investmentart, die noch vor der modernen Portfoliotheorie üblich war.

Positive Emotionen sind natürlich lebensnotwendig. Ohne sie wären wir verloren. Es ist wichtig, das Positive zu sehen, fröhliche Gedanken zu haben, Licht in der Dunkelheit zu sehen. Optimismus wird mit besserer körperlicher Gesundheit assoziiert. Emotionen wie Freude, Dankbarkeit und Hoffnung fördern in hohem Maße unser Wohlbefinden.[8] Wir brauchen viele positive Emotionen in unserem Portfolio. Sie sollten die negativen zahlenmäßig übertreffen.[9] Doch wenn bei unseren emotionalen Investitionen zu viel Positivität im Spiel ist, bringt das seine eigenen Gefahren mit sich. Das Ungleichgewicht kann das Lernen hemmen, das Wachstum behindern und unser Potenzial einschränken.

Das liegt daran, dass auch negative Emotionen wichtig sind. Sie helfen uns zu überleben. Angst treibt uns aus einem brennenden Gebäude, lässt uns unsere Schritte behutsam wählen, um einer Schlange auszuweichen. Abscheu schützt uns vor Giften und lässt uns vor schlechtem Verhalten zurückschrecken. Zorn warnt uns vor Drohungen und Provokationen anderer und schärft unsere Sinne dafür, was richtig und was falsch ist. Zu viele negative Emotionen schwächen natürlich. Doch zu wenige sind auch destruktiv.[10] Ein Partner nutzt uns immer und immer wieder aus; eine Schlange gräbt ihre Zähne in unser Bein. Sie und ich und unsere aufrecht gehenden, zweibeinigen, mit einem großen Gehirn ausgestatteten Schwestern und Brüder, wir alle wären heute nicht hier, wenn wir nicht fähig wären, uns gelegentlich, aber systematisch schlecht zu fühlen.

Und wenn wir sämtliche negativen Gefühle nebeneinander aufreihen – Traurigkeit neben Verachtung neben Schuld –, taucht ein Gefühl als das häufigste und intensivste auf:

Reue.

Der Zweck dieses Buches ist, Reue aus ihrem Schattendasein zu führen – und Ihnen zu zeigen, wie Sie die vielen Stärken der Reue nutzen können, um bessere Entscheidungen zu treffen, bei der Arbeit und in der Schule bessere Leistungen zu erbringen und Ihrem Leben mehr Sinn zu verleihen.

Ich beginne mit dem Schattendaseinsprojekt. In Teil 1 – der dieses Kapitel und die nächsten drei umfasst – zeige ich auf, warum Reue wichtig ist. Ein Großteil dieser Analyse basiert auf umfassenden Forschungen aus den letzten Jahrzehnten. In den 1950er-Jahren, zur Zeit des Kalten Krieges, in der der Abwurf einer Atombombe und die damit einhergehende Vernichtung der Erde als der ultimativ bereuenswerteste Akt galt, begannen Teams aus Wirtschaftswissenschaftlern und Spieltheoretikern ihre Forschung zu diesem Thema. Einige von ihnen brachen mit der gängigen Sichtweise auf die Reue. Zu diesen Abtrünnigen zählten die inzwischen zu Legenden gewordenen Psychologen Daniel Kahneman und Amos Tversky. Sie erkannten, dass ein schärferer Blick auf die Reue nicht nur ein besseres Verständnis risikoreicher Verhandlungen, sondern auch der menschlichen Psyche ermöglichte. In den 1990er-Jahren weitete sich das Fachgebiet noch mehr aus, und eine große Gruppe von Sozial-, Entwicklungs- und Kognitionspsychologen begann, das Innenleben der Reue zu erforschen.

Diese 70 Jahre Forschung lassen sich zu zwei einfachen, aber zwingenden Schlussfolgerungen zusammenfassen:

Reue macht uns menschlich.

Reue lässt uns besser werden.

Nachdem ich die Reue aus ihrem Schatten geholt habe, werde ich aufzeigen, woraus sie besteht. Teil 2, »Reue sichtbar machen«, stützt sich zum großen Teil auf zwei meiner eigenen umfangreichen Forschungsprojekte. Zusammen mit einem kleinen Team von Umfrageforschungsexperten entwarf und führte ich 2020 das American Regret Project durch, die größte je durchgeführte quantitative Analyse der Einstellung der Amerikaner zur Reue. Wir fragten 4498 Menschen, die eine repräsentative

Stichprobe der US-amerikanischen Bevölkerung darstellten, nach ihrer Meinung und kategorisierten ihre Reue.[11] Gleichzeitig starteten wir eine Website, den World Regret Survey (www. worldregretsurvey.com). Dort haben inzwischen mehr als 16 000 Menschen aus 105 Ländern dargelegt, was sie bereuen. Ich habe ihre Aussagen analysiert und mit mehr als hundert von ihnen anschließend Interviews durchgeführt. (Auf den Seiten zwischen den Kapiteln wie auch im Text selbst werden hier einige Teilnehmer des World Regret Survey zu Wort kommen und einen tiefen Einblick in ihre Erfahrungen geben.)

Auf der Grundlage dieser beiden großen Umfragen untersuchen die sieben Kapitel von Teil 2, was Menschen wirklich bereuen. Die wissenschaftliche Forschung zu diesem Thema hat die Reue meist anhand der Lebensbereiche der Menschen kategorisiert – Arbeit, Familie, Gesundheit, Beziehungen, Finanzen usw. Doch unter dieser Oberfläche fand ich eine Tiefenstruktur der Reue, die über diese Bereiche hinausgeht. Fast alles, was wir bereuen, fällt in vier Kernkategorien – Reue in puncto Fundament, Mut, Moral und Bindungen. Diese Tiefenstruktur, die zuvor verborgen war, bietet neue Einblicke in die Conditio humana wie auch einen Weg zu einem guten Leben.

Teil 3, »Ein neuer Umgang mit Reue«, beschreibt, wie Sie das negative Gefühl der Reue in ein positives Instrument verwandeln können, um Ihr Leben zu verbessern. Sie werden lernen, wie Sie manches, was Sie bereuen, rückgängig machen und umdeuten können, um in der Gegenwart damit zurechtzukommen. Sie werden auch einen einfachen dreischrittigen Prozess erlernen, um einiges von dem, was Sie bereuen, auf eine Weise umzuwandeln, die Sie auf die Zukunft vorbereitet. Und ich werde erforschen, wie sich Reue antizipieren lässt, eine Verhaltensmedizin, die uns helfen kann, klügere Entscheidungen zu treffen, jedoch auch nicht ganz unbedenklich ist.

Wenn Sie bis zum Ende dieses Buches gelangt sind, werden Sie zu einem neuen Verständnis unserer unverstandensten Emotion gelangt sein, eine Reihe von Techniken kennengelernt haben, um in einer komplizierten Welt gut und erfolgreich zu leben, und ein tieferes Gefühl dafür entwickelt haben, wie Sie ticken und was das Leben lebenswert macht.

»Ich bereue es, meine Flöte verpfändet zu haben. Ich habe meine Flöte während der Highschoolzeit geliebt, aber als ich aufs College kam und pleite war, habe ich sie für dreißig Dollar verpfändet, und ich hatte leider nie das Geld, um sie wieder einzulösen. Meine Mutter hat damals so hart arbeiten müssen, um die Flöte überhaupt bezahlen zu können, und ich habe sie so sehr geliebt. Die Flöte war mein wertvollster Besitz. Ich weiß, es klingt albern, weil sie ein »Ding« ist, doch sie symbolisierte sehr viel mehr – die Unterstützung meiner Mutter, die ein Instrument kaufte, das wir uns eigentlich nicht leisten konnten, die unzähligen Stunden, die ich damit verbrachte, das Instrument spielen zu lernen, glückliche Erinnerungen an die Zeit in der Blaskapelle mit meinen engsten Freunden ... Die Flöte verloren zu haben ist etwas, das ich nicht ändern kann, und ich träume immer wieder von ihr.« — FRAU, 41, ALABAMA

»Ich bereue es, so überstürzt meine Frau geheiratet zu haben. Jetzt, drei Kinder später, ist es schwierig, die Zeit zurückzudrehen, und eine Scheidung würde alles kaputt machen und meinen Kindern zu weh tun.«

— MANN, 32, ISRAEL

»Als ich noch klein war, schickte meine Mutter mich immer zu einem kleinen Laden vor Ort, um ein paar Lebensmittel einzukaufen. Ich ließ oft einen Schokoriegel mitgehen, wenn der Lebensmittelhändler nicht hinschaute. Das quält mich seit rund sechzig Jahren.«

— FRAU, 71, NEW JERSEY

2.

Warum uns Reue menschlich macht

Was ist das eigentlich, was wir Reue nennen? Obwohl sich dieses Gefühl so leicht erkennen lässt, fällt es erstaunlich schwer, es zu definieren. Wissenschaftler, Theologen, Dichter und Ärzte, sie alle haben es versucht. Es ist »das unangenehme Gefühl, das damit einhergeht, dass das Tun oder Nichttun einer Person zu einer Lage geführt hat, die sie sich anders wünschen würde«, heißt es aus der Psychotherapie.[1] »Reue entsteht durch einen Vergleich zwischen dem tatsächlichen Ergebnis und dem Ergebnis, zu dem es gekommen wäre, wenn der Entscheider eine andere Wahl getroffen hätte«, heißt es aus der Managementtheorie.[2] Reue ist »ein Gefühl der Unlust, das verbunden ist mit einem Gedanken an die Vergangenheit sowie der Identifikation eines Ziels und der Ankündigung einer Neigung, sich in Zukunft auf bestimmte Weise zu verhalten«, heißt es aus der Philosophie.[3]

Dass Reue sich scheinbar nur schwer definieren lässt, hat folgenden Grund: Sie lässt sich besser verstehen, wenn man sie weniger als Sache, sondern vielmehr als Prozess betrachtet.

Zeitreisen und Geschichtenerzählen

Der Prozess beginnt mit zwei Fähigkeiten – zwei einzigartigen Fähigkeiten unseres Gehirns. Wir können in Gedanken die Vergangenheit und die Zukunft besuchen. Und wir können die Geschichte von etwas erzählen, das in Wirklichkeit nie passiert ist. Menschliche Wesen sind sowohl erfahrene Zeitreisende als auch geschickte Geschichtenerzähler. Diese beiden Fähigkeiten verbinden sich zu der kognitiven Doppelhelix, die die Reue hervorbringt.

Nehmen Sie beispielsweise das folgende Reuegefühl, eines der vielen Tausend, die im Rahmen des World Regret Survey geäußert wurden.

»Ich wünschte, ich wäre meinem Wunsch gefolgt, den Hochschulabschluss in dem von mir gewählten Studienfach zu machen, statt den Wünschen meines Vaters nachzugeben und dieses Studium dann hinzuschmeißen. Mein Leben würde jetzt anders aussehen. Es wäre befriedigender, erfüllender, und ich hätte das Gefühl, mehr erreicht zu haben.«

In nur wenigen Worten vollbringt diese Zweiundfünfzigjährige aus Virginia ein verblüffendes Kunststück zerebraler Agilität. Unzufrieden mit der Gegenwart, kehrt sie im Geiste in die Vergangenheit zurück – in eine Jahrzehnte zurückliegende Zeit, in der sie als junge Frau über ihren Bildungs- und Berufsweg entschied. Dort angekommen, *verkehrt* sie, was wirklich geschehen ist – dass sie sich den Wünschen ihres Vaters gefügt hat. Und ersetzt das tatsächliche Geschehen durch eine Alternative: Sie schreibt sich in dem Graduiertenprogramm ein, das *sie* bevorzugt. Dann hüpft sie zurück in ihre Zeitmaschine und rast vorwärts. Doch da sie die Vergangenheit rekonfiguriert hat, unterscheidet sich die Gegenwart, die sie antrifft, als sie dort ankommt, stark von der, die sie noch vor wenigen Momenten verlassen hat. In dieser neu gestalteten Welt ist sie zufrieden, erfüllt und vollkommen.

Die Kombination von Zeitreisen und Fabulierkunst ist eine dem Menschen eigene Superkraft. Es ist schwer vorstellbar, dass irgendeine andere Spezies etwas so Kompliziertes vollbringt, so wie es auch schwer vorstellbar ist, dass eine Qualle ein Sonett dichtet oder ein Waschbär eine Stehlampe neu verkabelt.

Doch wir nutzen diese Superkraft mühelos. Ja, sie ist so tief in uns verhaftet, dass die einzigen Menschen, denen diese Fähigkeit fehlt, Kinder sind, deren Gehirn sich noch nicht voll entwickelt hat, und Erwachsene, deren Gehirn durch Krankheit oder Verletzung beeinträchtigt wurde.

In einer Studie zum Beispiel lasen die Entwicklungspsychologen Robert Guttentag und Jennifer Ferrell einer Gruppe von Kindern eine Geschichte vor, die ungefähr so ging:

Zwei Jungen, Bob und David, wohnen nahe beieinander und fahren jeden Morgen mit dem Rad zur Schule. Um zur Schule zu kommen, nehmen die Jungen einen Radweg, der um einen Teich herumführt. Radfahrer können rechts- oder linksherum um den Teich fahren. Beide Wege sind gleich lang und eben. Bob nimmt jeden Tag den Weg, der rechts um den Teich herumführt, David den, der links um ihn herumführt.

Eines Morgens fährt Bob wie gewöhnlich rechts um den Teich herum. Doch über Nacht ist ein Ast auf den

Weg gefallen. Bob fährt gegen den Ast, fällt vom Rad, verletzt sich und kommt zu spät zur Schule. Der Weg links um den Teich herum war frei.

An eben diesem Morgen beschließt David, der immer linksherum fährt, rechtsherum zu fahren. Auch er fährt gegen den Ast, fällt vom Rad, verletzt sich und kommt zu spät zur Schule.

Die Forscher fragten die Kinder dann: »Wer würde sich mehr darüber ärgern, an diesem Tag den Weg genommen zu haben, der rechts um den Teich herumführte?« Bob, der diesen Weg jeden Tag nimmt, oder David, der normalerweise linksherum fährt, aber an diesem Tag beschlossen hat, rechtsherum zu fahren? Oder würden sie beide dasselbe empfinden?

Die Siebenjährigen »schnitten sehr ähnlich ab wie Erwachsene, wenn es um die Einschätzung von Reue ging«, schreiben Guttentag und Ferrell. 76 Prozent von ihnen schätzten, dass David sich schlechter fühlen würde. Doch die Fünfjährigen zeigten wenig Verständnis für diese Vorstellung. Rund drei Viertel von ihnen sagten, die Jungen würden dasselbe empfinden.[4] Es dauert einige Jahre, bis die jungen Gehirne das Vermögen und die Muskelkraft erlangen, um den mentalen Trapezakt zu vollbringen – sich zwischen Vergangenheit und Gegenwart sowie Wirklichkeit und Fantasie hin und her zu bewegen –, den Reue erfordert.[5] Deswegen fangen die meisten Kinder erst mit sechs Jahren an, sie zu verstehen.[6] Und bis zum Alter von acht Jahren entwickeln sie die Fähigkeit, Reue sogar zu antizipieren.[7] Bis zur Adoleszenz ist das Denkvermögen, das nötig ist, um Reue zu empfinden, dann voll entwickelt.[8] Reue ist ein Kennzeichen eines gesunden, reifenden Geistes.

Sie ist so grundlegend für unsere Entwicklung und so entscheidend für unsere Funktionstüchtigkeit, dass ihr Fehlen bei Erwachsenen ein Zeichen für eine schwerwiegende Störung sein kann. Eine Studie aus dem Jahr 2004 macht dies deutlich. Ein Team von Kognitionswissenschaftlern entwarf ein einfaches Glücksspiel, bei dem die Teilnehmer eins von zwei computergesteuerten rouletteartigen Rädern auswählen und dann drehen sollten. Abhängig davon, wo der Pfeil auf ihrem Rad landete, gewannen oder verloren sie Geld. Wenn die Teilnehmer ein Rad drehten und Geld verloren, fühlten sie sich nicht besonders gut. Was nicht verwunderlich ist. Doch wenn sie ein Rad drehten, Geld verloren und erfuhren, dass sie Geld *gewonnen* hätten, wenn sie sich für das andere Rad entschieden hätten, fühlten sie sich richtig schlecht. Sie empfanden Reue.

Es gab jedoch einige Teilnehmer, die sich *nicht* schlechter fühlten, als sie herausfanden, dass eine andere Wahl zu einem besseren Ergebnis geführt hätte: Diejenigen mit Gehirnschädigungen im orbitofrontalen Kortex. Sie »scheinen überhaupt keine Reue zu empfinden«, schrieben die Neurowissenschaftlerin Nathalie Camille und ihre Kollegen in der Fachzeitschrift *Science*. »Diese Patienten verstehen diese Vorstellung nicht.«[9] Mit anderen Worten: Die Unfähigkeit, Reue zu empfinden – in gewisser Weise das Ideal dessen, wozu die »No Regrets«-Philosophie ermutigt –, war kein Vorteil. Sie war Zeichen für einen Hirnschaden.

Das Muster ist bei anderen Hirnerkrankungen ähnlich, wie Neurowissenschaftler festgestellt haben. In mehreren Studien wird den Probanden ein einfacher Test wie beispielsweise dieser vorgelegt:

Maria wird krank, nachdem sie in einem Restaurant gewesen ist, in das sie oft geht. Ana wird krank, nachdem sie in einem Restaurant gegessen hat, in dem sie noch nie gewesen ist. Wer bereut die Wahl des Restaurants mehr?

Die meisten gesunden Menschen wissen sofort, dass die Antwort Ana lautet. Doch für Menschen mit der Huntington-Krankheit, einer neurodegenerativen Erbkrankheit, ist dies nicht offensichtlich. Sie raten nur und landen nur rein zufällig bei der korrekten Antwort.[10] So ziemlich dasselbe gilt für Menschen, die an der Parkinson-Krankheit leiden. Auch ihnen gelingt es nicht, die Antwort abzuleiten, die Sie wahrscheinlich sofort intuitiv gewusst haben.[11] Besonders verheerend sieht es bei Schizophrenie-Patienten aus. Ihre Krankheit bringt das komplexe Denken durcheinander, das ich beschrieben habe, und erzeugt kognitive Defizite, die die Fähigkeit beeinträchtigen, Reue zu verstehen oder zu empfinden.[12] Bei sehr vielen psychiatrischen und neurologischen Krankheiten sind diese Defizite so ausgeprägt, dass Ärzte über diese Beeinträchtigung nun Rückschlussmöglichkeiten auf tiefere Probleme gewinnen.[13] Kurz gesagt: Menschen ohne Reue sind nicht der Inbegriff von psychischer Gesundheit. Sie sind im Gegenteil oft schwer krank. Unsere Fähigkeit, Zeitreisen zu unternehmen und Ereignisse umzuschreiben, treibt den Prozess der Reue an. Zu diesem Prozess gehören zwei wichtige Schritte, die die Reue von anderen negativen Emotionen scheiden.

Erstens: Wir vergleichen. Kehren wir zu der zweiundfünfzigjährigen Frau aus der Umfrage zurück, die sich wünscht, sie wäre ihren eigenen Bildungswünschen statt den Wünschen ihres

Vaters gefolgt. Angenommen, sie leidet einfach nur deswegen, weil ihre derzeitige Situation miserabel ist. Das allein macht noch keine Reue aus. Das ist Traurigkeit, Melancholie oder Verzweiflung. Die Emotion wird erst dann zu Reue, wenn die Frau die Zeitmaschine besteigt, die Vergangenheit verkehrt und ihre unbefriedigende tatsächliche Gegenwart mit dem *vergleicht*, was hätte sein können. Vergleiche bilden den Kern der Reue.

Hinzu kommt ein zweiter Faktor, nämlich eine Schuldzuweisung an die eigene Person: Reue richtet sich auf Fehler, die wir uns selbst und nicht anderen zuschreiben. Eine Studie ergab, dass rund 95 Prozent all dessen, was Menschen bereuen, mit Situationen verbunden sind, die sie selbst kontrollieren konnten, nicht mit äußeren Umständen.[14] Denken Sie noch einmal an unsere reuevolle Frau aus Virginia. Sie vergleicht ihre unbefriedigende Situation mit einer vorgestellten Alternative und stellt fest, dass ihr etwas fehlt. Dieser Schritt ist nötig, aber er reicht nicht aus. Vollständig in das Reich der Reue wird sie durch den Grund für das Fehlen dieser Alternative katapultiert: ihre eigenen Entscheidungen und ihr eigenes Handeln. Sie selbst ist der Grund dafür, dass sie leidet. Das unterscheidet die Reue von einem anderen negativen Gefühl wie Enttäuschung – und macht sie weitaus quälender. Ich könnte zum Beispiel enttäuscht sein, dass das Basketballteam meiner Heimatstadt, die Washington Wizards, nicht die NBA-Meisterschaft gewonnen hat. Doch da ich das Team weder trainiere noch selbst mitspiele, bin ich nicht dafür verantwortlich und kann es deswegen nicht bereuen. Ich schmolle einfach nur und warte bis zur nächsten Saison. Oder nehmen Sie ein Beispiel von Janet Landman, einer ehemaligen Professorin der University of Michigan, die ausführlich über das Thema Reue geschrieben hat. Eines Tages verliert ein Kind seinen dritten Zahn. Bevor es schlafen geht, legt es den Zahn unter sein Kopfkissen. Als es am nächsten Morgen aufwacht, stellt es fest, dass die Zahnfee vergessen hat, den Zahn durch einen Preis zu ersetzen. Das Kind ist *enttäuscht*. Doch es sind »die Eltern des Kindes, [die] *bereuen*, es schlichtweg vergessen zu haben«.[15]

Zusammenfassend lässt sich sagen, dass es zwei Fähigkeiten gibt, die uns Menschen von anderen Spezies unterscheiden, und zwei Schritte, die Reue von anderen negativen Emotionen trennen. Das also ist der Prozess, der dieses außergewöhnlich schmerzliche und ausschließlich menschliche Gefühl hervorbringt. Es klingt zwar kompliziert, doch der Prozess ist uns kaum bewusst und kostet uns kaum Mühe. Er ist ein natürlicher Teil von uns. »Der kognitive Apparat der Menschen ist auf Reue programmiert«, bringen es die beiden niederländischen Wissenschaftler Marcel Zeelenberg und Rik Pieters auf den Punkt.[16]

»Eine grundlegende Komponente der menschlichen Erfahrung«

Als Ergebnis dieser kognitiven Programmierung ist Reue trotz all der Aufrufe, sie auzumerzen, erstaunlich weitverbreitet. In unserem American Regret Project befragten wir für unsere Stichprobe 4489 Probanden zu ihrem Verhalten. Dabei mieden wir es absichtlich, das Wort Reue zu erwähnen. *Wie oft schauen Sie zurück auf Ihr Leben und wünschen sich, Sie hätten anders gehandelt?* Im nachstehenden Schaubild sind die Antworten zusammengefasst:

Wie oft schauen Sie zurück auf Ihr Leben und wünschen sich, Sie hätten anders gehandelt?

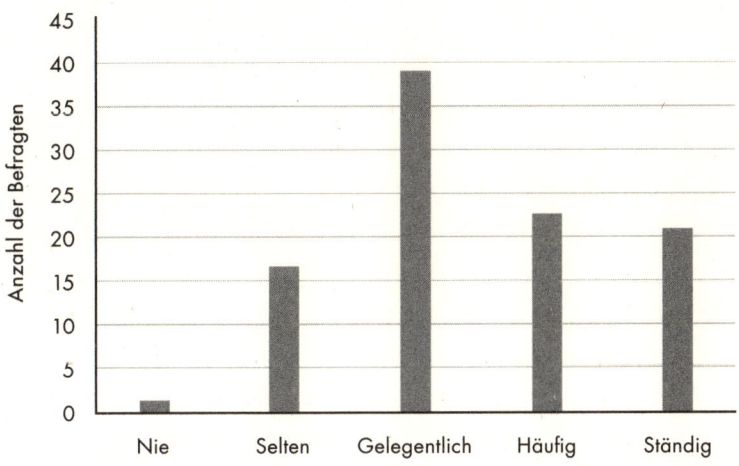

Nur ein Prozent der von uns Befragten sagte, dass sie dies nie tun – und weniger als 17 Prozent tun es selten. Unterdessen berichten 43 Prozent, dass sie es häufig oder ständig tun. Insgesamt geben sage und schreibe 82 Prozent an, dass ihnen das zumindest gelegentlich passiert. Das heißt, dass die US-Amerikaner viel eher etwas bereuen, als sie sich die Zähne mit Zahnseide reinigen.[17]

Dieses Ergebnis deckt sich mit dem, was Forscher seit vierzig Jahren feststellen. 1984 nahm die Sozialwissenschaftlerin Susan Shimanoff die Alltagsgespräche einer Reihe von Studenten und verheirateten Paaren auf. Sie analysierte die Aufnahmen und Abschriften und identifizierte die Wörter, die Emotionen zum Ausdruck brachten oder beschrieben. Dann erstellte sie eine Liste der positiven und negativen Emotionen, die am häufigsten erwähnt worden waren. Gefühle wie Glück, Aufregung, Wut, Überraschung und Eifersucht gehörten alle zu den Top 20. Doch das häufigste negative Gefühl – und das zweithäufigste Gefühl überhaupt – war Reue. Häufiger als Reue wurde nur das Gefühl der Liebe erwähnt.[18]

2008 untersuchten die Sozialpsychologen Colleen Saffrey, Amy Summervillle und Neal Roese negative Gefühle im Leben der Menschen. Sie gaben den Probanden eine Liste mit neun dieser Gefühle: Wut, Besorgnis, Langeweile, Enttäuschung, Angst, Schuld, Eifersucht, Reue und Traurigkeit. Dann stellten sie ihnen eine Reihe von Fragen über die Rolle, die diese Gefühle in ihrem Leben spielten. Das Gefühl, das die Befragten ihrer Aussage zufolge am häufigsten empfanden, war Reue. Das Gefühl, das sie am meisten schätzten, war ebenfalls Reue.[19]

Bei nachfolgenden Forschungen überall auf der Welt ist man zu ähnlichen Ergebnissen gekommen. Im Rahmen einer Studie von 2016, die die Entscheidungen und das Verhalten von mehr als hundert Schweden nachverfolgte, fand man heraus, dass die Teilnehmer letztlich rund 30 Prozent der Entscheidungen bereuten, die sie in der vorangegangenen Woche getroffen hatten.[20] Während eines anderen Forschungsprojekts wurden mehrere Hundert Amerikaner zu ihren Erfahrungen und Einstellungen befragt. Diese Umfrage, auf die ich in Kapitel 5 näher eingehen werde, ergab, dass die Reue allgegenwärtig war und alle Lebensbereiche betraf. Dies ließ die Autoren der Studie schlussfolgern, dass Reue »eine grundlegende Komponente der menschlichen Erfahrung darstellt«.[21]

Tatsächlich habe ich bislang noch keine Studie gefunden, die die Allgegenwart dieses Gefühls widerlegt. (Und glauben Sie mir, ich habe intensiv danach gesucht.) Wissenschaftler aller Fachrichtungen, die sich dem Thema aus unterschiedlichen Blickwinkeln und mit einer Vielzahl von Methoden nähern, kommen zum gleichen Ergebnis. »Leben, so scheint es, heißt, zumindest ein paar Dinge zu bereuen.«[22]

Kurz bevor Michele Mayo fünfzig wurde, beschloss sie, sich ein Tattoo stechen zu lassen – um den Meilenstein zu kennzeichnen und ihre Überzeugungen zu bekräftigen. Während sie über ihre Entscheidung nachgrübelte, dachte sie zurück an ihre Kindheit. Die Tochter eines amerikanischen Armeeoffiziers und einer französischen Mutter verbrachte ihre Jugend in Deutschland, wo ihr Vater stationiert war. In den Ferien unternahm die Familie lange Fahrten nach Frankreich, um die auf dem Land lebende Großmutter zu besuchen. Während dieser Fahrten vertrieben sich Michele, ihre Schwestern und ihre Mutter die Zeit damit, den Lieblingssong der Mutter zu schmettern.

2017 machte Michele sich selbst ein frühes Geburtstagsgeschenk und fuhr in die nahe gelegene Stadt Salem, Massachusetts. Als sie zurückkam, sah die Haut unterhalb ihres rechten Handgelenks so aus:

Micheles Mutter war ein Edith-Piaf-Fan. Und die Worte der Sängerin, die die Familie während dieser lange zurückliegenden Autofahrten gesungen hatte, blieben bei ihrer Tochter bis ins Erwachsenenleben hinein hängen. Sie verkörperten, »wie ich mein Leben lebte, was ich von meinem Leben hielt«, erzählt Michele mir. Sie sagt, sie bereue nichts. Doch so wie bei den anderen, mit denen ich gesprochen habe, folgen dieser Behauptung Beschreibungen von Fehlern, die sie gemacht, und Entscheidungen, die sie verbockt hat. So wie wir alle steigt sie oft in ihre mentale Zeitmaschine, um ihre Geschichte umzuschreiben, das, was ist, mit dem zu vergleichen, was hätte sein können, und Verantwortung für die Diskrepanz zu übernehmen. Doch für Michele ist das unangenehme Gefühl am Ende der Gedankenkette, das negative Gefühl, dem viele auszuweichen versuchen, wertvoll. »Die Dinge, von denen ich mir wünsche, dass ich sie nicht getan hätte, haben mich etwas darüber gelehrt, was ich in Zukunft tun sollte … Ich halte selbst Fehler für lehrreiche Erfahrungen«, sagt sie. »Ich hoffe, dass ich das auch noch auf meinem Totenbett sagen kann.«

Die fünf Worte auf ihrem Handgelenk erinnern sie jeden Tag an dieses Ziel. Doch sie macht sich auch Gedanken über die Sängerin, die diese Worte berühmt machte. »Wussten Sie, dass sie [Edith Piaf] mittellos gestorben ist?«, fragt Michele mich. »Ich denke manchmal über sie nach und frage mich, ob sie am Ende wirklich nichts bereut hat. Stellen Sie sich vor, Sie könnten sie jetzt interviewen.«

Trotz der wunderbaren Möglichkeit, Videokonferenzen zu schalten, werde ich ein solches Interview wohl kaum zustande bringen. Doch Biografen und Journalisten konnten herausfinden, was Piaf am 10. Oktober 1963 durch den Kopf ging, weniger als drei Jahre nach der Aufnahme des Songs, der ihren Ruhm besiegelte. Während sie im Bett lag, kurz davor, ihren siebenundvierzig Jahre alten, böse zugerichteten Körper zu verlassen, sollen ihre letzten Worte gewesen sein: »Für jede verdammte Sache, die du im Leben tust, musst du bezahlen.«[23]

Klingt das nach einer Person, die nichts bereut?

Doch wenn Piaf der Reue früh genug ins Auge gesehen hätte, statt zu versuchen, sich an ihr vorbeizuwinden, hätte sie etwas noch Wichtigeres erkannt. *Jede verdammte Sache, die du im Leben tust, kann sich bezahlt machen.* Denn Reue macht uns nicht nur menschlich, wie wir gleich entdecken werden. Sie lässt uns auch besser werden.

»Ich bereue fast jede große Entscheidung, die ich je getroffen habe. Ich bin offensichtlich schlecht darin, große Entscheidungen zu treffen. Kleine Entscheidungen zu treffen ist einfach.«

— MANN, 55, WEST VIRGINIA

»Als mein Mann kurz vor seinem Tod ins Krankenhaus kam, wollte ich zu ihm ins Bett kriechen und mit ihm kuscheln, habe es aber nicht getan. Hätte ich doch nur.«

— FRAU, 72, FLORIDA

»Ich wünschte, ich würde mir keine Gedanken darüber machen, was andere Menschen denken. Damit habe ich immer noch zu kämpfen.«

— MANN, 33, JAPAN

3.

Wenigstens und Wenn doch nur

Von den 306 Disziplinen bei den Olympischen Sommerspielen 2016 in Rio de Janeiro gehörte das Straßenrennen der Frauen zu den strapaziösesten.

Der Kurs erstreckte sich rund 140 km durch städtische Straßen und einen Nationalpark. Hierbei mussten die Radfahrerinnen mehrere steile Anstiege bewältigen, eine tückische Abfahrt überleben und mit einigen Kilometern Kopfsteinpflasterstraße zurande kommen. Doch als das Rennen am ersten Sonntag im August um 12.15 Uhr gestartet wurde, brachen 86 Elitefahrerinnen vom Forte de Copacabana auf, um olympischen Ruhm zu erlangen.

Was seine Brutalität anging, hielt das Rennen, was es versprochen hatte. Die Temperatur schwankte zwischen 20 und 23 Grad bei einer erdrückenden Luftfeuchtigkeit von 75 Prozent. Die Sonne brach häufig durch die Wolken und brannte auf die Straße nieder. Als sich die Sonne zurückzog, vernebelte ein leichter Regen die Sicht. Eine Fahrerin stürzte schwer. Andere verausgabten sich schon früh. Und fast vier Stunden nach dem Start, als nur noch drei Kilometer zu fahren waren, lag die Amerikanerin Mara Abbott mit rund 25 Sekunden Vorsprung vor einer Gruppe von drei Verfolgerinnen in Führung.

»Sie ist auf Goldkurs«, verkündete Rochelle Gilmore, die das Rennen für das Fernsehen kommentierte.

Doch Abbott, die eher für ihre Fähigkeiten bei langen Anstiegen als für ihre Sprints bekannt war, konnte das Rennen nicht nach Hause fahren. Nur 150 Meter vor dem Ziel – das heißt, nachdem sie 99,9 Prozent des Rennens hinter sich gebracht hatte – schoben sich die anderen drei Fahrerinnen an ihr vorbei. Dicht gedrängt fuhren sie der Ziellinie entgegen.

Anna van der Breggen aus den Niederlanden schlug die Schwedin Emma Johansson um eine Radbreite. Als Dritte kam die Italienerin Elisa Longo Borghini ins Ziel.

Alle drei Frauen hatten die Erwartungen übertroffen und olympische Medaillen gewonnen.

Stellen Sie sich ihren Gesichtsausdruck vor.

Nein, wirklich. Nehmen Sie sich einen Moment Zeit und stellen Sie sich ihre Emotionen vor.

Visualisieren Sie, was sie empfanden, als das jahrelange Training und die Schufterei im größten Triumph im Leben eines Sportlers gipfelten.

Seit Charles Darwin 1872 *Der Ausdruck der Gemütsbewegungen bei dem Menschen und den Thieren* veröffentlichte, haben Wissenschaftler erforscht, inwiefern Gesichtsausdrücke Gradmesser für unsere Stimmung sind.

Wir versuchen oft, unsere Gefühle zu verbergen – Demut statt Stolz oder Entschlossenheit statt Kummer zu zeigen –, doch unsere Gesichter können uns verraten. Bei der Siegerehrung nach diesem Rennen gaben die Gesichter dieser Olympiasiegerinnen deren Gefühle preis.

Hier ist auf einem Ausschnitt eines von Tim de Waele gemachten Fotos die lächelnde Siegerin nach dem Erhalt ihrer Goldmedaille zu sehen:

Hier sehen Sie die fast genauso freudig erregte Silbermedaillengewinnerin.

Und hier ist die erfreute – aber nicht restlos begeisterte – Drittplatzierte nach dem Erhalt der Bronzemedaille.

Selbst Weltklasseathletinnen sind emotionale Wesen. Und in diesem epochalen Moment ihrer Karriere sind ihre Gefühle unverkennbar. Je besser die Platzierung, desto größer das Glücksgefühl der Finisherinnen – glücklich, glücklicher, am glücklichsten.

Gesichter lügen nicht.

Doch Autoren lügen manchmal. Und ich habe Sie angelogen.

Hier ist das ganze Foto, das de Waele 2016 bei der Siegerehrung nach dem Straßenrennen der Frauen schoss:

Die strahlende Athletin in der Mitte ist in der Tat die Goldmedaillengewinnerin Anna van der Breggen. Doch die sehr glückliche Frau zu ihrer Linken (für Sie rechts im Bild) ist Elisa Longo Borghini, die italienische Fahrerin, die als Dritte ins Ziel kam. Am wenigsten Freude von diesem Trio strahlt die Silbermedaillengewinnerin Emma Johansson aus.

Mit anderen Worten: Die Person mit dem schlechtesten Ergebnis von den dreien (Borghini) sieht glücklicher aus als eine der Frauen, von denen sie geschlagen wurde (Johansson). Und dies ist nicht irgendein Ausnahmefoto, obwohl es Bilder von diesem Tag gibt, die eine lächelnde Johansson zeigen. Beachten Sie die Reaktionen der Athletinnen direkt nach dem Überqueren der Ziellinie. Goldmedaillengewinnerin van der Breggen riss triumphierend die Arme hoch. Bronzemedaillengewinnerin Borghini begann, eine unsichtbare Partnerin abzuklatschen. Silbermedaillengewinnerin Johansson verbarg das Gesicht in den Händen. Der emotionale Kontrast ist auch nicht das Ergebnis unerfüllter Erwartungen. Borghini stand vor dem Rennen in der Rangliste vor Johansson, sodass man erwartete, dass sie besser abschneiden würde als die Schwedin.

Was Sie auf den Gesichtern dieser Olympiateilnehmerinnen sehen, ist vielmehr ein Phänomen, auf das Verhaltenswissenschaftler vor über fünfundzwanzig Jahren stießen und das uns eine weitere Möglichkeit bietet, Reue zu verstehen.

Der Kitzel der Niederlage und die Qual des Sieges

Die menschliche Superkraft, die ich in Kapitel 2 beschrieben habe – unsere Gabe, im Geiste durch die Zeit zu reisen und Ereignisse und Ergebnisse heraufzubeschwören, die es nie gegeben hat –, befähigt zu etwas, was Logiker »kontrafaktisches Denken« nennen. Spalten Sie das Adjektiv auf, und seine Bedeutung ist offensichtlich. Wir können uns Ereignisse vorstellen, die den tatsächlichen *Fakten zuwider*laufen. »Kontrafakten sind … ein typisches Beispiel für die Vorstellungskraft und Kreativität, die sich zwischen den Polen von Denken und Fühlen bewegen«, schreiben Neal Roese von der Northwestern University und Kai

Epstude von der Universität Groningen, zwei führende Wissenschaftler auf diesem Gebiet.[1] Kontrafakten machen es uns möglich, uns vorzustellen, was hätte sein können.

Einen der schlagendsten Beweise für ihre Wirkung haben die Olympischen Spiele hervorgebracht. Im Rahmen einer inzwischen berühmten Studie zu den Sommerspielen von Barcelona 1992 sammelten Victoria Medvec und Thomas Gilovich von der Cornell University sowie Scott Madey von der University of Toledo Videos von rund drei Dutzend Silber- und Bronzemedaillengewinnern. Sie zeigten die Videos einer Gruppe von Teilnehmern, die nicht viel über Sport wussten und die Spiele nicht verfolgt hatten. Die Teilnehmer beobachteten die Athleten, jedoch nicht während der Wettkämpfe. Sie beobachteten sie – wobei sie die Ergebnisse nicht kannten – direkt nach ihrem Wettkampf und bei der Siegerehrung. Dann bewerteten sie die Gesichtsausdrücke der Athleten auf einer Zehn-Punkte-»Qual-bis-Ekstase«-Skala, die nachstehend abgebildet ist.

Qual-bis-Ekstase-Skala der Olympiamedaillengewinner

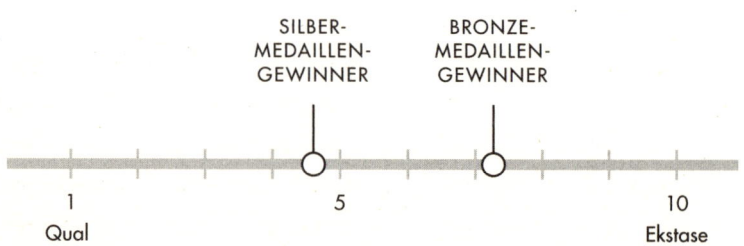

Die Athleten, die als Dritte ins Ziel kamen, schienen wesentlich glücklicher zu sein als die Zweitplatzierten. Der Durchschnittswert der Gesichtsausdrücke der Bronzemedaillengewinner lag bei 7,1. Doch bei den Silbermedaillengewinnern – Sportlern, die gerade bei den prestigeträchtigsten Wettkämpfen der Welt Zweite geworden waren – lag der Wert bei 4,8, d. h. im neutralen Bereich, ja sogar mit einer geringen Neigung zum Unglücklichsein.

Der Grund, so die Forscher, war kontrafaktisches Denken.

Kontrafakten können in zwei Richtungen weisen – nach unten oder nach oben. Bei »abwärtsgerichteten Kontrafakten« denken wir darüber nach, dass eine Alternative schlimmer hätte sein können. Sie veranlassen uns zu sagen, »Wenigstens ...« – wie in: »Klar, ich hab nur eine 3 plus in dieser Klausur bekommen, aber wenigstens habe ich den Kurs bestanden und muss ihn nicht noch einmal wiederholen«. Lassen Sie uns diese Art von Kontrafakten *Wenigstens*-Aussagen nennen.

Bei der anderen Variante handelt es sich um »aufwärtsgerichtete Kontrafakten«. Bei diesen stellen wir uns vor, dass etwas *besser* hätte laufen können. Sie veranlassen uns zu sagen, »Wenn doch nur ...« – wie in: »Wenn ich doch nur öfter zu dem Kurs gegangen wäre und alles gelesen hätte, was ich lesen sollte, hätte ich eine viel bessere Note bekommen«. Lassen Sie uns diese Kontrafakten *Wenn-doch-nur*-Aussagen nennen.

Als Forscher sich die Fernsehinterviews ansahen, die Sportler nach dem Wettkampf gegeben hatten, stellten sie fest, dass die Bronzemedaillengewinner glücklich *Wenigstens*-Aussagen von sich gaben. »Wenigstens bin ich nicht Vierter geworden. Wenigstens habe ich eine Medaille gewonnen.« Die Silbermedaillengewinner jedoch wurden gepeinigt von *Wenn-doch-nur*-Gedanken. Und das tat weh. »Der zweite Platz ist nur einen Schritt entfernt von der geschätzten Goldmedaille und all den mit ihr einhergehenden sozialen und finanziellen Belohnungen«, schrieben Medvec und ihre Kollegen. »Und so wird oft jedwede Freude, die eine Silbermedaillengewinnerin empfinden mag, durch quälende Gedanken an das gedämpft, was hätte sein können, wenn sie doch nur ihren Schritt verlängert, ihre Atmung reguliert, die Zehen gestreckt hätte usw.«[2]

Die Vorstellung, dass sich Menschen, die besser abschneiden, schlechter fühlen, ist provokant – die Art von faszinierender Entdeckung, die für Schlagzeilen sorgt und in sozialen Medien Beachtung bekommt. Dazu muss man sagen, dass die Sozialwissenschaft seit einem Jahrzehnt mit etwas zu kämpfen hat, das einige als »Replikationskrise« bezeichnen.[3] Viele Ergebnisse, vor allem solche, die äußerst überraschend und berichtenswert zu sein scheinen, halten einer genaueren Untersuchung nicht stand. Wenn andere Wissenschaftler die Experimente wiederholen, liefern diese oft nicht die gleichen verlockenden Ergebnisse und stellen damit die Gültigkeit der früheren Ergebnisse infrage.

Doch die Studie von Medvec, Gilovich und Madey ist wiederholt worden. Selbst ihre Wiederholungen sind wiederholt worden. So sammelte David Matsumoto von der San Francisco State University rund 21 000 Fotos von den Judowettkämpfen der Männer und Frauen bei den Olympischen Spielen 2004 in Athen, eine enorm große Zahl an Fotos, die 84 Athleten aus 35 Ländern zeigten. Unabhängig von der Nationalität oder Ethnie der Athleten war der Unterschied der Gesichtsausdrücke unter den Medaillengewinnern auffallend. Während der Siegerehrung zeigten fast alle Goldmedaillengewinner ein breites Lächeln (ein sogenanntes Duchenne-Lächeln). Das taten auch die meisten Bronzemedaillengewinner. Und die Silbermedaillengewinner? Die lächelten nur ein Viertel so viel wie ihre Kollegen.[4]

2020 gingen William Hedgcock von der University of Minnesota sowie Andrea Luangrath und Raelyn Webster von der University of Iowa noch weiter. Sie sammelten bei fünf verschiedenen Olympischen Spielen aufgenommene Fotos von 413 Athleten aus 67 Ländern, die 142 unterschiedliche Sportarten betrieben hatten. Doch statt so wie in vorangegangenen Studien andere Menschen zu bitten, die Gesichtsausdrücke der Athleten zu bewerten, nutzten sie Emotient, eine Computersoftware, die Gesichtsausdrücke auswertet. (Das Programm ermöglichte es den Forschern, schneller mehr Gesichtsausdrücke zu prüfen, und das frei von potenziellen Vorurteilen menschlicher Prüfer.) Einmal mehr kam man zu denselben Ergebnissen. Die Goldmedaillengewinner lächelten am meisten. Und die Bronzemedaillengewinner lächelten viel mehr als die Silbermedaillengewinner. Diejenigen, »die objektiv gesehen besser dran waren, fühlten sich dennoch schlechter«, schrieben die Autoren.[5]

Ich habe mir das Straßenrennen, das 2016 in Rio stattfand, mehrmals angesehen. In den Minuten nach seinem Ende lässt sich leicht der Trost des *Wenigstens* und der Stachel des *Wenn doch nur* erkennen. Borghini, die Bronzemedaillengewinnerin, sah glücklich aus. Sie sprang von ihrem Fahrrad, steuerte beschwingt auf eine Gruppe von Freunden und Familienmitgliedern zu und umarmte jeden Einzelnen. »Elisa Borghini ist total begeistert über eine Medaille bei den Olympischen Spielen!«, schrien die Kommentatoren.

Johansson, die sich irgendwie leer fühlte, kuschelte sich derweil schweigend an ihren Ehemann, während die Kommentatoren ihre eigenen aufwärtsgerichteten Kontrafakten preisgaben. »Noch 50 oder 100 Meter, und sie hätte vielleicht gewonnen«, spekulierten sie. »Es war ein Moment der gemischten Gefühle«, erklärte Johansson. »Wieder eine Silbermedaille.« Tatsächlich hatte sie schon bei den Olympischen Spielen von 2008 in derselben Disziplin Silber gewonnen. (Wegen einer Verletzung konnte sie an den Spielen von 2012 nicht teilnehmen.) Sie war auch in vielen anderen Rennen Zweite geworden, was ihr in der Radsportwelt zu ihrem Leidwesen einen Spitznamen einbrachte – Silber-Emma. »Sie ist die Silber-Emma«, sagte Emmas Mutter dem schwedischen Fernsehen nach dem Finish. »Ich glaube, sie ist glücklich, aber sie wollte Gold.«[6]

Wenn doch nur.

Das Paradox des Schmerzes
und der Schmerz des Paradoxes

Wenigstens-Aussagen sorgen dafür, dass wir uns besser fühlen. »Wenigstens habe ich eine Medaille bekommen – im Unterschied zu der amerikanischen Radfahrerin, die sie sich in den letzten Sekunden des Rennens hat nehmen lassen und nicht aufs Treppchen kam.« »Ich bin nicht befördert worden, aber wenigstens wurde ich nicht gefeuert.« Derlei Aussagen bieten Trost.

Wenn-doch-nur-Aussagen hingegen bewirken, dass wir uns schlechter fühlen. »Wenn ich doch nur zwei Sekunden früher zum Endspurt angesetzt hätte, hätte ich eine Goldmedaille gewonnen.« »Wenn ich doch nur ein paar anspruchsvolle Aufgaben mehr übernommen hätte, wäre ich befördert worden.« Derlei Aussagen sorgen für Schmerz und Verzweiflung.

Man sollte also annehmen, dass wir Menschen die erste Kategorie bevorzugen – dass wir die Wärme von *Wenigstens* der Kälte von *Wenn doch nur* vorziehen. Schließlich sind wir so veranlagt, dass wir das Vergnügen suchen und den Schmerz meiden – dass wir ein Schokoladentörtchen einem Früchte-Smoothie vorziehen und Sex mit unserem Partner einer Steuererklärung.

Doch die Wahrheit sieht anders aus. Sie werden viel eher einen Silber-Emma-Moment als einen Bronze-Borghini-Moment haben. Forscher baten Menschen, täglich Tagebuch zu führen, um deren Gedanken rückverfolgen zu können. Oder sie fragten stichprobenartig danach, was ihnen durch den Kopf gehe. Dabei entdeckten sie, dass *Wenn-doch-nur*-Gedanken oft erheblich häufiger vorkommen als *Wenigstens*-Gedanken.[7] Eine Studie ergab, dass 80 Prozent der Kontrafakten, die Menschen bilden, *Wenn-doch-nur*-Sätze sind. Andere Studien kommen zu einem noch höheren Ergebnis.[8] Die wichtigste Ausnahme bilden Situationen, in denen wir einer Katastrophe entkommen sind. So ergab eine Studie mit Touristen, die Zeuge eines tödlichen Tsunamis geworden waren, ihm aber hatten entkommen können, dass sie mehrere Monate später zehnmal häufiger *Wenigstens* als *Wenn doch nur* sagten. Diese Menschen quälte es nicht, dass sie eine Naturkatastrophe miterlebt hatten; sie waren glücklich, sie überlebt zu haben.[9] In gewissem Sinne ist dies auch die Erfahrung der Bronzemedaillengewinner, die der weitaus weniger verheerenden Katastrophe entgingen, keine Medaille zu bekommen. Doch in unserem Alltag, in diesen alltäglichen Momenten, die den größten Teil der menschlichen Existenz ausmachen, kommt uns viel eher ein *Wenn doch nur* in den Sinn, wenn wir darüber nachdenken, was gewesen sein könnte. So funktionieren unser Gehirn und unser Geist.

Zwei Jahrzehnte Forschung zum kontrafaktischen Denken offenbaren eine Merkwürdigkeit: Gedanken über die Vergangenheit, die dafür sorgen, dass wir uns besser fühlen, sind relativ selten, während Gedanken, die dazu führen, dass wir uns schlechter fühlen, sehr oft aufkommen. Sind wir alle Selbstsabotage betreibende Masochisten?

Nein – oder zumindest nicht alle. Wir sind vielmehr auf das Überleben programmierte Organismen. *Wenigstens*-Kontrafakten schonen unsere Gefühle im Moment, doch sie verbessern nur selten unsere künftigen Entscheidungen oder Leistungen. *Wenn-doch-nur*-Kontrafakten geben uns im Moment ein schlechteres Gefühl, können aber – und das ist entscheidend – später unser Leben verbessern.

Reue ist der Inbegriff des aufwärtsgerichteten Kontrafakts – das ultimative *Wenn doch nur*. Die Quelle ihrer Kraft ist, wie Wissenschaftler gerade entdecken, dass sie die konventionelle Schmerz-Belohnung-Rechnung durcheinanderbringt.[10] Ihr Zweck ist, dafür zu sorgen, dass wir uns schlechter fühlen – denn indem die Reue dafür sorgt, dass wir uns heute schlechter fühlen, hilft sie uns, es morgen besser zu machen.

»Ich bereue, dass es mir peinlich war, Mexikanerin zu sein. Man konnte es mir nicht ansehen (ich bin hellhäutig), und sehr viele Menschen wussten nicht, dass ich Mexikanerin war, bis sie meine (dunkelhäutige) Familie kennenlernten. Inzwischen bin ich so weit, meine Hautfarbe und mein Erbe zu akzeptieren. Ich schäme mich nur, es nicht früher getan zu haben.«
— FRAU, 50, KALIFORNIEN

»Ich bereue es, meinen Freund betrogen zu haben. Wir waren seit sieben Jahren zusammen. Ich hätte mich stattdessen einfach von ihm trennen sollen. Und ich bereue, es noch mal gemacht zu haben, nachdem er mir schon verziehen hatte und wir wieder zusammengekommen waren.«
— FRAU, 29, ARIZONA

»Am meisten in meinem zweiundfünfzigjährigen Leben bereue ich, dass ich immer voller Angst war. Ich hatte Angst, zu versagen und dumm dazustehen, und habe deswegen sehr viele Dinge nicht getan, von denen ich mir wünschte, ich hätte sie getan.«
— MANN, 52, SÜDAFRIKA

4.

Warum uns Reue besser macht

»Durch alles geht ein Riss. So fällt das Licht
hinein.« — LEONARD COHEN, 1992

Vielleicht sind Sie vertraut mit dem First Law of Holes (das erste Gesetz der Löcher). »Wenn du dich in einem Loch befindest, hör auf zu graben.« Und vielleicht haben Sie dieses Gesetz ignoriert. Wir verschlimmern schlechte Entscheidungen oft noch, indem wir Zeit, Geld und Mühe in aussichtslose Sachen investieren, statt den Schaden zu begrenzen und unsere Taktik zu ändern. Wir stecken noch mehr Geld in ein hoffnungsloses Projekt, weil wir schon so viel dafür ausgegeben haben. Wir verdoppeln unsere Anstrengungen, um eine hoffnungslose Beziehung zu retten, weil wir ihr bereits ein paar Jahre gewidmet haben. Das psychologische Konzept ist bekannt als »eskalierendes Commitment«, d. h. als ein durch die Neigung gekennzeichnetes Verhalten, sich einem einmal eingeschlagenen Kurs verpflichtet zu fühlen. Dieses Verhalten gehört zu den vielen mentalen Voreingenommenheiten, die uns bei Entscheidungen in die Irre leiten können. Ein Verhalten, das sich durch Reue allerdings korrigieren lässt. Gillian Ku, derzeit Professorin an der London Business School, stellte fest, dass die Wahrscheinlichkeit, einen Fehler zu wiederholen, abnahm, wenn man die Leute dazu brachte, über eine sich ins Negative entwickelnde Verpflichtung nachzudenken und sie dann zu bereuen.[1] Das unangenehme Gefühl des *Wenn doch nur* hervorzurufen, verbesserte ihr künftiges Verhalten.

Die drei Vorteile der Reue

Mentale Voreingenommenheiten wie die eskalierende Verpflichtung zu verringern, ist nur ein Beispiel dafür, wie die Reue – indem sie dafür sorgt, dass wir uns zunächst schlechter fühlen – uns helfen kann, es besser zu machen. Ein Blick auf die Forschung zeigt, dass Reue uns, sofern wir richtig mit ihr umgehen, drei große Vorteile bietet. Sie kann unsere Entscheidungsfindungsfähigkeiten verbessern. Sie kann unsere Leistung bei einer Reihe von Aufgaben steigern. Und sie kann unser Gefühl der Sinnhaftigkeit und Verbundenheit verstärken.

1. Reue kann Entscheidungen verbessern.

Um die positiven Eigenschaften der Reue verstehen zu lernen, stellen Sie sich bitte folgendes Szenario vor:

Während der Pandemie 2020/2021 haben Sie eilig eine Gitarre gekauft, sind aber nie dazu gekommen, sie zu spielen. Jetzt nimmt sie Platz in Ihrer Wohnung weg – und Sie könnten ein bisschen Bargeld gebrauchen. Also beschließen Sie, sie zu verkaufen.

Und wie es der Zufall will, möchte Ihre Nachbarin Maria eine gebrauchte Gitarre kaufen. Sie fragt Sie, wie viel Sie für das Instrument haben wollen.

Angenommen, es ist eine akustische Gitarre, und Sie haben sie für $ 500 gekauft. Sie können von Maria auf keinen Fall so viel für einen gebrauchten Gegenstand verlangen. Sie fänden es super, $ 300 zu bekommen, doch das scheint Ihnen ein bisschen zu übertrieben. Also schlagen Sie $ 225 vor, mit dem Plan, sich mit $ 200 zufriedenzugeben.

Als Maria hört, dass Sie $ 225 haben möchten, ist sie sofort einverstanden und gibt Ihnen das Geld.

Empfinden Sie Reue?

Wahrscheinlich. Viele Menschen tun dies, erst recht in Situationen, in denen es um mehr geht als den Verkauf einer gebrauchten Gitarre. Wenn andere unser erstes Angebot ohne Zögern oder Widerstand akzeptieren, schlagen wir uns oft an die Stirn, weil wir nicht mehr verlangt haben.[2] Sich in solchen Situationen seine Reue einzugestehen – das aversive Gefühl einzuladen, statt es abzuwehren –, kann jedoch unsere zukünftigen Entscheidungen verbessern. So führten Adam Galinsky, der nun an der Columbia University lehrt, und drei andere Sozialpsychologen 2002 eine Studie mit Verhandlern durch, deren erstes Angebot angenommen worden war. Sie baten die Verhandler, einzuschätzen, wie viel besser sie hätten abschneiden können, wenn sie ein höheres Angebot gemacht hätten. Je mehr sie ihre Entscheidung bereuten, desto mehr Zeit verwendeten die Probanden darauf, sich auf eine spätere Verhandlung vorzubereiten.[3] Eine ähnliche von Galinsky und Laura Kray von der University of California, Berkeley, zusammen mit Keith Markman von der Ohio University durchgeführte Studie ergab, dass Menschen in späteren Verhandlungen bessere Entscheidungen trafen, wenn sie auf frühere Verhandlungen zurückblickten und darüber nachdachten, was sie bereuten, nicht getan zu haben – zum Beispiel kein starkes erstes Angebot gemacht zu haben. Mehr noch: Diese durch Reue verbesserten Entscheidungen wirkten sich in vielerlei Hinsicht positiv aus. Bei späteren Begegnungen präsentierten die zerknirschten Verhandler ein höheres Angebot und sicherten sich so ein größeres Stück des Kuchens. Allein darüber nachzudenken, was sie zuvor nicht getan hatten, erweiterte die Möglichkeiten dessen, was sie das nächste Mal tun konnten, und lieferte eine Anleitung für zukünftige Interaktionen.[4]

Die größten Auswirkungen hat dieses Verhalten, wie mehrere Studien zeigen, auf unsere »Entscheidungshygiene«.[5] Sich der Reue hinzugeben, verbessert unseren Entscheidungsfindungsprozess – weil der Stachel der Negativität uns überlegter handeln lässt. Wir sammeln mehr Informationen. Wir ziehen eine größere Bandbreite von Optionen in Erwägung. Wir nehmen uns mehr Zeit, um zu einer Schlussfolgerung zu gelangen. Da wir unsere Schritte vorsichtiger wählen, ist die Wahrscheinlichkeit geringer, dass wir in die Falle kognitiver Verzerrungen wie dem Bestätigungsfehler tappen.[6] Eine Studie zu CEOs ergab, dass es einen »positiven Einfluss auf ihre zukünftigen Entscheidungen hatte«, wenn man die CEOs ermutigte, über das, was sie bereuten, nachzudenken.[7]

Barry Schwartz, einer der ersten Sozialpsychologen, die das Phänomen der Reue genauer unter die Lupe genommen haben, erklärt, dass dieses unangenehme Gefühl »mehrere wichtige Funktionen hat«. Reue kann »die Fehler deutlich machen, die uns bei einer Entscheidungsfindung unterlaufen sind, sodass wir sie in Zukunft in einer ähnlichen Situation nicht wiederholen«.[8]

Dieses Thema taucht auch in vielen Einträgen des World Regret Survey auf, zum Beispiel der folgende Eintrag eines Elternteils mit einem lebhaften Erinnerungsvermögen:

Ich habe meine Tochter, als sie fünf war, auf dem Weg zur Schule angebrüllt, als sie sich ihre Schuluniform mit ein bisschen Joghurt bekleckerte. Ich habe sie richtig fertiggemacht und es seitdem bereut. Sie hatte das nicht verdient. Ich habe sie völlig aus der Fassung gebracht, und wozu das alles? Wegen eines kleinen Fleckens auf ihrer Uniform? Ich werde nie aufhören, diesen Moment zu bereuen. Ich habe sie nie wieder so angebrüllt. Ich habe also aus diesem Fehler gelernt, aber ich wünschte, ich könnte diesen Moment ungeschehen machen.

Dieser Elternteil bereut nach wie vor ein vergangenes Verhalten, hat dieses Gefühl jedoch genutzt, um bessere Entscheidungen zu treffen und das Kind nie wieder auf diese Weise anzubrüllen.

Während viele von uns Eltern noch immer versuchen, bessere Erziehungsentscheidungen zu treffen, könnte die Fähigkeit, etwas zu bereuen, fundamental wichtig dafür sein, wie unsere Söhne und Töchter durch das Bereuen eigenständig lernen, Dinge abzuwägen und Entscheidungen zu fällen. Irische Forscher haben im Rahmen mehrerer Experimente gezeigt, dass sich die Entscheidungsfindungsfähigkeiten von Kindern enorm verbessern, sobald sie im Alter von rund sieben Jahren die Fähigkeit, Reue zu empfinden, entwickeln. »Die Entwicklung von Reue ermöglicht es Kindern, aus vorherigen Entscheidungen zu lernen und sie künftig der jeweiligen Situation anzupassen«, schreiben Eimear O'Connor, Teresa McCormack und Aidan Feeney.[9]

Unser kognitiver Apparat ist zumindest teilweise darauf ausgelegt, uns langfristig zu stützen, statt uns kurzfristig Linderung zu verschaffen. Wir brauchen einfach die Fähigkeit, unsere schlechten Entscheidungen zu bereuen – uns wegen ihnen schlecht zu fühlen –, um in Zukunft bessere Entscheidungen treffen zu können.

2. Reue kann die Leistung verbessern

Clairvoyants smash egg pools – ein Anagramm für *Psychologists love anagrams* (Psychologen lieben Anagramme). Und es stimmt. Anagramme sind in der psychologischen Forschung gang und gäbe. Geleite die Probanden in einen Raum. Gib ihnen ein paar Wörter oder Sätze, aus denen sie andere Wörter oder Sätze bilden sollen. Manipuliere dann ihre Gemütslage, ihre Denkweise, ihre Umgebung oder irgendeine andere Variable, um zu sehen, wie es ihre Leistung beeinflusst.

Entsprechend gaben Keith Markman (der eine der Verhandlungsstudien mit durchgeführt hat) und zwei seiner Kollegen ihren Probanden zehn Anagramme, die diese lösen sollten. Nachdem sie die Ergebnisse angeblich »bewertet« hatten, erklärten sie den Probanden, dass diese nur die Hälfte der versteckten Wörter gefunden hätten. Dann schürten sie ein wenig deren Reue. »Schließen Sie die Augen, denken Sie über Ihre tatsächliche Leistung beim Lösen der Anagramme nach und darüber, wie Sie besser hätten abschneiden können«, sagten sie den Probanden. »Nehmen Sie sich eine Minute lang Zeit und bewerten Sie gründlich Ihre Leistung, verglichen damit, wie Sie es besser hätten machen können.« Die Rätsellöser, in deren Köpfen es jetzt von *Wenn-doch-nur*-Gedanken wimmelte, fühlten sich schlechter – vor allem im Vergleich mit einer anderen Gruppe, die man gebeten hatte, *Wenigstens*-Vergleiche anzustellen. Doch in der nächsten Runde lösten die Mitglieder der Reue empfindenden Gruppe mehr Rätsel und blieben länger bei der Aufgabe als alle anderen Probanden.[10] Eines der zentralen Ergebnisse der Forschungen zur Reue ist, dass sie die Ausdauer und damit auch fast immer die Leistung verbessern kann. Neal Roese, einer der Pioniere der Forschung zum kontrafaktischen Denken, auf den ich hier und in den Endnoten auch immer wieder verweise, verwendete Anagramme in einer seiner ersten und einflussreichsten Studien. Auch er stellte fest, dass das Hervorrufen von Reue – das Schüren von *Wenn-doch-nur*-Gedanken – die Teilnehmer befähigte, mehr Anagramme und sie schneller zu lösen.[11]

Verlassen wir das Labor und gehen wir ins Casino. Bei einem ebenfalls von Markman durchgeführten faszinierenden Experiment bat man die Teilnehmer, Blackjack gegen einen Computer zu spielen. Die Experimentatoren erklärten der Hälfte der Teilnehmer, dass nach einer Runde Schluss wäre, der anderen Hälfte, dass sie mehrere Runden spielen würden. Diejenigen, die wussten, dass sie mehrmals spielen würden, trafen mehr *Wenn-doch-nur*-Aussagen als diejenigen, die nur einen Versuch hatten. Sie bereuten es eher, eine fehlerhafte Kartenspiel-Strategie verfolgt zu haben oder ein zu hohes oder zu geringes Risiko eingegangen zu sein. Die erste Gruppe hingegen mied negative Aussagen. Sie traf vor allem *Wenigstens*-Aussagen (»Wenigstens habe ich nicht all mein Geld verloren!«). Doch die Kartenspieler der zweiten Gruppe stellten sich bereitwillig dem unangenehmen Prozess, Reue zu emfpinden, »weil sie vorbereitende Informationen brauchten, die ihnen halfen, besser abzuschneiden«. Die Forscher schrieben: »Probanden, die nicht erwarteten, noch einmal zu spielen, brauchten diese Erfahrungen ja nicht. Die wollten sich einfach nur mit ihrer momentanen Leistung gut fühlen.«[12]

Selbst über die Reue *anderer* Menschen nachzudenken, kann

die Leistung verbessern. In mehreren Studien spielt eine Person namens Jane eine Rolle, die ein Konzert ihrer Lieblings-Rockband besucht. Jane sitzt zu Beginn des Konzerts auf dem von ihr gebuchten Platz, begibt sich dann jedoch auf einen anderen Platz, um näher an der Bühne zu sitzen. Eine Weile später verkündet die Band, dass die Promoter in Kürze willkürlich einen Platz auswählen und demjenigen, der dort sitzt, eine Reise nach Hawaii schenken werden. Manchmal hören die Teilnehmer des Experiments, dass der Platz, auf den Jane kurz zuvor *gewechselt* ist, derjenige ist, der die Reise gewinnt. Jubel! Ein anderes Mal hören sie, dass der Platz, den Jane *verlassen* hat, gewonnen hat. Reue! Diejenigen, die Janes *Wenn-doch-nur*-Geschichte gehört hatten und dann einen Teil des Law-School-Admission-Tests machten, schnitten 10 Prozent besser ab als eine Kontrollgruppe. Sie waren auch besser darin, komplizierte Rätsel wie das Duncker-Kerzenproblem, einen berühmten experimentellen Test des kreativen Denkens, zu lösen.[13] Menschen dazu zu bringen, kontrafaktisch zu denken, sogar stellvertretende Reue zu empfinden, scheint »die Tür für Chancen zu öffnen«. Galinsky (dem wir schon bei den Verhandlungsstudien begegnet sind) und Gordon Moskowitz erklären, dass die Gedanken der Probanden dadurch intensiver und kreativer ausgefallen seien.

Selbstverständlich verbessert Reue nicht immer die Leistung. Zu lange bei etwas zu verweilen, was wir bereuen, oder den Fehler immer und immer wieder vor unserem geistigen Auge ablaufen zu lassen, kann die gegenteilige Wirkung haben. Das falsche Ziel für unsere Reue zu wählen – es z. B. zu bereuen, dass wir am Blackjack-Tisch eine rote Baseballkappe getragen haben, statt zu bereuen, dass wir noch eine Karte aufgenommen haben, als wir schon eine Zehn und einen König in der Hand hielten –, führt zu keiner Verbesserung. Und manchmal kann der Initial-schmerz uns vorübergehend aus der Fassung bringen. Doch meistens verbessert es unsere anschließende Leistung, wenn wir auch nur ein wenig darüber nachdenken, wie wir davon profitie-ren könnten, etwas zu bereuen.[14]

Durch Rückschläge hervorgerufene Reue könnte sogar gut für Ihre Karriere sein. Im Rahmen einer 2019 von Yang Wang, Benjamin Jones und Dashun Wang von der Kellogg School of Management durchgeführten Studie wurde eine fünfzehn Jahre alte Datensammlung von Bewerbungen durchforstet, die Nachwuchs-wissenschaftler für ein renommiertes Stipendium der National Institutes of Health eingereicht hatten. Die Autoren der Studie schauten sich über 1000 Bewerbungen an, die weitgehend die für den Gewinn des Stipendiums erforderlichen Kriterien erfüllten. Etwa die Hälfte davon entsprach gerade so den Anforderungen. Sie hatten das Stipendium tatsächlich bekommen, sich einen knappen Sieg erkämpft und waren der Reue somit entkommen. Die andere Hälfte entsprach den Anforderungen um Haaresbreite nicht. Diese Bewerber hatten kein Stipendium bekommen, muss-ten es ertragen, dies ganz knapp nicht geschafft zu haben, und empfanden vermutlich Reue. Dann untersuchten die Forscher, wie die Karriere dieser Wissenschaftler verlaufen war. Langfristig ließen die Teilnehmer der *Wenn-doch-nur*-Gruppe, die ihr Ziel um Haaresbreite verfehlt hatten, die Teilnehmer der *Wenigstens*-Gruppe, die es so eben geschafft hatten, hinter sich. Diese Silber-Emmas der Wissenschaft wurden in der Folge viel öfter zitiert, und die Wahrscheinlichkeit, dass sie einen erfolgreichen wissen-schaftlichen Aufsatz produzierten, lag um 21 Prozent höher. Die Forscher kamen zu dem Schluss, dass der Rückschlag die trei-bende Kraft gewesen war. Die Tatsache, dass sie den Gewinn des

Stipendiums nur knapp verfehlt hatten, rief wahrscheinlich Reue hervor, die zum Nachdenken anspornte. Das führte zu einer Änderung der Strategie und letztlich zu besseren Leistungen.[15]

3. Reue kann das Gefühl der Sinnhaftigkeit stärken

Vor ein paar Jahrzehnten verbrachte ich vier Jahre in Evanston, Illinois, wo ich an der Northwestern University meinen Bachelorabschluss machte. Ich bin grundsätzlich zufrieden mit meiner Collegeerfahrung. Ich habe dort sehr viel gelernt und einige lebenslange Freundschaften geknüpft. Hin und wieder habe ich mich jedoch gefragt, wie mein Leben verlaufen wäre, wenn ich nicht aufs College hätte gehen können oder an einer anderen Universität studiert hätte. Und aus irgendeinem seltsamen Grund machen diese Grübeleien mich normalerweise noch zufriedener und nicht weniger zufrieden mit der Erfahrung, so als sei dieser kleine Zeitabschnitt irgendwie wesentlich für mein Leben.

Wie sich herausstellt, unterscheide ich mich darin gar nicht so sehr von anderen.

2010 bat ein Team von Sozialwissenschaftlern, zu denen Kray, Galinsky und Roese gehörten, eine Gruppe von Studenten der Northwestern University, kontrafaktisch über ihre Collegewahl und die Wahl ihrer Freunde während der Collegezeit nachzudenken. Als die Studenten sich vorstellten, sie hätten eine andere Universität besucht oder mit anderen Kommilitonen Freundschaften geschlossen, reagierten sie genauso wie ich. Die tatsächliche Wahl fühlte sich in gewisser Weise bedeutsamer an. »Kontrafaktisches Denken verleiht sowohl wichtigen Lebenserfahrungen als auch Beziehungen eine größere Bedeutung«, folgerten die Autoren der Northwestern-Studie.

Und diese Wirkung hat das kontrafaktische Denken nicht nur, wenn wir jung und ichbezogen sind. Andere Forschungen ergaben, dass Menschen, die kontrafaktisch über entscheidende Momente in ihrem Leben nachdachten, diese Ereignisse als sinnhafter empfanden als Menschen, die über den Sinn selbst nachdachten. Der indirekte Weg über *Wenigstens* und *Wenn doch nur* führte schneller zur Erfahrung von Sinnhaftigkeit als der direkte Weg, über den Sinn selbst nachzugrübeln.[16] Wenn Menschen kontrafaktisch über Alternativen zu Lebensereignissen nachdenken, ruft dies auch ein höheres Maß an religiösen Gefühlen und eine größere Zielstrebigkeit hervor, als wenn sie einfach nur die Fakten dieser Ereignisse aufzählen.[17] Diese Art des Denkens kann sogar patriotische Gefühle und das Bekenntnis zu der Organisation, der man angehört, verstärken.[18]

Diese Studien untersuchten Kontrafakten im Allgemeinen, aber für uns lässt sich dabei festhalten, dass insbesondere die Reue unser Gefühl von und unser Streben nach Sinnhaftigkeit verstärkt. So kann uns zum Beispiel ein »Midlife-Review«, der sich auf Reue fokussiert, dazu veranlassen, unsere bisherigen Lebensziele zu überdenken und eine neue Richtung einzuschlagen.[19] Oder nehmen Sie Abby Henderson, eine neunundzwanzigjährige Forscherin der Verhaltensmedizin, die am World Regret Survey teilnahm.[20]

Ich bereue es, als Kind nicht mehr Zeit mit meinen Großeltern verbracht zu haben. Ich fand es damals nervig, wenn sie bei uns zu Hause waren und die Nähe zu mir suchten. Jetzt würde ich alles tun, um die Zeit zurückdrehen zu können.

Abby Henderson wuchs mit zwei älteren Geschwistern in einem glücklichen Zuhause in Phoenix, Arizona, auf. Ihre Großeltern väterlicherseits lebten in der kleinen Stadt Hartford City, Indiana. Um der Kälte des Mittleren Westens zu entkommen, kamen sie fast jeden Winter für ein bis zwei Monate zu Besuch, wobei sie normalerweise im Haus der Hendersons wohnten. Das gefiel der kleinen Abby nicht. Sie war ein stilles Kind, dessen Eltern beide arbeiteten, sodass sie die Zeit nach der Schule genoss, wenn sie allein zu Hause war. Ihre Großeltern störten diese Ruhe. Ihre Großmutter, die auf sie wartete, wenn sie von der Schule nach Hause kam, wollte immer wissen, wie ihr Tag gewesen war – aber Abby wehrte sich gegen diese Versuche, eine Beziehung aufzubauen.

Jetzt bereut sie es.

»Am meisten bereue ich, dass ich jetzt nichts über ihre Lebensgeschichte weiß«, sagte sie mir in einem Interview. Doch das hat ihre Einstellung zu ihren eigenen Eltern verändert. Ihre Reue führte dazu, dass sie und ihre Geschwister dem Vater, der in seinen Siebzigern ist, ein StoryWorth-Abo geschenkt haben. Jede Woche schickt der Service eine E-Mail, die eine einzige Frage enthält (z. B.: Wie war Ihre Mutter? Welches ist Ihre liebste Kindheitserinnerung? Und – ja – was bereuen Sie?). Der Empfänger antwortet darauf mit einer Geschichte. Am Ende des Jahres entsteht aus diesen Geschichten ein gebundenes Buch. Der Stachel des *Wenn doch nur* hat, wie Abby sagte, zu Folgendem geführt: »Ich suche nach mehr Sinn. Ich suche nach mehr Bindung. Wenn meine Eltern sterben, will ich nicht so wie bei meinen Großeltern das Gefühl haben ›Was habe ich verpasst?‹«

Dieser Schmerz, so Abby, habe ihr geholfen, ihr eigenes Leben als ein Puzzle zu sehen, dessen Zentrum die Sinnhaftigkeit bildet.

»Wenn Menschen um mich herum sagen, ›Ich bereue nichts‹, dann erwidere ich: ›Wenn du keine Fehler machst, wie willst du dann lernen und wachsen?‹ Ich meine, wer durchlebt schon seine Zwanziger, ohne dass er danach etwas zu bereuen hat? Die miesen Jobs, die ich angenommen habe, die schlechten Dates, die ich hatte ...« Doch sie verstand schließlich, dass ihre Reue jedes Mal daher rührte, »dass ich versucht habe, der Frage nach der Sinnhaftigkeit aus dem Weg zu gehen«.

Eine der Eigenschaften ihrer Großmutter, an die Abby sich erinnert, waren ihre überirdischen Backkünste, vor allem die Torteletts, die sie regelmäßig zum Nachtisch servierte. »Wenn man nichts anderes kennengelernt hat als geschmacklose Torteletts, dann denkt man, dass Torteletts ›fad‹ sind. Aber wenn man einmal die Erdbeertorteletts meiner Großmutter gegessen hat, dann gibt es kein Zurück mehr.«

»Meine Reue verleiht meinem Leben mehr Würze«, sagte sie mir. »Ich erinnere mich an den bitteren Geschmack der Reue. Und, mein Gott, wenn etwas dann süß ist, ist es so viel süßer.« Sie weiß, dass sie die Zeit mit ihren Großeltern nie wieder zurückbekommen wird. »Es ist ein Geschmack, der für immer fehlen wird.« Die Geschichten ihres Vaters zu sammeln, was sie ohne den Stachel des *Wenn doch nur* nicht getan hätte, hilft ihr. »Das macht vieles wieder gut«, so Abby.

»Aber es ist kein Ersatz. Nichts wird diesen Geschmack ersetzen. Ich werde den Rest meines Lebens mit dieser kleinen Lücke leben müssen. Doch das wird alles andere, was ich tue, prägen.«

Wenn wir richtig mit ihr umgehen, kann Reue uns besser werden lassen. Ihre Wirkung zu verstehen, verbessert unsere

Entscheidungen, steigert unsere Leistung und verleiht uns ein tieferes Gefühl der Sinnhaftigkeit. Das Problem ist nur, dass wir oft nicht richtig mit unserer Reue umgehen.

Wozu sind Gefühle gut?

An irgendeinem Punkt erwähnt fast jedes populärwissenschaftliche Buch über das menschliche Verhalten William James, den amerikanischen Universalgelehrten und Harvard-Professor des 19. Jahrhunderts, der das erste psychologische Lehrbuch schrieb, das erste Psychologieseminar abhielt und weithin als Gründungsvater dieses Fachgebietes gilt. Dieses Buch wird sich dieser Tradition nun anschließen.

In Kapitel 22 seines Meisterwerks von 1890, *The Principles of Psychology*, sann James über den Zweck der menschlichen Fähigkeit zu denken nach. Er sagte, dass es von der Situation abhänge, wie wir denken, ja sogar, *was* wir denken. »Jetzt, da ich schreibe, ist es wesentlich, dass ich mein Papier als eine Schreibfläche auffasse«, schrieb er. »Würde ich das nicht tun, müsste ich meine Arbeit einstellen.« Doch in anderen Situationen – wenn er zum Beispiel ein Feuer anzünden müsste und nichts anderes zur Verfügung hätte – würde er anders über das Papier nachdenken. Das Papier selbst hat unzählige Funktionen – es ist »ein Brennmaterial, eine Schreibfläche, ein kohlenstoffhaltiges Ding, ein dünnes Ding, ein Ding, das acht Zoll breit und zehn Zoll lang ist, ein Ding, das gerade eine achtel Meile östlich von einem gewissen Stein in dem Feld meines Nachbarn liegt, ein amerikanisches Ding usw., *ad infinitum*.« Dann ließ James eine intellektuelle Bombe platzen, die noch heute nachhallt. »Mein

Denken vollzieht sich von A bis Z und stets um meines Tuns willen.«[21]

Moderne Psychologen haben James' Beobachtung bestätigt, sie jedoch auf das Wesentliche verkürzt: *Denken vollzieht sich um des Tuns willen.*[22] Wir handeln, um zu überleben. Wir denken, um zu handeln.

Doch Gefühle sind komplizierter. Was ist der Zweck von Gefühlen – insbesondere unangenehmen Gefühlen wie Reue? Wenn wir um des Tuns willen denken, wozu fühlen wir dann?

Eine Sichtweise: **Gefühle sind da, um ignoriert zu werden.** Gefühle sind dieser Ansicht zufolge unwichtig. Sie behindern uns nur, lenken von ernsten Angelegenheiten ab. Man sollte sie besser vertreiben oder gar nicht erst aufkommen lassen. Konzentrier dich auf die nüchtern Denkenden, meide die Weichherzigen, und alles wird gut.

Negative Gefühle in unseren emotionalen Keller zu packen zögert jedoch leider nur den Moment hinaus, in dem wir die Tür öffnen und uns dem stellen müssen, was wir dort gelagert haben. Unterdrückte Gefühle, schreibt ein Therapeut, können sogar zu »physischen Problemen wie Herzkrankheiten, Darmproblemen, Kopfschmerzen, Schlaflosigkeit und Autoimmunkrankheiten führen«.[23] Negative Gefühle zu begraben löst sie nicht auf. Es verstärkt sie, und die Schadstoffe sickern in das Erdreich unseres Lebens. Negative Gefühle ständig herunterzuspielen ist auch keine gesunde Strategie. Sie birgt das Risiko, sie in Professor Pangloss aus *Candide* zu verwandeln, der von einem Unglück nach dem anderen heimgesucht wird und dann einfach erklärt: »Alles zum Besten in der besten aller möglichen Welten.« Bagatellisierungstechniken wie die *Wenigstens*-Kontrafakten haben ihren Platz, wie ich in Kapitel 12 darlegen werde. Sie können uns beruhigen, und manchmal brauchen wir diese Beruhigung. Doch sie können uns auch falschen Trost bieten, uns der Tools berauben, die nötig sind, um uns der kalten Realität zu stellen, und zu einem gefährlichen Glaubenssatz werden, der Entscheidungen unterminiert und Wachstum verhindert.

Eine andere Sichtweise: **Gefühle sind da, um gefühlt zu werden.** Diesem Standpunkt zufolge sind Emotionen die Essenz unseres Seins. Sprich über sie. Lass dich über sie aus. Schwelge in ihnen. »Vertrau immer deinen Gefühlen«, lautet diese Sichtweise.[24] Sie müssen gewürdigt – auf einen Thron gesetzt und verehrt werden. Gefühle sind die eine echte Wahrheit. Sie sind alles, was da ist; alles andere ist nebensächlich.

Bei negativen Gefühlen, vor allem Reue, ist diese Herangehensweise noch gewagter als die Pangloss'sche Strategie der Selbsttäuschung durch Ausflüchte. Zu viel Reue ist gefährlich, ja, manchmal verheerend. Sie kann zum Grübeln verleiten, was in hohem Maße das Wohlbefinden beeinträchtigt, oder zum Wiederkäuen vergangener Fehler, was ein Vorankommen verhindern kann. Übermäßige Reue wird mit einer Reihe von psychischen Gesundheitsproblemen in Verbindung gebracht – allen voran mit Depressionen und Angst, aber auch mit der posttraumatischen Belastungsstörung.[25] »Menschen, die über das, was sie bereuen, nachgrübeln, berichten eher von einer verminderten Lebenszufriedenheit und von Schwierigkeiten, mit negativen Lebensereignissen fertigzuwerden«, heißt es in einem Aufsatz.[26] Dies gilt vor allem, wenn dieselbe Sache wiederholt bereut wird. Sich wiederholende Gedanken können die Reue verschlimmern, und Reue kann sich wiederholende Gedanken verstärken und damit eine absteigende Spirale des Schmerzes erzeugen.[27] Grübeln klärt nichts und bringt uns nicht weiter. Es verwirrt und lenkt ab. Wenn wir nur um des Fühlens willen fühlen, fallen wir in ein Loch, aus dem wir nur schwer wieder herauskommen.

Was die Reue angeht, ist eine dritte Sichtweise gesünder. **Fühlen um des Denkens willen.** Weichen Sie Gefühlen nicht aus. Aber suhlen Sie sich auch nicht in ihnen. Stellen Sie sich ihnen. Nutzen Sie sie als Katalysator für künftiges Verhalten. So wie das Denken uns beim Tun hilft, kann Fühlen uns beim Denken helfen.[28]

Diese Herangehensweise an Reue ähnelt der Herangehensweise der modernen Stresswissenschaft. *Stress.* Das hört sich schlimm an. Doch Stress ist, wie wir nun wissen, keine einheitliche, unveränderliche Größe. Wie er uns beeinflusst, ja selbst, was er im Grunde ist, hängt in hohem Maße von unserer individuellen Denkweise ab.[29] Davon, ob wir Stress auf der einen Seite als etwas Dauerhaftes und Schwächendes betrachten oder auf der anderen Seite als etwas Vorübergehendes und Bereicherndes. Chronischer, allgegenwärtiger Stress ist giftig. Doch gelegentlicher akuter Stress ist hilfreich, ja, sogar notwendig.

Reue kann auf ähnliche Weise funktionieren. Wenn wir unsere Reue zum Beispiel so formulieren, dass wir damit ein Urteil über unseren Charakter fällen – darüber, wer wir sind –, kann das destruktiv sein. Sie als Bewertung eines bestimmten Verhaltens in einer bestimmten Situation zu formulieren – was wir getan haben –, kann lehrreich sein. Angenommen, Sie haben den Geburtstag eines geliebten Menschen vergessen. Zu bereuen, dass Sie eine gedankenlose, gefühllose Person sind, wird nicht helfen. Sich darüber zu ärgern, dass Sie wichtige Termine nicht in Ihrem Kalender eintragen oder sich Verwandten gegenüber nie erkenntlich zeigen, ist nützlich. Eine Vielzahl von Forschungsergebnissen zeigt, dass es Menschen, die ihre negativen Erfahrungen akzeptieren, statt sie zu beurteilen, letztlich besser ergeht.[30]

Unsere Reue als Möglichkeit statt als Bedrohung zu betrachten, hilft uns auch, sie umzugestalten – sodass sie wie ein spitzer Stab statt wie eine bleierne Decke wirkt. Reue, die tief schmerzt, aber schnell verschwindet, führt zu einer effektiveren Problemlösung und einer robusteren emotionalen Gesundheit.[31] Wenn Reue die Luft zum Atmen nimmt, kann sie uns herunterziehen. Doch wenn sie uns anstupst, kann sie uns Auftrieb geben.

Der Schlüssel ist, Reue so zu nutzen, dass eine Kettenreaktion ausgelöst wird: Das Herz schickt ein Signal an den Kopf, der Kopf setzt Handeln in Gang. Reue bereitet uns immer Verdruss. Produktive Reue bereitet Verdruss und aktiviert dann. Das Schaubild auf der folgenden Seite erklärt den Prozess. Es macht auch den entscheidenden Punkt deutlich: Ihre Reaktion bestimmt das Ergebnis. Wenn Sie den Stachel der Reue spüren, gibt es drei mögliche Reaktionen. Sie können beschließen, dass Gefühle da sind, um ignoriert zu werden – und dieses Gefühl begraben oder herunterspielen. Das führt zu Selbsttäuschung. Sie können beschließen, dass Gefühle da sind, um gefühlt zu werden – und sich in der Reue suhlen. Das führt zu Verzweiflung. Oder Sie können beschließen, um des Denkens willen zu fühlen – und sich mit diesem Gefühl auseinandersetzen. Was sagt Ihnen diese Reue? Welche Anleitungen bietet sie, um bessere Entscheidungen zu treffen? Um Ihre Leistung zu verbessern? Um ein tieferes Gefühl der Sinnhaftigkeit zu erlangen?

Wenn wir um des Denkens willen fühlen und um des Tuns willen denken, dann hat Reue den Zweck, uns besser werden zu lassen.

Drei Möglichkeiten, auf Reue zu reagieren

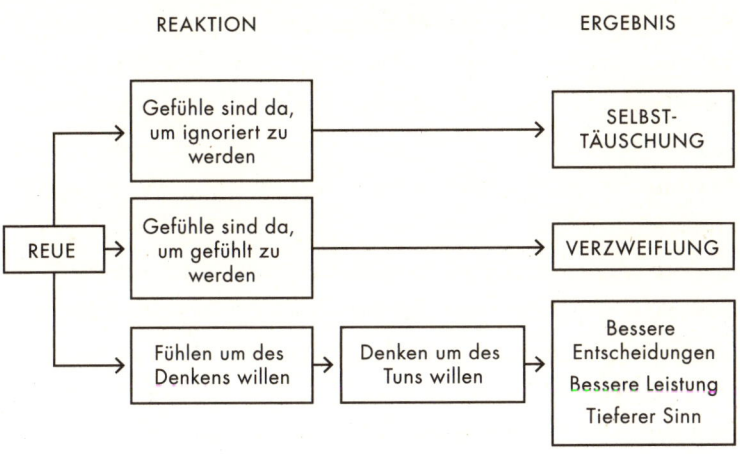

REAKTION — ERGEBNIS

Gefühle sind da, um ignoriert zu werden → SELBST-TÄUSCHUNG

REUE → Gefühle sind da, um gefühlt zu werden → VERZWEIFLUNG

Fühlen um des Denkens willen → Denken um des Tuns willen → Bessere Entscheidungen, Bessere Leistung, Tieferer Sinn

Im 15. Jahrhundert, so erzählt man sich, ließ ein japanischer Shogun namens Ashikaga Yoshimasa eine chinesische Teeschale fallen, die auf dem Boden in mehrere Stücke zerschellte. Er schickte die beschädigte Schale zur Reparatur zurück nach China. Einige Monate später erhielt er einen plumpen Gegenstand zurück. Die Schalenstücke wurden durch unförmige Metallklammern zusammengehalten. Es muss einen besseren Weg geben, dachte er, und bat Handwerker vor Ort, ihn zu finden. Sie reparierten das Tongefäß, indem sie die Ränder der zerbrochenen Stücke abschmirgelten und die Stücke dann mithilfe von mit Gold vermischtem Lack wieder zusammenklebten. Die Handwerker verfolgten nicht das Ziel, die Schale originalgetreu zu reproduzieren oder ihre neu erworbenen Mängel zu verbergen. Sie wollten sie in etwas Besseres verwandeln. Mit ihrer Arbeit schufen sie eine neue – und nun Jahrhunderte alte – Kunstform namens *kintsugi*. Einem Bericht zufolge »war Kintsugi im 17. Jahrhundert so in

Mode gekommen, dass manche Menschen absichtlich ihre Tee-schalen zerschlugen, um sie mit Goldlack zu reparieren«.[32]

Kintsugi (»Goldverbindung«) betrachtet die Risse und die an-schließenden Reparaturen als Teil der Geschichte des Gefäßes, als fundamentale Elemente seines Seins. Die Schalen sind nicht schön trotz der Mängel. Sie sind schön wegen der Mängel. Die Risse machen sie besser.

Was für Töpferware gilt, kann auch für Menschen gelten.

Fragen Sie nur Mara Abbott. Wenn Sie mit dem Namen nichts anzufangen wissen, werde ich Ihnen auf die Sprünge helfen. Sie ist die amerikanische Radfahrerin, die bei dem olympischen Straßenrennen von 2016, das ich im vorangegangenen Kapitel beschrieben habe, in den letzten Momenten die Führung verlor und als Vierte über die Ziellinie fuhr.

»In den Tagen nach dem Rennen habe ich den größten Kum-mer meines Lebens durchlebt«, sagte Mara mir an einem Februar-nachmittag via Zoom. Sie lebt nun in Buffalo, Wyoming, und arbeitet als Zeitungsreporterin. Das Wort, das sie benutzte, um ihre Erfahrung zu beschreiben: »niederschmetternd«.

Doch sie setzte die Stücke wieder zusammen und fand in den Rissen neue Einsichten. Der Wettkampf in Rio war das letzte Rennen einer erfolgreichen zehnjährigen Radsportkarriere. Diese Erfahrung verbesserte ihre Zeiten nicht und brachte ihr auch keinen weiteren Pokal ein. Doch »irgendwie vermittelte sie mir diesen Maßstab und diese Perspektive, die mir jetzt andere Ent-scheidungen und Werturteile leichter machen«, sagte sie. Vor allem aber sehnt sie sich danach, das Ganze noch einmal zu er-leben, so voll dabei und lebendig zu sein, wie es an jenem August-nachmittag der Fall war. »Die Chance, die diese Niederlage mir gebracht, und das Gefühl, das sie in mir geweckt hat, und diese

Fülle und diese Ganzheit sind das größte Privileg, das ich mir je hätte wünschen können.« Der Schmerz hat dafür gesorgt, dass sie nun intensiver lebt und einen größeren Sinn im Leben sieht. »Wenn du ein gebrochenes Herz hast, dann heißt das, dass du etwas getan hast, das groß genug und wichtig genug und wertvoll genug war, um dir das Herz zu brechen.«

Wie Mara Abbott sagt, sind die Risse da, damit das Licht hineingelangt. Und wie wir im nächsten Teil sehen werden, erhaschen wir einen Blick auf das gute Leben, wenn wir durch diese Risse schauen.

Teil 2

Reue sichtbar machen

»Ich bereue es, dass ich in meiner Jugend meine Essgewohnheiten nicht geändert und geraucht und ziemlich viel Alkohol getrunken habe. Ich habe den größten Teil meines Lebens zu drei Mahlzeiten (am Tag) Fleisch gegessen. Vor sechs Monaten bin ich Veganer geworden, und ich habe mich noch nie im Leben besser gefühlt. Ich frage mich, wie es gewesen wäre, wenn ich damit schon angefangen hätte, als ich jünger war.«

— MANN, 46, HONDURAS

»Ich habe zu viel Zeit damit verbracht, der Vorstellung anderer von Normalität zu entsprechen. Akzeptiere dich selbst, liebe deinen Nachbarn und lass jeden Tag zu einer besonderen Erinnerung werden.«

— NICHT-BINÄR, 62, UTAH

»Am meisten bedauere ich, dass ich meine Zeit als Hausfrau und Mutter nicht genutzt habe, um meine Kinder wirklich über ihre Beziehung zu Gott und Jesus Christus aufzuklären. Ich hätte meine Zeit mit ihnen besser nutzen können, hätte ihnen helfen können, ihren Glauben zu entwickeln und zu festigen, was ihnen wiederum die beste Grundlage gegeben hätte, ihr Leben erfolgreich zu meistern.

— FRAU, 54, MINNESOTA

5.

Die Oberflächenstruktur der Reue

«Mein Körper ist KEIN Tempel. Er ist eine
LAGEREINHEIT für alles, was ich BEreue:«

— @ELYKREIMENDAHL, TWITTER, 2020

W as bereuen Menschen?
Das ist eine Frage, die Meinungsforscher und Professoren seit der Mitte des 20. Jahrhunderts stellen. 1949 zum Beispiel befragte George Gallup, der Gründer des American Institute
of Public Opinion, US-Bürger, was sie als den größten Fehler
ihres Lebens betrachteten. Die häufigste Antwort war ein über-
wältigendes »Weiß ich nicht«.

Vier Jahre später fragte Gallup dann – wahrscheinlich zum
ersten Mal im Rahmen einer Umfrage – direkt nach der Reue.
»Wenn Sie Ihr Leben noch einmal leben könnten«, fragte sein
Team 1953, »würden Sie es dann im Großen und Ganzen fast
genauso leben, wie Sie es getan haben, oder würden Sie es anders
leben?« Wie Sie der Schlagzeile auf der folgenden Seite ent-
nehmen können, sagte die Mehrheit der Amerikaner, dass sie
nichts ändern würde.

Das Unbehagen, Härten zuzugeben und aufzuzählen, ist nach-
vollziehbar. Denken Sie an das Leben im Jahr 1953. Der Zweite

Weltkrieg klang im öffentlichen Gedächtnis nach. Das Vereinigte Königreich mit einer neu gekrönten siebenundzwanzigjährigen Königin rationierte noch immer Lebensmittel. Japan und ein großer Teil Europas waren noch dabei, sich einen Weg aus den Trümmern zu bahnen. Es war das Jahr, in dem Josef Stalin starb, der Koreakrieg endete und der erste Polioimpfstoff entwickelt wurde. Angesichts all dieser äußeren Belastungen hätte eine innere Einkehr vielleicht unangemessen gewirkt. Es dauerte entsprechend noch einige Jahre, bis die Nabelschau zum nationalen Zeitvertreib wurde.

Doch durch das Unbehagen lugte ein Thema hervor, mit dem die Forscher sich allmählich zu beschäftigen begannen. Bei der Erhebung von 1949 lag bei der Frage nach dem größten Fehler »Keine ausreichende Ausbildung genossen« auf Platz zwei hinter »Weiß ich nicht«. Bei der Umfrage von 1953 nahm bei 15 Prozent derjenigen, die etwas bedauerten, »mehr Bildung« den Spitzenplatz ein. Auch das ist verständlich. 1953 hatten nur sechs Prozent der US-Bevölkerung vier oder mehr Jahre lang ein College besucht. Mehr als die Hälfte der Amerikaner hatten die Highschool nicht abgeschlossen.[1] Zu Brown v. Board of Education, dem vor dem Obersten Gerichtshof verhandelten Fall, der dazu führte, dass »Rassen«trennung an öffentlichen Schulen als verfassungswidrig erklärt wurde, kam es erst ein Jahr später. Mehr Amerikaner begannen, sich Gedanken über ihre Bildungsmöglichkeiten zu machen, was möglicherweise auch bedeutete, dass mehr von ihnen es bedauerten, diese Möglichkeiten in der Vergangenheit nicht gehabt oder genutzt zu haben. Als Gallup 1965 für das Magazin Look eine Umfrage dazu durchführte, was Amerikaner anders machen würden, wenn sie ihr Leben noch einmal leben könnten, wählten 43 Prozent »eine bessere Ausbildung anstreben«, also fast dreimal so viele Befragte wie acht Jahre zuvor.[2]

In den nächsten Jahrzehnten ließ das Interesse der Meinungsforscher an der Reue nach, doch in den 1980er-Jahren nahmen Wissenschaftler sich des Themas wieder an. Janet Landman und Jean Manis von der University of Michigan untersuchten die Reue einer Reihe von Studentinnen wie auch von erwachsenen Frauen, die das Career Center der Universität besucht hatten. Das, was beide Gruppen am meisten bereuten, hatte unmittelbar mit ihrer Ausbildung zu tun. Bei den älteren Frauen drehten sich die Wenn-doch-nur-Gedanken typischerweise darum, dass sie ihr Studium zu früh abgebrochen hatten.[3] 1989 fragten Arlene Metha und Richard Kinnier von der Arizona State University Frauen dreier Alterskohorten – Frauen in den Zwanzigern, Frauen zwischen 35 und 55 sowie Frauen ab 64 aufwärts –, was sie am meisten bereuten. Die Teilnehmerinnen aller drei Gruppen bereuten am meisten, dass sie ihre Ausbildung nicht ernster genommen und sich nicht mehr Mühe gegeben hatten.[4] Eine andere Gruppe von Forschern der Arizona State University führte ein paar Jahre später eine Umfrage unter Community-College-Studenten durch und kam zu ähnlichen Ergebnissen. Am häufigsten wurden Dinge bedauert, die in Zusammenhang mit der Ausbildung standen.[5] 1992 befragte die Familienforscherin Mary Kay DeGenova Menschen im Ruhestand nach ihrer Reue und stellte fest, dass von allen Bereichen – Freunde, Familie, Arbeit, Ausbildung, Religion, Freizeit und Gesundheit – am häufigsten der Bereich Ausbildung genannt wurde.[6]

Und so ging es immer weiter. 1994 fragten Victoria Medvec und Thomas Gilovich von der Cornell University, die Autoren der berühmten, in Kapitel 3 beschriebenen Olympiamedaillen-Studie, eine Auswahl von Menschen nach dem, was sie bereuten. Ganz oben stand die Ausbildung – sowohl »verpasste Ausbildungsmöglichkeiten« als auch »schlechte Bildungsentscheidungen«. (An zweiter Stelle standen persönliche Beziehungen – »Verpasstes in Sachen Liebe« und »unkluge romantische Abenteuer«.)[7] Im Jahr darauf untersuchten Medvec und Gilovich zusammen mit Nina Hattiangadi die Reue von über Siebzigjährigen, bei denen man in der Kindheit eine Hochbegabung festgestellt hatte. Auch hier stand die Ausbildung wieder ganz oben auf der Liste – die Probanden bereuten, während der Zeit am College Zeit vergeudet, das falsche Studienfach gewählt und nicht genug Abschlüsse gemacht zu haben.[8]

2005 beschlossen Neal Roese und Amy Summerville, die bisherigen Forschungsergebnisse zusammenzufassen, um spezifizieren zu können, welche »Lebensbereiche das größte Potenzial für Reue bereithalten«. Bei ihrer Metaanalyse untersuchten sie neun vorangegangene Studien, einschließlich

Was Menschen am häufigsten bereuen (2005)

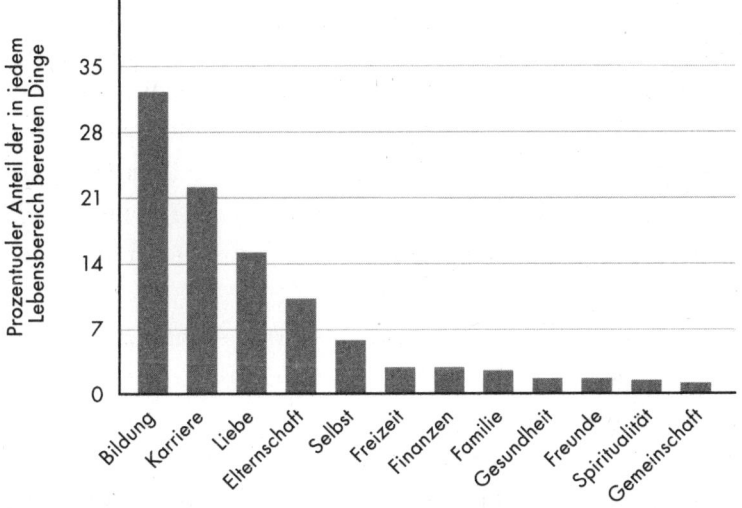

der oben von mir erwähnten, und erstellten zwölf Kategorien der Reue – zum Beispiel Karriere (»Wenn ich doch nur Zahnarzt wäre«), Liebe (»Ich wünschte, ich hätte Jake statt Edward geheiratet«) und Elternschaft (»Wenn ich doch nur mehr Zeit mit meinen Kindern verbracht hätte«). Wieder einmal stand die Bildung ganz oben auf der Liste. Bei 32 Prozent der 3041 Teilnehmer der analysierten Studien rief dieser Bereich das größte Bedauern hervor.

»Die Bildung ist der Bereich, der die meisten Gründe für Reue liefert, zumindest teilweise, weil in der heutigen Gesellschaft fast alle Menschen Zugang zu Bildung und Weiterbildung der einen oder anderen Art haben«, so die Autoren. Wenn man das College nicht beendet, kann man gegebenenfalls später dorthin zurück. Wenn man zusätzliches Training oder zusätzliche Fertigkeiten braucht, wartet höchstwahrscheinlich das richtige Kursangebot auf einen. Wenn man in seinen Zwanzigern keinen Hochschulabschluss macht, kann man ihn in seinen Vierzigern oder Fünfzigern nachholen. »Chancen erzeugen Reue«, schrieben die Autoren. »Man kann sich ja ein Leben lang weiterbilden.«[9]

Roese und Summerville versahen ihren Aufsatz mit dem Titel »Was wir am meisten bereuen … und warum«. Und die Schlussfolgerung, zu der sie gelangten, schien eindeutig zu sein. Doch mit dieser Analyse war die Angelegenheit noch nicht erledigt. Sie und andere Forscher entdeckten bald, dass ihre Antwort auf das »Was« fehlerhaft war – und dass ihre Antwort auf das »Warum« etwas tiefer Liegendes offenbarte, als sie erahnten.

Was bereuen Menschen wirklich?

Die Studien, die zu dem Schluss kamen, Bildung sei der am meisten mit der Reue verbundene Lebensbereich, schafften es zwar bis zur Veröffentlichung, steckten jedoch trotzdem voller Fehler. So wurden die meisten Studien auf College-Campussen durchgeführt, auf denen die Gedanken ohnehin um Fragen rund um die Themen Abschlüsse, Studiengänge und Lehrplan kreisen. Wären die Umfragen in Krankenhäusern, Apotheken oder Arztpraxen durchgeführt worden, hätten vielleicht *Wenn-doch-nur*-Gedanken im Zusammenhang mit der Gesundheit dominiert.

Vor allem aber stützte sich die vorherige Forschung, wie Roese und Summerville bemerken, auf »willkürliche Stichproben« statt auf repräsentative Stichproben aus der Gesamtbevölkerung. Bei einer der Studien baten die Forscher beispielsweise Doktoranden, Fragebogen an Leute zu verteilen, die sie kannten, was nicht gerade der Goldstandard für Stichprobenverfahren ist. Bei der mit Menschen im Ruhestand durchgeführten Studie wurden 122 ältere, in der Nähe der Purdue University lebende Menschen befragt – obwohl es unwahrscheinlich ist, dass im Rest der Welt die gleichen Ruhestandbedingungen herrschen wie im Westen des Bundesstaates Indiana. Bei einer anderen Studie bestand die Gruppe der Befragten aus zehn emeritierten Professoren, elf Pflegeheimbewohnern, vierzig Studenten sowie sechzehn Büroangestellten und Reinigungskräften. Roese und Summerville stellten fest, dass 73 Prozent der Gesamtstichprobe in ihrer Metaanalyse Frauen waren – was nicht gerade dem Geschlechterverhältnis entspricht, nach dem bewährte Statistikpraktiken verlangen. Und eine überwältigende Anzahl der Befragten waren Weiße. Selbst bei den Gallup-Umfragen, die die US-Bevölkerung etwas besser repräsentierten, kamen keine besonders eindeutigen Ergebnisse heraus. Bei der Umfrage von 1953 etwa wählten 15 Prozent der Teilnehmer Bildung als den Bereich, in dem es am meisten Anlass gab, etwas zu bereuen. Ein noch größerer Anteil – rund 40 Prozent – gab aber mehr als eine Antwort auf die Frage.

Nötig, so Roese und Summerville gegen Ende ihres Aufsatzes, wäre eine Umfrage, die die Diversität und Komplexität des gesamten Landes repräsentierte. 2011 stellten Roese und sein Kollege Mike Morrison sich dieser Herausforderung. Sie gingen über den College-Campus hinaus und führten eine Telefonumfrage mit 370 über das ganze Land verstreuten Menschen durch. Zufallstelefonbefragungen stellten sicher, dass die Stichproben sich nicht auf eine einzige Region oder demografische Gruppe konzentrierten. Die Forscher baten die Teilnehmer, detailliert von

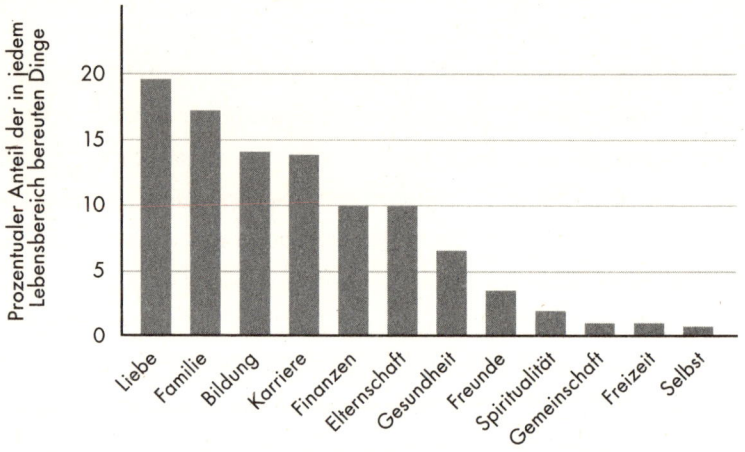

einer wichtigen Sache, die sie bereuten, zu berichten. Die Aussagen wurden dann von einem Team unabhängiger Bewerter einem von zwölf Lebensbereichen zugeordnet. Es war »das erste wirklich repräsentative Bild davon, was der typische Amerikaner in seinem Leben am meisten bereut«, schrieben Roese und Morrison.

Das Bild, das sie in ihrem Aufsatz mit dem Titel »Regrets of the Typical American: Findings from a Nationally Representative Sample (Dinge, die der typische Amerikaner bereut: Ergebnisse einer national repräsentativen Stichprobe)« zeichneten, unterschied sich stark von den Ergebnissen vorheriger Studien. Das, was die Menschen bereuten, war über mehrere Lebensbereiche verteilt, wobei keine einzige Kategorie mehr als 20 Prozent erreichte. Reue im Zusammenhang mit Liebesdingen – zerbrochene Liebe und unbefriedigende Beziehungen – war am üblichsten und machte rund 19 Prozent von all dem aus, was die Teilnehmer be-reuten. An zweiter Stelle lag mit 17 Prozent der Bereich Familie, gefolgt von Bildung und Karriere mit je 14 Prozent.[10]

Die breiter gefächerte Stichprobe ermöglichte es den Forschern auch, noch weitere Erkenntnisse zu gewinnen. Frauen bereuten zum Beispiel eher als Männer Dinge in den Bereichen Liebe und Familie. Bei Menschen mit der geringsten Schulbildung betraf die Reue eher die Bildung, während Singles eher Reue in puncto Liebe empfanden.

Auch die Gründe wichen von vorherigen Ergebnissen ab. Erneut kamen die Forscher zu dem Schluss, dass ein Zusammenhang zwischen Reue und Chancen bestand. Doch während die frühere Studie nahelegte, dass Reue in Bereichen lauerte, in denen Menschen noch *viele* Möglichkeiten für sich sahen, kam diese Studie zum gegenteiligen Ergebnis. Bereiche, in denen es keine Chance mehr gab – wenn man zum Beispiel glaubte, zu alt für eine Zusatzausbildung zu sein –, riefen am meisten Reue hervor. Diese mit geringen Möglichkeiten verbundene Reue (wo ein Problem nicht gelöst werden konnte) übertraf die mit vielen Möglichkeiten verbundene Reue (wo das Problem gelöst werden konnte) bei Weitem.

Mehr als ein halbes Jahrhundert, nachdem Wissenschaftler und Meinungsforscher zu untersuchen begannen, was Menschen bereuten, hatten sie ein paar Antworten auf ihre beiden Kernfragen.

Was bereuen Menschen?

Viele Dinge.

Warum bereuen sie diese?

Es hat was mit Chancen zu tun.

Das Ergebnis war nach wie vor faszinierend, aber unbefriedigend.

Okay, noch einmal

Die Welt der Umfrageforschung hat sich seit 1953 gewaltig geändert. Bei dieser allerersten Umfrage zum Thema Reue interviewten Gallup und sein Team rund 1500 Menschen – oft persönlich – und hatten, als sie die Antworten ordneten, nicht einmal einen Großrechner zur Verfügung. Mein aktuelles, drei Jahre altes Smartphone ist leistungsfähiger als die Computer aller Universitäten weltweit in den 1950er-Jahren. Und der Laptop, auf dem ich diesen Satz schreibe, verbindet mich mit Milliarden Menschen überall auf der Welt; auf seiner Festplatte findet sich kostenlose Open-Source-Software, die mit einer Geschwindigkeit und Leichtigkeit, die Statistiker in der Mitte des 20. Jahrhunderts in Erstaunen versetzt hätte, Unmengen an Daten analysieren kann.

Ich bin kein George Gallup. Doch die heutigen Tools sind so leistungsstark, und die Kosten sinken so rasant, dass selbst ein Amateur wie ich Gallups Beispiel folgen könnte. Und da mir der Gedanke keine Ruhe ließ, dass wir noch immer nicht wirklich verstanden, was Menschen bereuen, nahm ich mir tatsächlich vor, es selbst herauszufinden. In Zusammenarbeit mit einem großen Software- und Datenanalyseunternehmen, das wiederum Firmen unter Vertrag hat, die Teilnehmergruppen für Umfragen organisieren, entwickelten wir die größte und repräsentativste amerikanische Umfrage zur Reue, die je durchgeführt wurde – das American Regret Project. Wir befragten 4489 Erwachsene –

deren Geschlecht, *Race*, Familienstand, Wohnsitz, Einkommen und Bildungsgrad die Zusammensetzung der gesamten US-Bevölkerung widerspiegelte.

Der Fragebogen, der vollständig online einzusehen ist (www.danpink.com/surveyresults), enthielt sieben demografische Fragen und 18 Forschungsfragen – einschließlich dieser großen Frage:

> Dinge zu bereuen, gehört zu unserem Leben. Bei uns allen gibt es etwas, von dem wir uns wünschen, wir hätten es anders gemacht – oder eine Handlung, die ausgeführt oder nicht ausgeführt zu haben wir uns wünschen würden.
>
> Bitte blicken Sie einen Moment lang auf Ihr Leben zurück. Beschreiben Sie dann in zwei oder drei Sätzen eine wichtige Sache, die Sie bereuen.

Tausende und Abertausende Dinge, die bereut wurden, sammelten sich in unserer Datenbank. Wir baten die Menschen, ihre Reue einer von acht Kategorien zuzuordnen: Karriere, Familie (Eltern, Kinder, Enkel), Partner (Ehegatten, Lebensgefährten), Bildung, Gesundheit, Finanzen, Freunde, etwas anderes. Und wir stellten mehrere andere Fragen, von denen Sie etlichen später in diesem Buch begegnen werden.

Bei unserer Umfrage nahm die Familie den Spitzenplatz ein. Fast 22 Prozent der Befragten bereuten etwas in dieser Kategorie, eng gefolgt von den 19 Prozent, deren Reue mit ihren Partnern zu tun hatte. Direkt dahinter und eng beieinander lagen die Bereiche Bildung, Karriere und Finanzen. Gesundheit und Freunde standen am Ende der Liste.

Was Menschen am häufigsten bereuen (2021)

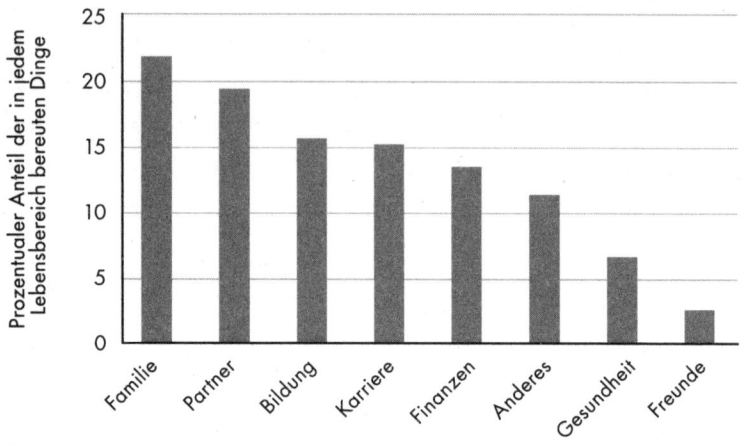

Mit anderen Worten: Bei der größten und repräsentativsten je zur Reue durchgeführten Umfrage wurde ein eindeutiges Ergebnis erzielt. Die Reue der Amerikaner ist nicht auf einen Bereich konzentriert, sondern erstreckt sich über eine große Bandbreite von Bereichen. Die Menschen bereuen in der Tat viele Dinge – Familienbeziehungen, Entscheidungen in puncto Liebesbeziehungen, Karriereschritte, Bildungswege und mehr.

Vielleicht sollte uns dies nicht überraschen. Schließlich ist Reue allgegenwärtig. Sie ist ein fundamentaler Teil des Menschseins. Das menschliche Leben umfasst eine Vielzahl von Bereichen – wir sind Eltern, Söhne, Töchter, Ehegatten, Partner, Arbeitnehmer, Chefs, Studenten, Spender, Investoren, Bürger, Freunde und mehr. Warum sollte dann nicht auch die Reue mehrere Bereiche betreffen?

Außerdem lässt Reue uns besser werden. Sie schärft unsere Entscheidungsfindungsfähigkeiten, verbessert unsere Leistung und verstärkt das Gefühl der Sinnhaftigkeit. Warum sollten ihre Vorteile sich *nicht* auf mehrere Lebensbereiche auswirken?

Doch selbst dieses Ergebnis bleibt unbefriedigend. Es lieferte einen Schimmer der Erkenntnis, doch nicht annähernd die Erleuchtung, die ich mir erhofft hatte. Als ich zu den Daten zurückkehrte und im Rahmen des World Regret Survery weltweit Tausende weitere Einträge sammelte, entdeckte ich den Grund. Die Frage war in Ordnung. Ich suchte nur am falschen Ort nach der Antwort.

»Ich habe für Highschool-Basketball nie richtig trainiert oder ›mein Bestes gegeben‹. Ich glaube, das lag daran, dass ich Angst hatte, mit meinem Bruder verglichen zu werden und dann schlechter abzuschneiden als er – was letztlich auch der Fall war, weil ich mich nicht genügend angestrengt habe.

— MANN, 24, UTAH

»Ich bereue es, vorgegeben zu haben, ich sei weniger klug und einfallsreich, als ich es tatsächlich bin, einfach um mich anzupassen / niemanden zu verärgern. Dazu gehören auch Meetings mit Kunden, nach denen ich später dann das Feedback bekam: ›Sie ist in Kundengesprächen vollkommen nutzlos.‹«

— FRAU, 39, SAUDI-ARABIEN

»Ich bedaure es, nicht eher mehr über Rassismus gelernt zu haben.«

— FRAU, 78, PENNSYLVANIA

6.

Die vier Hauptarten der Reue

Kevin Wang bereut seine Ausbildung. Im Jahr 2013 plante Kevin, der im Hauptfach Biologie an der Johns Hopkins University studierte, Arzt zu werden – so wie beide Großelternpaare. Er hatte gute Noten, und ihm fehlte nur noch der Medical College Admission Test (MCAT), um das Medizinstudium aufnehmen zu können. Doch wie Kevin fast ein Jahrzehnt später erklärte, zögerte er es so sehr hinaus, für den MCAT zu lernen, dass er »den Test in den Sand setzte und nicht in die medizinische Fakultät aufgenommen wurde«. Heute arbeitet er in einem Krankenhaus in New York City, aber nicht als Arzt, der sich um Patienten kümmert, sondern als Verwaltungsfachmann, der für die Kostenkontrolle verantwortlich ist.

Auch John Welches, der auf der anderen Seite der Vereinigten Staaten in Südkalifornien lebt, bereut etwas im Zusammenhang mit seiner Ausbildung.

Als ich kurz vor dem Abschluss meines Bachelor-of-Arts-Studiums in kreativem Schreiben stand, drängten meine Professoren mich dazu, mich noch für ein Master-Studium (Master of Fine Arts) zu bewerben. Sie sagten, ich schreibe gut genug und würde von diesem Aufbau-

studium profitieren. Ich hatte sogar die beiden Literatur-
preise gewonnen, die im Rahmen dieses Studienfachs
vergeben wurden.

Das Problem war, dass ich einen Monat vor dem
Abschluss heiratete. Was tut ein frisch Verheirateter
nach dem Collegeabschluss? Er sucht sich einen Job.

Statt also das zu tun, was ihn wirklich interessierte, und dem Rat
seiner Mentoren zu folgen und den Master of Fine Arts zu machen, fing er in einer Bank an und zog einen »seelenlosen« Job
als Werbetexter an Land.

Zwei amerikanische Männer, die das Gleiche bereuen – das
Studium für eine Laufbahn, die sie gern eingeschlagen hätten,
nicht absolviert zu haben. Aber wie ähnlich sind sie sich wirklich?

Kevin bereut es, seine Zukunft nicht ernst genommen zu
haben. John bereut es, kein Risiko eingegangen zu sein. Kevin
bereut es, nicht den Erwartungen anderer entsprochen zu haben.
John bereut es, nicht die richtigen Erwartungen an sich selbst gestellt zu haben. Kevin bereut es, nicht pflichtbewusst gewesen zu
sein. John bereut es, nicht mutig gewesen zu sein. Oberflächlich
betrachtet, betrifft ihre Reue ähnliche Bereiche. Unter der Oberfläche weicht sie aber voneinander ab.

Wenn ich Einträge im World Regret Survey analysierte, hatte ich
manchmal eher das Gefühl, einen riesigen Online-Beichtstuhl zu
betreiben, als dasjenige unserer Gefühle zu analysieren, das am
meisten missverstanden wird.

Hunderte von Menschen berichteten zum Beispiel so wie der
Einundsechzigjährige aus Australien von einem Bedauern, das
ihre Beziehung betraf.

Meiner Frau untreu gewesen zu sein und es dann egoistisch gerechtfertigt zu haben, indem ich mir einredete, sie sei das Problem, ist das, was ich am meisten bereue.

Wenige Wochen nach diesem Eintrag beschrieb ein siebenunddreißigjähriger Kanadier, dass er es bereue, wie er als Junge einmal andere Kinder behandelt habe.

Ich bereue es, als Junge ein paar Kinder in meiner Klasse schikaniert zu haben. Wenn ich daran zurückdenke, zucke ich zusammen und wünsche mir unwillkürlich, ich könnte die Zeit zurückdrehen und es ändern.

Kurze Zeit später verriet ein anderer Siebenunddreißigjähriger aus Kalifornien:

Ich habe bei einer Studentenwahl betrogen, indem ich den Stimmzettel des Freunds meines Gegners weggeworfen habe. Ich wusste, dass er nur zu diesem Termin gekommen war, um für seinen Kumpel zu stimmen. Ich glaube, ich hätte das nicht einmal tun müssen, um zu gewinnen. Das macht es noch viel trauriger, denn ich habe meine Integrität dabei aufs Spiel gesetzt.

Drei Männer, die Dinge bereuen, die ein weites Feld umspannen – eine australische Ehe, eine kanadische Kindheit, eine kalifornische Wahl. Doch wie sehr unterscheiden sie sich tatsächlich? Bei allen spielt ein Verstoß gegen die Moral eine Rolle. In einem Moment ihres Lebens, der sich ihrem Gedächtnis eingeprägt hat, hatten alle drei eine Wahl: ihren Prinzipien treu zu bleiben oder sie zu verraten. Und in diesem Moment entschieden sie sich alle falsch. Oberflächlich betrachtet, betrifft ihre Reue verschiedene Lebensbereiche. Schaut man genauer hin, erkennt man, dass sie gemeinsame Wurzeln hat.

Ähnlichkeiten und Unterschiede

Falls Sie je an einen Ort gereist sind, an dem die Menschen eine andere Sprache sprechen als Ihre, haben Sie vielleicht einen Anflug von Neid empfunden, wenn Sie einem Vierjährigen begegnet sind. So ist es jedenfalls mir ergangen.

Ich habe erst als Erwachsener versucht, Spanisch zu lernen. Es war nicht *bonita*. Ich hatte Probleme mit unregelmäßigen Verben. Ich verwechselte Genera und setzte Adjektive an die falsche Stelle. Und der Konjunktiv? *¡Dios mío!* Doch Vorschulkinder Spanisch sprechender Gemeinschaften in den Vereinigten Staaten oder im Ausland schienen immer mühelos Spanisch sprechen zu können.

Die Arbeit von Noam Chomsky half mir zu verstehen, warum. Bis in die späten 1950er-Jahre glaubten die meisten Wissenschaftler, Kinder seien linguistisch betrachtet unbeschriebene Blätter, die eine Sprache weitgehend dadurch lernten, dass sie Erwachsenen nachsprachen. Wenn sie diese korrekt nachahmten, wurden sie gelobt. Taten sie dies nicht, wurden sie korrigiert. Und im Lauf der Zeit brannte sich durch diesen Prozess die Struktur jedweder Sprache, die ihre Eltern sprachen, in ihr kleines Gehirn ein. Die Vielzahl an Sprachen, die auf der Welt gesprochen werden, bezeugte diese Wahrheit. Einige Sprachen – zum Beispiel Dänisch und Deutsch – hatten eine gemeinsame Geschichte. Doch Sprache an sich fehlte ein gemeinsames Fundament.

Beginnend mit seinem 1957 erschienenen Werk *Strukturen der Syntax* brachte Chomsky diese Vorstellungen ins Wanken. Er behauptete, jede Sprache baue auf einer »Tiefenstruktur« auf – einem universellen Regelapparat, der im menschlichen Gehirn verankert sei.[1] Wenn Kinder sprechen lernten, plapperten sie nicht einfach Laute nach. Sie aktivierten die bereits existierenden, »verdrahteten« Grammatikregeln.

Sprache war laut Chomsky keine erworbene, sondern eine angeborene Fähigkeit. Ein Kind, das Vietnamesisch oder Kroatisch sprechen lernte, unterschied sich nicht stark von einem Kind, das in Hanoi oder in Zagreb laufen lernte. Beide Kinder taten einfach das, was Menschen tun. Ja, einzelne Sprachen unterschieden sich – doch nur in ihren »Oberflächenstrukturen«. Hindi, Polnisch und Suaheli waren individuelle Varianten einer einzigen Schablone. Ihnen allen lag dieselbe Tiefenstruktur zugrunde.

Chomskys Idee revolutionierte das Studium der Linguistik und förderte unser Verständnis des Gehirns und des Geistes. Er hatte im Lauf seiner Karriere etliche Gegner, darunter einige, die seine linke Gesinnung ablehnten. Doch sein Beitrag zur Wissenschaft lässt sich nicht leugnen und ist nach wie vor von Bedeutung. Eine Folge seiner Arbeit war die Erkenntnis, dass die Ähnlichkeiten der Sprachen der Welt oft die Unterschiede verdecken und die Unterschiede oft die Ähnlichkeiten.

Eines der berühmtesten von Chomskys Beispielen[2] bilden diese beiden fast identisch scheinenden englischen Sätze:

John is eager to please (John ist bemüht, [andere] zufriedenzustellen).

John is easy to please (John ist leicht zufriedenzustellen).

Beide englischen Sätze bestehen aus fünf Wörtern – einem Nomen, gefolgt von einem Verb, gefolgt von einem Adjektiv, gefolgt von einem Infinitiv. Vier der Wörter sind identisch, beim fünften variieren nur ein paar Buchstaben. Doch unter der Oberfläche unterscheiden die Sätze sich stark. Im ersten Satz ist John das Subjekt, im zweiten Satz das Objekt. Wenn wir den zweiten Satz in »It is easy to please John« (Es ist leicht, John zufriedenzustellen) umformulieren, bleibt der Sinn erhalten. Formulieren wir aber den ersten Satz um und sagen »It is eager to please John« (Es ist bemüht, John zufriedenzustellen), geht der Sinn verloren. Die Oberflächenstruktur der Sätze ist die gleiche, doch das sagt uns nicht viel, weil ihre Tiefenstruktur voneinander abweicht.

Indes scheinen sich die folgenden beiden Sätze zu unterscheiden:

Ha-yoon went to the store.
하윤이는그가게에갔다.

Doch unter der Oberfläche sind sie identisch – eine Nominalphrase (*Ha-yoon*, 하윤이는), eine Verbalphrase (*went*, 갔다) und eine Präpositionalphrase(*to the store*, 그가게에). Ihre Oberflächenstrukturen unterscheiden sich, doch ihre Tiefenstrukturen sind dieselben.

Chomsky zeigte, dass die scheinbare Kompliziertheit und Regellosigkeit nicht die ganze Geschichte war, sondern dass es unter der Kakophonie des Turmbaus zu Babel eine gemeinsame menschliche Melodie gab.

Ich brauchte eine Weile, um es herauszufinden, doch ich habe entdeckt, dass auch die Reue eine Oberflächen- und eine Tiefenstruktur hat. Das Sichtbare und leicht zu Beschreibende – Lebensbereiche wie Familie, Bildung und Arbeit – ist weitaus weniger bedeutsam als eine darunterliegende verborgene Architektur der menschlichen Motivation und des menschlichen Strebens.

Die Tiefenstruktur der Reue

Tausende von Einträgen zur Reue zu lesen und nochmals zu lesen, ist entmutigend, sie zu kategorisieren und erneut zu kategorisieren, erst recht. Doch als ich die Einträge immer wieder durchging, bemerkte ich bestimmte ständig wiederkehrende Wörter und Wendungen, die in keinem erkennbaren Zusammenhang mit dem Alter, Wohnort oder Geschlecht der Befragten oder mit den von ihnen beschriebenen Themen standen.

»Sorgfältig« … »gefestigter« … »schlechte Gewohnheiten« »ein Risiko eingehen« … »mich durchsetzen« … »erkunden« »falsch« … »nicht richtig« … »wusste, ich sollte nicht« »verpasst« … »mehr Zeit« … »Liebe«

Wörter und Wendungen wie diese bieten Hinweise auf die Tiefenstruktur. Und während sie sich ansammelten wie Tausende Farbpunkte in einem pointillistischen Gemälde, begannen sie, Form anzunehmen. Diese Formen überspannen das Leben von uns allen und infiltrieren jeden Aspekt unseres Denkens, Fühlens und Lebens. Sie lassen sich in vier Kategorien der menschlichen Reue unterteilen.

Reue in puncto Fundament. Die erste Tiefenstrukturkategorie betrifft fast alle Oberflächenkategorien. Bei vielem von dem, was wir im Hinblick auf die Bereiche Bildung, Finanzen und Gesundheit bereuen, handelt es sich eigentlich um unterschiedliche Ausdrucksformen derselben Hauptart der Reue: um unser fehlendes Verantwortungsbewusstsein sowie unsere fehlende Gewissenhaftigkeit und Umsicht. Unser Leben erfordert eine gewisse Stabilität. Ohne ein bestimmtes Maß an körperlichem Wohlbefinden und materieller Sicherheit lassen sich andere Ziele nur schwer vorstellen und noch schwerer verfolgen. Doch manchmal untergraben unsere individuellen Entscheidungen dieses langfristige Bedürfnis. Wir drücken uns in der Schule, wo es nur geht, und verlassen sie, bevor wir es sollten. Wir geben zu viel Geld aus und sparen zu wenig. Wir nehmen ungesunde Gewohnheiten an. Wenn derartige Entscheidungen schließlich dazu führen, dass das Fundament unseres Lebens ins Wanken gerät und unsere Zukunft nicht unseren Hoffnungen gerecht wird, folgt Reue.

Reue in puncto Mut. Ein stabiles Fundament für unser Leben ist nötig, reicht aber nicht aus. Zu den fundiertesten Erkenntnissen der wissenschaftlichen Forschung und meiner eigenen Forschung gehört, dass wir im Laufe der Zeit viel eher Reue im Zusammenhang mit *nicht* genutzten als mit genutzten Chancen empfinden. Auch hier spielt der Oberflächenbereich – ob das Risiko unsere Bildung, unsere Arbeit oder unser Liebesleben betrifft – keine große Rolle. Das Nichthandeln ist es, was uns verfolgt. Nicht genutzte Möglichkeiten, unsere Heimatstadt zu verlassen, ein Unternehmen zu gründen, der wahren Liebe nachzujagen oder die Welt zu sehen, klingen auf dieselbe Weise nach.

Reue in puncto Moral. Die meisten von uns möchten gute Menschen sein. Doch wir sind oft mit Entscheidungen konfrontiert, die uns in Versuchung führen, den falschen Weg einzuschlagen. Wenn wir dies tun, fühlen wir uns nicht immer sofort schlecht. (Rationalisierung ist eine solch wirkmächtige mentale Waffe, dass sie einer Hintergrundüberprüfung unterzogen werden sollte.) Doch im Laufe der Zeit können diese moralisch zweifelhaften Entscheidungen an uns zu nagen beginnen. Und auch dieses Mal sind die Bereiche, in denen sie fallen – einen Ehepartner betrügen, bei einem Test schummeln, einen Geschäfts partner betrügen –, weniger bedeutsam als der Akt selbst. Wenn wir uns schlecht verhalten oder unseren Glauben an unser eigenes Gutsein aufgeben, kann sich Reue einstellen und dann bleiben.

Reue in puncto Bindungen. Unser Handeln gibt unserem Leben eine Richtung. Doch andere Menschen verleihen ihm Sinnhaftigkeit. Ein sehr großer Prozentsatz dessen, was wir bereuen, hat damit zu tun, dass wir dieses Prinzip nicht erkannt und gewürdigt haben. Zerbrochene oder unerfüllte Beziehungen mit Ehegatten, Partnern, Eltern, Kindern, Geschwistern, Freunden, Klassenkameraden und Kollegen machen die größte Tiefenstrukturkategorie der Reue aus. Reue in puncto Bindungen stellt sich jedes Mal ein, wenn wir die Menschen vernachlässigen, die uns vervollständigen. Wenn es mit diesen Beziehungen bergab geht, wenn sie zu Bruch gehen oder sich nicht entwickeln, empfinden wir einen bleibenden Verlust.

In den nächsten vier Kapiteln werden wir jede dieser Tiefenstrukturkategorien der Reue erforschen. Sie werden Menschen aus der ganzen Welt ihre Reue in puncto Fundament, Mut, Moral und Bindungen beschreiben hören. Doch während der Chor der Stimmen anwächst, werden Sie, wenn Sie genau hinhören, noch etwas anderes vernehmen: die lebendige Harmonie dessen, was wir brauchen, um ein erfülltes Leben führen zu können.

«Ich bereue es, mich den Männern, die mich vergewaltigten, nicht widersetzt zu haben. Jetzt, da ich mental wie auch physisch stärker bin, werde ich es nie wieder zulassen, dass ein Mann mir auf diese Weise wehtut.«

— FRAU, 19, TEXAS

»1964 wurde ich von einem Kommilitonen eingeladen, am Mississippi Freedom Summer teilzunehmen. Stattdessen nahm ich einen Job beim Boss meines Vaters in Oklahoma City an.«

— MANN, 76, KALIFORNIEN

»Ich bereue es, meinen beruflichen Weg des Geldes und nicht meiner Leidenschaft wegen eingeschlagen zu haben, oder nicht wenigstens mit dem Ziel, damit eine Arbeit zu finden, die mir Spaß macht. Meine Mutter redete mir ein, ich würde verhungern, wenn ich mich für einen künstlerischen Beruf entscheiden würde. Und deshalb bin ich jetzt, verstrickt im Netz der Management-Bürokratie, an einen Schreibtisch gefesselt – was mir all meine Lebenskraft raubt.«

— FRAU, 45, MINNESOTA

7.

Reue in puncto Fundament

Wenige Tage, nachdem Jason Drent 1996 die Highschool abgeschlossen hatte, zog er eine Ganztagsstelle als Vertriebsmitarbeiter bei Best Buy, dem großen Elektronik-Einzelhändler, an Land. Jasons Fleiß war außerordentlich, und er stieg schnell zum jüngsten Verkaufsleiter in der Geschichte von Best Buy auf. Wenige Jahre später gewann ihn ein anderer Einzelhändler für sich, und Jason arbeitete sich auch in diesem Unternehmen nach oben. Bezirksleiter. Gebietsleiter. Schon bald erhielt er ein sechsstelliges Gehalt und Führungsverantwortung. Um seiner Karriere willen zog er ein paarmal um, von Ohio nach Illinois, nach Massachusetts, nach Michigan und Tennessee. Heute, mit dreiundvierzig, ist er Leiter der Personalabteilung in der Hauptverwaltung einer großen Textilkette.

Allem Anschein nach ist Jason Drents beruflicher Werdegang eine Erfolgsstory – ein junger Mann, der eine schwere Kindheit, einschließlich eines Aufenthalts in einem Heim, hatte, dessen Grips, Ehrgeiz und Durchhaltevermögen jedoch seinen Aufstieg in der amerikanischen Geschäftswelt vorantrieben. Doch zu seiner Geschichte, die er im World Regret Survey erzählte, gibt es eine wichtige Fußnote:

Ich bereue es, nicht fleißig Geld gespart zu haben, seit ich zu arbeiten begann. Es deprimiert mich, dass ich fast jeden Tag darüber nachdenken muss, wie hart ich die letzten fünfundzwanzig Jahre geschuftet habe, aber finanziell nichts vorzuweisen habe.

Jason hat einen erstklassigen Lebenslauf, aber kaum einen Cent auf der Bank – eine positive Erfolgsbilanz, aber nichts auf der hohen Kante.

Als er bei Best Buy seinen ersten Gehaltsscheck bekam, da schwor er sich: »Ich werde mir kaufen, was immer ich will, sobald ich kann.« Er war nicht besonders extravagant. »Es war eine Menge unsinniger Alltagskram«, erzählte er mir. Ein anständiges Auto. Kleidung. Der Hochmut, »den großen Mann auf dem Campus« spielen zu wollen, der bei Abendessen mit Freunden im Restaurant immer die Rechnung bezahlte. Es fühlte sich gut an.

Doch die kleinen, täglichen Entscheidungen, die ihm einst große Freude bereiteten, verfolgen ihn nun. »Es ist irgendwie traurig zurückzublicken«, erzählte er mir. »Ich müsste inzwischen mehr Ressourcen haben.«

Für jemanden, von dem Altertumsforscher sagen, er habe vielleicht nie existiert, hat Äsop als Autor große Erfolge vorzuweisen. Die Fabeln, die seinen Namen tragen (aber wahrscheinlich das Produkt mehrerer Urheber über viele Jahre hinweg sind), entstanden im 5. Jahrhundert vor unserer Zeitrechnung. Sie sind seit über zweitausend Jahren Bestseller – fester Bestandteil der Kinderabteilungen in Buchläden und der Gutenachtgeschichten. Selbst im Zeitalter der Podcasts und Streaming-Dienste sind sie nach wie vor beliebt, denn wem von uns gefällt es nicht, Lebensweisheiten von sprechenden Tieren zu hören?

Zu den bekanntesten von Äsops Fabeln gehört »Die Ameise und die Heuschrecke«. Die Geschichte ist trügerisch einfach. Während eines langen Sommers lungert die Heuschrecke herum, fiedelt und singt und versucht, die Ameise zum Mittanzen und zu anderen Ausschweifungen zu verleiten.

Die Ameise lehnt ab. Sie entscheidet sich stattdessen, weiterhin der mühsameren Aufgabe nachzugehen, Mais und Getreide ins Lager zu schleppen.

Als der Winter kommt, droht die Heuschrecke vor Hunger zu sterben und erkennt ihren Fehler. Wahrenddessen fressen die Ameise und ihre Familie gut und glücklich von den Vorräten, die das vorausdenkende Wesen im Sommer gesammelt hat.

Während einer meiner Unterhaltungen mit Jason sagte ich ihm, dass er mich an die Heuschrecke erinnere. Reumütig schüttelte er den Kopf. »Ich habe nie Schritte unternommen, um mich vorzubereiten«, bemerkte er. Im Sommer seines Lebens gab es »viele leichtfertige Momente«, in denen er es genoss, »›Na und?‹ zu sagen und einfach den Dingen ihren Lauf zu lassen«. Doch letztlich, so sagte er, waren es »fünfundzwanzig Jahre Gefiedele«.

Bei der ersten der vier Tiefenstrukturkategorien der Reue handelt es sich um das, was ich als »Reue in puncto Fundament« bezeichne.

Diese Reue erwächst aus unserem fehlenden Weitblick und unserem fehlenden Pflichtgefühl. Wie bei allen Tiefenstrukturkategorien beginnt auch diese Reue mit einer Wahl. Zu einem frühen Zeitpunkt unseres Lebens stehen wir vor einer Reihe von Entscheidungen. Auf der einen Seite gibt es den Weg der Ameise. Ihre Entscheidungen erfordern kurzfristig Opfer, jedoch im Dienste eines langfristigen Lohns. Auf der anderen Seite gibt es den Weg der Heuschrecke. Dieser erfordert kurzfristig wenig Anstrengung oder Eifer, birgt jedoch das Risiko, langfristig einen Tribut zu fordern.

Zu diesem Zeitpunkt wählen wir den Weg der Heuschrecke.

Wir geben zu viel aus und sparen zu wenig. Wir trinken und zechen, statt regelmäßig Sport zu treiben und uns gesund zu ernähren. Wir geben uns in der Schule, zu Hause und bei der Arbeit nur wenig Mühe, und das auch noch widerwillig. Die Auswirkungen dieser schrittweisen Entscheidungen sind nicht sofort spürbar. Doch im Laufe der Zeit wird ihre Tragweite zunehmend deutlich. Bald werden die Folgen zu gewaltig, um sie zu leugnen – und schließlich zu massiv, um den Schaden wiedergutzumachen.

Reue in puncto Fundament klingt so: Wenn ich doch nur die Arbeit getan hätte.

Die Verlockung und die Logik

Reue in puncto Fundament beginnt mit einer unwiderstehlichen Verlockung und endet mit einer erbarmungslosen Logik. Nehmen Sie diese Kanadierin, die aus Alberta stammt, deren Reue jedoch ganz nach Äsop klingt.

Ich bereue es, über die Jahre hinweg nicht auf meine Gesundheit geachtet zu haben. Ich hab viel gemacht, was meiner Gesundheit geschadet hat, und nur wenig, was gut für sie war. Ich habe auch nicht für die Rente gespart, und jetzt bin ich zweiundsechzig, ungesund und pleite.

Wir lesen »Die Ameise und die Heuschrecke« normalerweise als ein moralisches Lehrstück, doch es ist auch eine Geschichte über die Kognition.

Indem die Heuschrecke den ganzen Sommer lang feierte, statt Nahrung für den Winter zu sammeln, erlag sie dem, was Ökonomen als »Zeitpräferenz« bezeichnen.[1] Sie überbewertete das Jetzt – und unterbewertete das Später. Wenn diese Neigung unser Denken beherrscht, treffen wir oft bedauerliche Entscheidungen.

Äsops bevorzugtes Erklärungstool war die Parabel, doch wir können diesen Punkt genauso gut mithilfe eines einfachen Diagramms verdeutlichen:

Zeitpräferenz

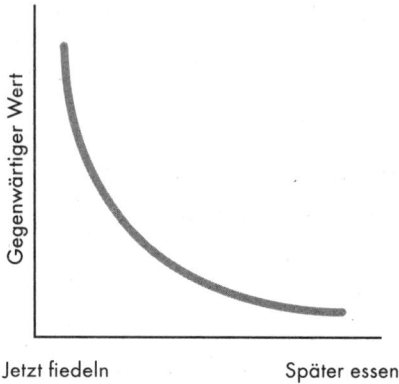

Die Heuschrecke stellte das momentane Fiedeln über das zukünftige Essen. Die Frau aus Alberta maß dem Vergnügen in der Jugend einen höheren Wert bei als der Gesundheit und Zufriedenheit im Erwachsenenalter. Jason Drent erzählte, seine ersten Gehaltsschecks hätten ihm das Gefühl gegeben, so »unbesiegbar« zu sein, dass sie ihm den Blick in die Ferne verstellten.

Sowohl die Teilnehmer des American Regret Project als auch des World Regret Survey beschrieben ihre Erfahrung mit der Zeitpräferenz am Beispiel früher Exzesse. Ein Einunddreißigjähriger aus Arkansas sagte:

Ich habe in meinen frühen Zwanzigern viel zu viel getrunken. Wurde der Trunkenheit am Steuer überführt. Hat meinen Plan, zum Militär zu gehen, kaputt gemacht.

Eine fünfundvierzigjährige Frau aus Irland:

Ich habe nicht richtig auf mich aufgepasst, als ich jünger war. Ich habe zu viel geraucht und getrunken und mit zu vielen Männern geschlafen.

Ein Neunundvierzigjähriger aus Virginia:

Ich bereue es, meine Collegejahre nicht ernster genommen zu haben. Statt an die Zukunft zu denken, hab ich viel zu viel Zeit damit verbracht, die Gegenwart zu genießen.

Um bei sich selbst oder bei anderen Reue in puncto Fundament zu identifizieren, brauchen Sie nur auf die Worte »zu viel« zu horchen – ob es um den Konsum von Alkohol geht, um das Spielen von Videospielen, ums Fernsehen, Geldausgeben oder jede andere Aktivität, deren unmittelbare Verlockung größer ist als ihr dauerhafter Wert. Horchen Sie dann auf die Worte »zu wenig« – ob es um das Lernen in der Schule geht, darum, Geld zur Seite zu legen, Sport zu treiben oder ein Musikinstrument zu spielen oder um jedes andere Unterfangen, das ein anhaltendes Engagement erfordert. So ergab eine Studie mit Collegeathleten, dass sie am meisten bereuten, zu viel gegessen und zu wenig geschlafen und trainiert zu haben.[2]

Die Zeitpräferenz ist nur der Anfang, weil diese Tiefenstrukturkategorie ein zweites zeitbasiertes Problem beinhaltet. Einiges von dem, was wir bereuen, ruft sofort einen Schmerz hervor. Wenn ich mit meinem Auto mit überhöhter Geschwindigkeit die Straße entlangfahre und mit einem anderen Fahrzeug zusammenstoße, hat dies unmittelbare Folgen und erzeugt augenblicklich Reue. Ein Auto mit Totalschaden, ein schmerzender Rücken, ein verlorener Tag. Doch Reue hinsichtlich der Grundlagen unseres Lebens stellt sich nicht mit der Wucht eines Zusammenstoßes, sondern in einem anderen Tempo ein.

In Kapitel 6 des zweiten Buches von Ernest Hemingways Roman *Fiesta* aus dem Jahr 1926 treffen sich einige im Ausland lebende Freunde des Protagonisten Jake Barnes in Pamplona, Spanien, auf einen Drink. Im Lauf ihrer Unterhaltung verrät der Schotte Mike Campbell, dass er vor Kurzem bankrottgegangen ist.

»Wie hast du eigentlich Bankrott gemacht?«, fragt der Amerikaner Bill Gorton.

»Auf zwei Arten. Allmählich und dann plötzlich«, erwidert Campbell.[3]

Genauso entdecken Menschen auch ihre Reue in puncto Fundament. Viele einzelne Fehltritte in Bezug auf Gesundheit, Bildung und Finanzen wirken sich nicht unmittelbar verheerend aus. Doch die sich langsam aufbauende Kraft all dieser schlechten Entscheidungen kann sich zu einem Tornado entwickeln – allmählich und dann urplötzlich. Wenn wir dann plötzlich erkennen, was passiert, ist es oft schon zu spät.

Wieder fiel die Wortwahl der Umfrageteilnehmer ähnlich aus, wenn sie Reue beschrieben, deren Folgen sie zu spät verstanden. Ein Einundsechzigjähriger aus Florida schrieb in Hemingways lakonischem Stil:

Ich bereue es, nicht früher damit angefangen zu haben, Geld zu sparen. Zinseszins.

Ein vierundsechzigjähriger Australier sagte:

> Ich hätte andere Fächer wählen und früher im Leben
> härter arbeiten sollen, um dann mein Leben lang von
> den kumulierten Vorteilen profitieren zu können.

Ein Dreiunddreißigjähriger aus Michigan:

> Ich bereue, dass ich nicht eher im Leben den Wert des
> Lesens erkannt habe. Jetzt erkenne ich ihn und frage
> mich oft, wie der Kumulationseffekt ausgesehen hätte,
> wenn ich zehn bis fünfzehn Jahre früher damit an-
> gefangen hätte.

Kumulation. Das ist ein machtvolles Konzept, aber eines, das zu
verstehen unsere Heuschrecke Schwierigkeiten hat.

Angenommen, ich würde Ihnen die Wahl lassen – eine Million Dollar in bar heute oder einen Penny, dessen Wert sich
einen Monat lang Tag für Tag verdoppelt. Experimente zeigen,
dass die meisten Menschen sich für die Million entscheiden würden.[4] Und während der ersten dreieinhalb Wochen unseres Ab-
kommens würde diese Entscheidung klüger erscheinen. Doch
nach nur ein wenig mehr Zeit – an Tag 30 – wäre dieser Penny
mehr als sechs Millionen Dollar wert. Wir können die Macht der
Kumulation mit einem weiteren Schaubild erklären, das, wie
Sie bemerken werden, im Wesentlichen das Spiegelbild seines
Vorgängers ist.

Zinseszins

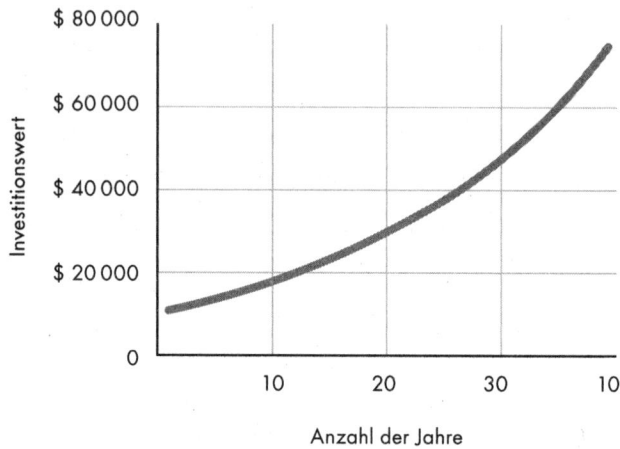

Anzahl der Jahre

Wenn Sie 10 000 Dollar zu einem Zinseszins von 5 Prozent investieren, werden Sie nach einem Jahr 500 Dollar mehr haben. Nach zehn Jahren haben Sie fast 6500 Dollar verdient. Nach zwanzig Jahren hat sich Ihr Geld fast verdreifacht. Aber nach dreißig Jahren wird Ihr Einsatz über 44 600 Dollar wert sein – mehr als das Vierfache der Summe, die Sie ursprünglich investiert haben. Kurzfristig machen die Zinsen auf geborgtes oder gespartes Geld nicht viel aus. Mittelfristig nehmen sie zu. Langfristig explodieren sie. Und dieses Prinzip gilt weit über die Finanzen hinaus – denn genauso können kleine Entscheidungen in puncto Essen, Sport, Studieren, Lesen und Arbeiten mit der Zeit enorme Vorteile oder gewaltigen Schaden mit sich bringen.

Unser Gehirn spielt uns einen doppelten Streich. Es verführt uns dazu, dem Hier und Jetzt zu viel Bedeutung und dem Später zu wenig Bedeutung beizumessen. Und es hindert uns daran, die indirekten Kumulationseffekte unserer Entscheidung zu sehen. Wenn man die beiden Effekte zusammennimmt, bilden sie eine Falle, der zu entkommen schwierig sein kann. Reue in puncto Fundament lässt sich nicht nur schwer vermeiden. Sie lässt einen auch nur schwer wieder los. Das gilt vor allem für die hier bereits viel beschriebene Art von Reue, diejenige nämlich, die finanzielle Entscheidungen betrifft wie in Jasons Fall. Eine fünfundfünfzig Jahre alte Kalifornierin etwa sagte, die Schulden, die sie aufgrund kurzsichtiger finanzieller Entscheidungen angehäuft habe, wären wie »eine Fessel an den Füßen«. Ein sechsundvierzigjähriger Inder, dem eine finanzielle Basis fehlt, schrieb, dies verhindere, dass er »den Raum hat, das Leben zu leben«. »Es verursacht mir eine gewisse Übelkeit, wenn ich daran denke, wie viel Geld ich hätte sparen können, statt es aus dem Fenster rauszuwerfen«, sagte eine siebenundvierzigjährige Frau aus Washington State. Und eine Sechsundvierzigjährige aus Massachusetts, die nicht früher gelernt hatte, »besser mit Geld umzugehen«, kam zu dem Schluss, dass alles andere, was sie bereut, »zu dieser einen Sache zurückführt«.

Die Reue in puncto Fundament unseres Lebens war, was Wohnsitz und Geschlecht anging, gleichmäßig verteilt. Doch sie herrschte unter älteren Befragten ein wenig mehr vor, weil es Zeit braucht, bis sich Schwachstellen im Fundament entwickeln und man sie erkennt. So sagte ein Mann aus Tennessee:

Ich hätte im College mehr büffeln müssen. Bessere Noten hätten es mir ermöglicht, früher in meiner Karriere einen besseren Job zu bekommen und mehr Geld zu verdienen.

Als dieser Mann neunzehn war, schien sein Fundament tadellos zu sein. Als er neunundzwanzig war, knirschte es. Im Alter von neununddreißig schwankte es. Jetzt, im Alter von neunundvierzig, scheint es zu bröckeln. Und es tut dies wegen einer Reihe scheinbar kleiner Entscheidungen, die er drei lange Jahrzehnte zuvor getroffen hat. Doch selbst jüngere Leute, die noch nicht erlebt hatten, dass sich die Folgen ihrer Fehler zunehmend verschlimmern, bedauerten Dinge in dieser Kategorie. »Ich wünschte, ich hätte fleißiger gelernt«, sagte eine fünfundzwanzigjährige Malaysierin. »Ich wünschte, ich hätte im College mehr getan und meine Zeit vernünftiger verbracht«, sagte eine andere, in Indien lebende Fünfundzwanzigjährige.

Viele Umfrageteilnehmer klagten nicht nur über die praktischen Auswirkungen, die das Vernachlässigen ihres Fundaments hatte, sondern auch über ein wehmütiges Gefühl, eine Chance verpasst zu haben. Eine Neunundvierzigjährige, die vor mehr als zwei Jahrzehnten das College verlassen hatte, schrieb:

Ich wünschte, ich hätte das Privileg, zur Uni gehen zu können, wertgeschätzt und mich mehr reingehängt. Dann hätte ich einen besseren Abschluss gemacht.

Das Muster ist ähnlich bei gesundheitlichen Entscheidungen – einschließlich schlechter Essgewohnheiten und mangelnder Bewegung –, deren Auswirkungen sich ebenfalls verstärken und die Stabilität des Fundaments gefährden. Im World Regret Survey bereuten Teilnehmer von sechs Kontinenten, einschließlich der folgenden Neununddreißigjährigen aus Kolumbien, ihren Tabakkonsum und vor allem, bereits in einem jungen Alter mit dem Rauchen angefangen zu haben:

Ich bereue es, so viel geraucht zu haben, obwohl ich
genau wusste, wie schlecht es für meine Gesundheit und
mein Umfeld war. Ich habe eine Packung pro Tag
geraucht, manchmal sogar mehr. Mit dem Rauchen
habe ich meine Frustration und meine Angst betäubt.

Wenn es um die psychische Gesundheit geht, beinhaltet die Reue
oft das Versäumnis, das Problem zu erkennen und Abhilfe zu
suchen. Dies formuliert ein Dreiundvierzigjähriger aus Oregon
so:

Ich bereue, dass ich meine psychische Gesundheit in
meinen Zwanzigern nicht ernst genommen und dadurch mein Selbstwertgefühl vollkommen verloren
habe.

Viele Menschen, die Schritte unternahmen, um ein einstürzendes
psychisches Fundament wieder aufzubauen, bereuten es, damit
nicht früher begonnen zu haben. So sagte eine Vierundvierzigjährige aus Arizona:

Ich bereue es, nicht zehn oder fünfzehn Jahre früher
einen guten Therapeuten gefunden zu haben.

Und eine siebenundfünfzigjährige non-binäre Person aus Oregon
bedauerte:

Nicht schon 2002 Antidepressiva genommen zu haben,
als sie mir verschrieben wurden, sondern erst 2010. Sie
sind ein Geschenk des Himmels, und ich bereue es,

gewartet zu haben, weil diese acht Jahre völlig anders hätten sein können, wenn ich früher angefangen hätte.

Eingebettet in jede dieser Aussagen ist eine Lösung. So wie Reue in puncto Fundament mithilfe einer uralten Fabel definiert werden kann, so ist eine der Reaktionen darauf in einem altehrwürdigen chinesischen Sprichwort enthalten:

Die beste Zeit, um einen Baum zu pflanzen, war vor zwanzig Jahren.

Die zweitbeste Zeit ist jetzt.

Der das Fundament betreffende Attributionsfehler

Die Reue in puncto Fundament ist heikler als die drei anderen Tiefenstrukturkategorien der Reue, die ich in den folgenden Kapiteln beschreiben werde. Vergessen Sie nicht, dass es die persönliche Verantwortung ist, die die Reue von Enttäuschung unterscheidet. Enttäuschungen existieren außerhalb der eigenen Kontrolle. Das Kind, das aufwacht und entdeckt, dass die Zahnfee keine Belohnung dagelassen hat, ist *enttäuscht*. Reue hingegen ist selbst verschuldet. Die Eltern, die aufwachen und erkennen, dass sie es verschlafen haben, den Zahn ihres Kindes durch eine Belohnung zu ersetzen, empfinden *Reue*. Doch bei Angelegenheiten wie der physischen Gesundheit, dem Bildungserfolg und der finanziellen Sicherheit ist die Grenze zwischen persönlicher Verantwortung und äußeren Umständen verschwommen.

Sind Sie übergewichtig, weil Sie sich schlecht ernähren oder weil Ihnen nie jemand beigebracht, geschweige denn vorgemacht hat, wie man sich gesund ernährt? Haben Sie nur wenig Geld auf Ihrem Ruhestandskonto, weil Sie zu viel für Frivolitäten ausgegeben haben oder weil Sie mit Studienschulden ins Erwerbsleben gestartet sind und Ihnen jedwedes finanzielle Polster fehlte? Haben Sie Ihr Studium wegen Ihrer mangelhaften Arbeitsethik abgebrochen oder weil Ihre mittelmäßige Sekundarschule Sie nicht auf die Anforderungen der Universitätsseminare vorbereitet hat?

Eine der verbreitetsten kognitiven Verzerrungen – in gewissem Sinne die Überverzerrung – ist der sogenannte »fundamentale Attributionsfehler«. Wenn Menschen, vor allem in der westlichen Welt, versuchen, jemandes Verhalten zu erklären, schreiben sie dieses oft der Persönlichkeit und Veranlagung des Betreffenden zu statt der Situation und den Umständen.[5] Hier ein klassisches Beispiel: Wenn ein anderer Fahrer uns auf dem Highway den Weg abschneidet, nehmen wir sofort an, dass er ein Idiot ist. Es kommt uns nie in den Sinn, dass er möglicherweise zum Krankenhaus rast. Und wenn jemand während einer Präsentation nervös zu sein scheint, nehmen wir an, dass er ein von Natur aus nervöser Mensch ist statt jemand, der wenig Erfahrung darin hat, vor Publikum zu sprechen. Wir messen dem Verhalten einer Person zu viel Bedeutung bei, der jeweiligen Situation jedoch zu wenig.

Bei dieser Kategorie der Reue könnte etwas Ähnliches passieren – *ein das Fundament betreffender Attributionsfehler*. Wir schreiben die Misserfolge, unsere und die anderer, persönlichen Entscheidungen zu, obwohl sie in vielen Fällen zumindest teilweise das Ergebnis von Umständen sind, die wir nicht kontrollieren können.[6] Das bedeutet, dass Reue in puncto Fundament sich nicht allein dadurch beheben oder vermeiden lässt, dass sich die Person ändert; auch ihre Situation und ihr Umfeld müssen umgestaltet werden. Wir müssen auf jeder Ebene die Voraussetzungen dafür schaffen – Gesellschaft, Gemeinschaft und Familie –, die grundlegenden Wahlmöglichkeiten der Menschen zu verbessern.

Dies ist genau das, was Jason Drent zu tun versucht.

Was uns die Heuschrecke lehrt

In seinem derzeitigen Job überwacht Jason Arbeitsplatzrichtlinien und -programme für einen Einzelhändler, der mehr als eintausend – davon viele junge – Mitarbeiter beschäftigt. Jason engagiert sich in seinem Job mit einem größeren Sendungsbewusstsein, als er es als Teenager tat, der für Best Buy mit DVD-Playern hausieren ging. »Ich helfe ihnen, viele ganz normale Dinge im Leben auf die Reihe zu kriegen. Ich bin nicht der Einzige mit einem suboptimalen Fundament«, sagte er.

Er erklärt den Mitarbeitern, wie wichtig es ist, ihre Fähigkeiten zu verbessern und Beziehungen aufzubauen, und ja, ein wenig von jedem Gehaltsscheck für die Zukunft beiseitezulegen. Er legt ihnen nahe zu planen, versucht dann, ihnen zu zeigen, wie – und bemüht sich die ganze Zeit über, diesen Rat selbst zu beherzigen.

»Ich spreche ganz offen darüber, dass ich dreiundvierzig bin und kein Geld habe. Ich wünschte, mehr Dreiundvierzigjährige wären ehrlich zu mir gewesen (als ich jünger war)«, sagte er. »Ich erzähle den Leuten gerne das abschreckende Beispiel von der Heuschrecke.«

Reue – egal welcher Tiefenstrukturkategorie – enthüllt ein

Bedürfnis und lehrt uns etwas Wichtiges. Bei Reue in puncto Fundament handelt es sich um das Bedürfnis nach Stabilität. Wir alle brauchen eine grundlegende Infrastruktur unseres Wohlbefindens hinsichtlich Bildung, Finanzen und Physis, die die psychische Unsicherheit verringert und Zeit sowie mentale Energie freisetzt, um Möglichkeiten wahrnehmen und nach Sinnhaftigkeit streben zu können.

Schon vor zweieinhalbtausend Jahren wusste man: Denk voraus. Tu die Arbeit. Beginne jetzt. Hilf dir und anderen, die Ameise zu werden.

»Als ich 13 war, habe ich mit dem Saxofonspielen aufgehört, weil ich dachte, das ist zu uncool. Zehn Jahre später wird mir klar, wie falsch das war.«

— MANN, 23, KALIFORNIEN

»Ich bereue es, als Berufsanfänger gedacht zu haben, wenn ich achtzehn Stunden pro Tag, sechs Tage pro Woche, arbeite, werde ich erfolgreich. Stattdessen hat das meine Ehe und beinahe auch meine Gesundheit ruiniert.«

— MANN, 68, VIRGINIA

»Ich bereue es, nicht im Beisein meiner Mutter geheiratet zu haben. Mein Mann war beim Militär, und wir mussten schnell heiraten, und dazu noch in Oklahoma, das weit von Ohio entfernt ist. Meine Mutter war sehr krank und starb einen Monat später. Ich hätte ihr das Glück gönnen können, mich verheiratet zu sehen, und es war egoistisch von mir, ihr dies nicht zu ermöglichen.«

— FRAU, 51, OHIO

8.

Reue in puncto Mut

An einem Novemberabend des Jahres 1981 saß ein zwei-
undzwanzigjähriger Amerikaner namens Bruce in einem
Zug, der durch Frankreich Richtung Norden fuhr, als an einem
Bahnhof in Paris eine junge Frau einstieg und auf dem Sitz neben
ihm Platz nahm. Bruce' Französisch war ziemlich dürftig. Doch
die Frau sprach gut Englisch, und die beiden kamen ins Gespräch.
Bruce hatte das vergangene Jahr in Europa verbracht. Er hatte
bei einer Familie in Schweden gelebt, Gelegenheitsjobs angenommen und war durch Europa getrampt. Jetzt war er auf dem
Weg nach Stockholm, um in die USA zurückzufliegen. Er lag knapp
in der Zeit, denn sein Eurail Pass war nur noch einen Tag gültig.

Die Frau, eine Brünette, die vielleicht ein oder zwei Jahre jünger war als Bruce, kam aus Belgien. Sie hatte in Paris als Au-pair
gearbeitet und war unterwegs in ihre kleine belgische Heimatstadt, wo sie einen Kurzurlaub machen wollte.

Die Unterhaltung fiel ihnen nicht schwer. Sie lachten miteinander, spielten Galgenmännchen und lösten Kreuzworträtsel.
Schon bald hielten sie Händchen.

»Es war wirklich so, als würden wir uns schon ein Leben lang
kennen«, erzählte Bruce mir kürzlich. »Nie wieder habe ich mich
so wohlgefühlt.«

Der Zug zuckelte weiter. Die Zeit verging wie im Flug. Als der Zug sich kurz vor Mitternacht einem Bahnhof in Belgien näherte, stand die Frau auf und sagte: »Ich muss jetzt gehen.«

»Ich komme mit!«, sagte Bruce.

»Oh Gott«, meinte sie. »Mein Vater würde mich umbringen!«

Sie gingen den Gang entlang zur Tür. Sie küssten sich. Bruce kritzelte schnell seinen Namen und die Adresse seiner Eltern in Texas auf ein Stück Papier und gab es ihr. Die Zugtüren öffneten sich. Sie stieg aus. Die Türen schlossen sich.

»Und ich stand einfach wie betäubt da«, sagte Bruce, der nun über sechzig ist und mich bat, seinen Nachnamen nicht zu nennen.

Als er zu seinem Sitz zurückkehrte, fragten seine Mitreisenden ihn, warum er den Zug nicht zusammen mit seiner Freundin verlassen habe.

»Wir haben uns gerade erst kennengelernt!«, erzählte Bruce ihnen. Er kannte nicht einmal ihren Namen. Sie hatten sich einander nicht vorgestellt, erklärte Bruce, weil »es fast so war, als würden wir uns bereits kennen«.

Als Bruce am nächsten Tag in Stockholm ankam, bestieg er ein Flugzeug zurück in die Vereinigten Staaten.

Vierzig Jahre später erzählte er im Rahmen des World Regret Survey seine Geschichte und schloss mit den Worten: »Ich habe sie nie wiedergesehen und mir immer gewünscht, ich wäre aus diesem Zug gestiegen.«

Reue in puncto Fundament entsteht aus dem Versäumnis, vorauszuplanen, hart zu arbeiten, Dinge zu Ende zu führen und eine stabile Plattform für das Leben zu errichten. Reue in puncto Mut bildet das Gegenstück. Sie entsteht aus dem Versäumnis, diese Plattform in vollem Umfang zu nutzen – als Sprungbrett in ein reicheres Leben. Manchmal ist diese Reue die Folge einer Reihe getroffener oder aus Unschlüssigkeit nicht getroffener Entscheidungen, dann wieder erwächst sie aus einem einzigen Moment. Doch was auch immer der Ursprung sein mag, die Frage, die sich uns stellt, ist immer die gleiche: Auf Nummer sicher gehen oder etwas riskieren?

Reue in puncto Mut erwächst aus unserer Entscheidung, auf Nummer sicher zu gehen. Zunächst erleichtert das uns. Die Veränderung, die wir erwägen, erscheint uns zu gewaltig, zu herausfordernd. Doch am Ende holt uns die Entscheidung in Form des kontrafaktischen Gedankens wieder ein – der Gedanke, dass wir mutiger und infolgedessen erfüllter sein könnten, quält uns.

Reue in puncto Mut klingt so: Wenn ich doch nur dieses Risiko eingegangen wäre.

Den Mund aufmachen und seine Meinung sagen

Den Mut betreffende Reue beginnt oft mit einer Stimme, die nicht gehört wird. Zach Hasselbarth, ein zweiunddreißigjähriger, für Privatkredite zuständiger Manager aus Connecticut, trug Folgendes zum World Regret Survey bei:

Ich habe mich in der Highschool von der Angst, was andere sagen würden, davon abhalten lassen, mehr aus mir herauszugehen. Ich bereue es, nicht mehr Chancen ergriffen zu haben und so schüchtern gewesen zu sein.

»Damals«, erzählte er mir in einem Interview, »dachte ich, die Welt würde untergehen, wenn ich zurückgewiesen werde.« Also hielt er sich geduckt, redete nicht viel und machte sich nur selten bemerkbar. Später im Leben legte Zach, dank eines furchtloseren College-Zimmergenossen, einige dieser Verhaltensweisen ab. Doch er ärgert sich immer noch über die verpassten Gelegenheiten und die nicht geleisteten Beiträge.

Mehrere der Umfrageteilnehmer beschrieben ihre Reue mit fast den gleichen Worten wie ein Fünfunddreißigjähriger aus Britisch-Kolumbien, der Folgendes bereute: »… nicht gelernt zu haben, meine eigene Meinung zu vertreten … in der Liebe, in der Schule, in meiner Familie oder in meinem Berufsleben.« Einige sagten, sie würden »ihre eigene Stimme fürchten«. Eine große Anzahl von Menschen jeden Alters und jeder Nationalität bedauerte es, »zu introvertiert« zu sein.

Introvertiertheit und Extravertiertheit sind schwierige Themen, was zum Teil daran liegt, dass der Volksglaube und die seriöse Wissenschaft oft voneinander abweichen. Laut der landläufigen Meinung – die bestärkt wird durch die Allgegenwart von Bewertungsinstrumenten wie dem Myers-Briggs-Typenindikator – sind wir entweder introvertiert oder extravertiert. Doch Persönlichkeitspsychologen – die Wissenschaftler, die vor hundert Jahren begannen, zu diesem Thema zu forschen – sind schon lange zu dem Schluss gekommen, dass die meisten Menschen ein bisschen von beidem sind. Introvertiertheit und Extravertiertheit sind keine binären Persönlichkeitseigenschaften. Sie lassen sich vielmehr besser als ein Spektrum verstehen – eines, bei dem rund zwei Drittel der Bevölkerung in der Mitte angesiedelt sind.[1] Doch in den quantitativen wie auch den qualitativen Umfragen zur Reue hatte so gut wie niemand damit Probleme, zu extrovertiert zu sein, während viele darüber klagten, zur Introvertiertheit zu neigen.

So bereute ein Kalifornier, seine Neigung zur Introvertiertheit als Ausrede dafür benutzt zu haben, »den Mund nicht aufzumachen«, und zwar weder in der Schule noch im Büro, ja, nicht einmal »bei Sportwettkämpfen«.

Eine Achtundvierzigjährige aus Virginia sagte:

> Ich bereue es, dass ich mich durch meine Schüchternheit [und] Introvertiertheit … davon habe abhalten lassen, in eine größere Stadt zu ziehen, wo es bessere Arbeitsmöglichkeiten, Angebote und Partnerbörsen gibt als dort, wo ich jetzt lebe.

Ein Dreiundfünfzigjähriger aus dem Vereinigten Königreich sagte:

> Ich bedaure es, dass ich als Teenager und junger Erwachsener zu schüchtern und höflich war, immer den sicheren Weg gewählt und darauf geachtet habe, niemanden zu verärgern. Ich hätte mehr Risiken eingehen, selbstbewusster sein und mehr Lebenserfahrungen sammeln sollen.

Als ausgemacht ambivertierter Mensch, der die Gesellschaft von ruhigen Mitmenschen bevorzugt, habe ich von der Seitenlinie aus Beifall gespendet, wenn andere das in der westlichen Kultur herrschende »Ideal der Extravertiertheit« schlechtgemacht haben. Doch kleine Anstrengungen zu unternehmen, sich leicht in diese Richtung zu bewegen, kann nachweislich hilfreich sein. Seth Margolis und Sonja Lyubomirsky von der University of California,

Riverside, haben festgestellt, dass sich das Wohlbefinden von Probanden, die dazu aufgefordert wurden, sich einfach mal eine Woche lang wie Extravertierte zu verhalten, merklich verbesserte.[2] Ähnlich berichteten viele Menschen, die ihre Ängste überwanden und ein klein wenig Verwegenheit an den Tag legten, einen Wandel vollzogen zu haben – einschließlich dieser sechsundfünfzig Jahre alten Nordkalifornierin:

Ich lernte erst dann, mir Gehör zu verschaffen, als ich Kinder hatte und deren Sprachrohr wurde. Vorher habe ich in der Schule in Anwesenheit der Klassenclowns und fiesen Kinder nie den Mund aufgemacht. Ich schaffte es damals einfach nicht. Ich wünschte, ich wäre nicht so still gewesen.

Mutiger sein und aus dem Zug steigen

Wenige Monate nach der Begegnung im Eurail-Zug leitete Bruce' Mutter ihrem Sohn, der inzwischen in College Station, Texas, lebte, einen Brief mit einer französischen Briefmarke und einem Pariser Poststempel weiter. In dem Umschlag befand sich ein Blatt Papier, das von oben bis unten mit einer schwungvollen Handschrift beschrieben war.

Der Brief war in fehlerhaftem Englisch verfasst und vielleicht deswegen leicht rätselhaft. Bruce kannte nun den Namen der Frau – Sandra –, wusste aber nicht viel mehr. »Vielleicht ist es verrückt, aber wenn ich an dich denke, muss ich lächeln«, schrieb Sandra. »Ich bin mir sicher, dass du verstehst, was ich fühle, obwohl du mich nicht gut kennst.« Die Worte klangen zärtlich – mit

Ausnahme des seltsam nichtssagenden Schlusses: »Hab einen schönen Tag!« Sandra unterschrieb nicht mit ihrem Nachnamen und teilte Bruce auch nicht ihre Adresse mit.

In der Prä-Internet-Ära der frühen 1980er-Jahre beendete dies die Kommunikation. Für Bruce hatten sich die Türen geöffnet und wieder geschlossen.

Statt zu versuchen, Sandras Adresse ausfindig zu machen, warf er den Brief weg.

»Ich hab einfach entschieden, dass ich ihn nicht behalten kann«, sagte er mir, »weil er mich zu sehr beschäftigen würde.«

Der Schmerz der Reue in puncto Mut ist der Schmerz des »Was wäre, wenn?«. Thomas Gilovich, Victoria Medvec und andere Forscher haben wiederholt festgestellt, dass Menschen Nichthandeln mehr bereuen als Handeln – vor allem langfristig. »Bedauernswertes Nichthandeln ... hat eine längere Halbwertzeit als bedauernswertes Handeln«, schrieben Gilovich und Medvec in einer ihrer frühen Studien.[3] Die Teilnehmer meiner eigenen Umfrage, des American Regret Project, bereuten fast doppelt so häufig ihr Nichthandeln wie ihr Handeln. Auch andere Forschungen ergaben, dass Menschen – selbst in weniger individualistischen Kulturen wie China, Japan und Russland – Nichthandeln mehr bereuen als Handeln.[4]

Einer der Hauptgründe für diese Diskrepanz ist folgender: Wenn wir handeln, wissen wir, was als Nächstes passiert ist. Wir sehen das Ergebnis, und das kann die Halbwertzeit der Reue verkürzen. Doch wenn wir nicht handeln – wenn wir nicht aus diesem metaphorischen Zug aussteigen –, können wir nur spekulieren, welchen Verlauf die Ereignisse genommen hätten. »Da bedauernswertes Nichthandeln oft lebendiger, gegenwärtiger und unvollständiger ist als bedauernswertes Handeln, erinnern wir uns öfter daran«, sagen Gilovich und Medvec.[5] Oder wie der amerikanische Dichter Ogden Nash es einmal in einem langen Vers über die Unterschiede zwischen Handlungsfehlern und Unterlassungsfehlern formulierte:

Es ist die Unterlassungssünde, die zweite Sündenart, die Eier unter deiner Haut ablegt.[6]

Die Folgen des Handelns sind spezifisch, konkret und begrenzt, die des Nichthandelns allgemein, abstrakt und grenzenlos. Indem das Nichthandeln Eier unter unserer Haut ablegt, brütet es endlose Spekulationen aus.

Das ist womöglich der Grund dafür, dass die den Mut betreffende Reue vor allem im Bereich Liebe weitverbreitet war. Angesichts der vielen Hundert Einträge wie dem eines Siebenunddreißigjährigen aus Irland könnte ich locker meine eigene Tinder-for-Regrets-Smartphone-App kreieren:

Hab die großartigste Frau im College kennengelernt
und nie den Mut gehabt, sie nach einem Date zu fragen.

Oder dem einer Einundsechzigjährigen aus Oklahoma, die Folgendes bereute:

Jemanden, in den ich seit fünfundvierzig Jahren verliebt
bin, nicht angerufen zu haben.

Oder dem eines fünfundsechzigjährigen Mannes aus Kalifornien, der bereute:

Dass ich mich nicht mit ihr verabredet habe. Es hätte mein Leben verändern können.

Reue in puncto Mut ist hartnäckig, weil es so viele kontrafaktische Möglichkeiten gibt. Was wäre gewesen, wenn Bruce an jenem Novemberabend zusammen mit Sandra den Zug verlassen hätte? Vielleicht wäre nur eine kurze Dezemberromanze gefolgt. Vielleicht hätte Bruce sein Erwachsenenleben in Europa statt im Pazifischen Nordwesten verbracht. Vielleicht hätte es sogar ein paar belgisch-amerikanische Kinder gegeben, die es leid wären, die kitschige Geschichte von der Zufallsbegegnung ihrer Eltern zu hören.

Den Kern jeglicher Reue in puncto Mut bildet die vereitelte Möglichkeit des Wachstums. Das Versäumnis, die Person zu werden – glücklicher, mutiger, reifer –, die man hätte sein können. Das Versäumnis, innerhalb der Zeitspanne eines einzigen Lebens ein paar wichtige Ziele zu erreichen.

Die Arbeitswelt, in der die meisten von uns mehr als die Hälfte ihrer Wachzeit verbringen, war ein besonders fruchtbarer Boden für diese Art der Reue. Eine einunddreißigjährige Südafrikanerin sprach für viele, als sie schrieb:

Ich bereue, dass ich nicht früher in meinem Berufsleben mutiger war und mir zu viele Gedanken darüber machte, was andere von mir denken.

Zach Hasselbarth, einer derjenigen, die es bedauerten, in jungen Jahren zu schüchtern gewesen zu sein, wuchs in Albany, der Hauptstadt von New York, auf.»In Albany ist das so: Du kriegst einen Job. Du arbeitest für den Staat New York. Du gehst nach zwanzig Jahren in Rente. Du kriegst deine Pension, und dann stirbst du«, erzählte er mir. Es war immer leicht, den bequemen Weg zu wählen, und schwerer, sich in unbekannte Gefilde vorzuwagen. Zachs eigener Vater ging nicht viele Risiken ein. Doch er riet seinem Sohn, er solle sich an das halten, was er ihm sage, und nicht an das, was er selbst tue. Und Zachs Vater sagte:»Geh nicht auf Nummer sicher.«

Viele von denen, die in ihrem Berufsleben auf Nummer sicher gegangen sind, betrachten in ihrer Lebensmitte ihre Entscheidungen und wünschen sich, sie hätten sie anders getroffen. Ein Sechsundfünfzigjähriger aus Pennsylvania bereut es, dass er in seiner derzeitigen Firma geblieben ist, obwohl er schon vor mehr als vierzehn Jahren wusste, dass es ihn nie befriedigen würde. Und ein Dreiundfünfzigjähriger aus Großbritannien bereut es, nicht früher seinen sicheren Job aufgegeben zu haben, um seinem Instinkt zu folgen und seinen Grundwerten treu zu bleiben. Eine Vierundfünfzigjährige aus Oregon bereut es, Ende dreißig»nicht mutiger gewesen zu sein und einen Job in einem neuen geografischen Raum angenommen zu haben«. Dann fasst sie ihr Bedauern zusammen:»Mich niedergelassen zu haben.«

Besonders häufig wurde in dieser Kategorie bereut, kein eigenes Unternehmen gegründet zu haben. Nachdem sie etliche Jahre für ein großes pharmazeutisches Unternehmen gearbeitet hatte, machte Nicole Serena sich mit einem Beratungsunternehmen und Ausbildungsbetrieb selbstständig. Sie bereut, es nicht früher getan zu haben.

»Ich hätte früher in meiner Karriere mutigere Schritte unternehmen sollen«, sagte ein kalifornischer Unternehmer.»Ich habe schließlich erreicht, was ich wollte, aber Zeit damit verschwendet, auf Autoritätspersonen zu hören.«

Ein paar der Umfrageteilnehmer, die ein Unternehmen gegründet hatten, das sie dann wieder aufgeben mussten, bereuten es, ein zu großes Risiko eingegangen zu sein. Sie scheiterten, wie sie sagten, weil sie nicht clever oder geschickt genug waren oder weil ihnen nicht bewusst war, was Unternehmertum beinhaltete. Doch diese Menschen repräsentierten eine deutliche Minderheit, verglichen mit jenen, die es bedauerten, den Sprung nie gewagt zu haben. Viele hofften sogar auf einen zweiten Versuch. Doug Launders zum Beispiel gründete 1997, in der Anfangszeit des Internets, ein Webtraining-Unternehmen in Zentralflorida. Das Unternehmen »überlebte ein paar Jahre und ging dann bankrott«, sagte er.

Ich bin vom Pferd gefallen und habe dann entschieden, dass Reiten nichts für mich ist. Die nächsten zwanzig Jahre habe ich damit verbracht, mit dem Pflug hinter den Pferden anderer Leute herzugehen. Ich bereue es, nie wieder aufs Pferd gestiegen zu sein. Mit siebenundfünfzig versuche ich immer noch, herauszufinden, wie ich das angehen soll.

Bei manchen Menschen verhinderte das Versäumnis, ein Risiko einzugehen, das berufliche Wachstum. Doch bei vielen war das unverwirklichte Wachstum persönlicher Natur. Vieles, was in der Kategorie Mut bedauert wird, spiegelt den Wunsch wider, nicht aus irgendwelchen instrumentellen Gründen zu wachsen, sondern weil das Wachstum an sich wertvoll ist. So führten Hunderte von Umfrageteilnehmern, die frühere Möglichkeiten zu reisen nicht wahrgenommen hatten, diese Entscheidung als das an, was sie am meisten bereuten. Wenn ich mit meiner auf Reue basierenden Dating-App scheitere, könnte ich stattdessen eine Expedia-for-the-regretful-Site gründen, die spezielle Reisepakete für die zahlreichen Umfrageteilnehmer mit einschlösse, die es bereuen, nicht im Ausland studiert zu haben.

»Die stärkste Reue in meinem Leben kommt nicht von den schlimmen oder dummen Dingen, die ich getan habe, sondern von den Dingen, die ich nicht getan habe«, sagte Gemma West aus Adelaide, Australien.

Am meisten bedauere ich, mit achtzehn aus Angst nicht auf Rucksacktour durch Europa gegangen zu sein – ein wichtiger Initiationsritus für Australier und etwas, was meine beste Freundin schließlich mit jemand anderem erlebt hat.

Eine Siebenundvierzigjährige aus Utah sagte:

Ich bereue es, nicht mehr gereist zu sein, als ich jünger war – bevor ich eine Hypothek und ein Kind und einen »richtigen Job« und all die Verantwortlichkeiten einer Erwachsenen hatte. Denn jetzt habe ich nicht das Gefühl, die Freiheit zu haben, es tun zu können.

Ein Achtundvierzigjähriger aus Ohio schrieb:

Ich bereue es, dass ich nicht abenteuerlustiger war … mir keine Zeit genommen habe, zu reisen, Gegenden zu erkunden und mehr von dem zu erleben, was die Welt zu bieten hat. Ich habe mich von der Angst vor Enttäuschungen leiten lassen und zugelassen, dass die Erwartungen anderer wichtiger waren als meine eigenen. Ich war immer der »brave Saubermann« und

habe mir extrem Mühe gegeben, andere um mich
herum zufriedenzustellen. Ich habe ein gutes Leben –
ich wünschte nur, ich hätte mehr Erfahrungen, die ich
mit anderen teilen könnte. Irgendwann …

Bei der Reue in puncto Mut geht es, wie bei dem Mann aus Ohio,
oft ums Erforschen. Und mit zum wichtigsten Bereich, den es
laut den Umfrageteilnehmern zu erforschen gilt, gehört unser
Inneres. Authentizität erfordert Mut. Und wenn Authentizität
verhindert wird, wird auch Wachstum verhindert. Dieser Punkt
wurde wirkungsvoll von mehreren Dutzend Menschen aus
der ganzen Welt verdeutlicht, die ihr Bedauern – ihr Versäumnis, mutig gewesen zu sein – mit denselben sieben Worten beschrieben: »Mir selbst nicht treu gewesen zu sein.«
Menschen, die für ihre Identität kämpften, bereuten dies selten, selbst wenn diese Identität im Widerspruch zur herrschenden Kultur stand. Menschen, die ihre Identität unterdrückten,
sagten, sie hätten sich die Möglichkeit genommen, ein erfülltes
Leben zu führen.
Nehmen Sie folgenden dreiundfünfzigjährigen Kalifornier.

Ich bereue es, mich nicht früher als Schwuler geoutet zu
haben. Es hat sich definitiv auf meine Leistung, meine
Verbundenheit mit meinen Kollegen und darauf ausgewirkt, wie ich mich gegeben habe.

Oder eine Fünfzigjährige aus Massachusetts:

Als Immigrantin und Angehörige einer Minderheit
bereue ich es, nicht den Mund aufgemacht oder andere

aufgeklärt zu haben, wenn sie sich wegen meines Akzents, meiner Hautfarbe und Kultur über mich lustig gemacht haben.

Oder den Eintrag einer sechsunddreißigjährigen New Yorkerin:

Ich bereue es, mich meinen Eltern gegenüber nicht schon früh als Lesbe geoutet zu haben. Ich habe viele Jahre lang vorgegeben, hetero zu sein, und (bin) nie in der Lage gewesen, dazu zu stehen, dass ich eine Frau liebe.

Manchmal birgt der ultimative mutige Schritt das Risiko, seine Stimme auf Arten zu nutzen, die andere vielleicht aus dem Konzept bringen, doch für einen selbst einen neuen Weg freimachen.

Züge, Pläne und Selbstverwirklichung

Bruce warf Sandras Brief nie weg. Er hatte es vor. Er dachte sogar, er hätte es getan. Doch nach einer unserer Unterhaltungen begann er, in alten Kisten herumzukramen, und fand ihn unter einem Stapel Papieren. Er hatte ihn seit vierzig Jahren nicht mehr gesehen. »Sandras Schrift hat Erinnerungen geweckt«, sagte er. Ihre geschwungenen Buchstaben »waren mir noch von den Buchstabenspielen, die wir auf Papier gespielt hatten, vertraut«. Er scannte den Brief sogar ein und mailte mir eine Kopie.

Doch er zeigte ihn nicht seiner Frau. Bruce ist seit Mitte der 1980er-Jahre verheiratet und hat zwei erwachsene Kinder. Aber er hat seiner Frau nie die Geschichte vom Zug erzählt und auch nie Sandra oder den Brief erwähnt. Das liegt nicht daran, dass er glaubt, sie würde es als Betrug erachten, sondern hat eher damit zu tun, was ein solches Gespräch enthüllen könnte.

»Ich würde es nicht über mich bringen, zu sagen, dass ich meine Ehe bereue, obwohl sie manchmal auch sehr schwierig ist«, sagte er. »Es gibt viele Gründe, verheiratet zu bleiben. Einer davon ist, dass man sich versprochen hat, es zu bleiben.«

»Denken Sie je darüber nach, was passiert wäre, wenn Sie an diesem Bahnhof in Belgien ausgestiegen wären?«, fragte ich ihn.

»Ja. Aber ich erlaube mir nicht, zu viel darüber nachzudenken, weil das ein neues Bereuen auslösen würde. Ich will nicht, dass das Bereuen zur Grundlage eines gigantischen Karussells des Bereuens wird«, scherzte er. Doch nachdem er den Brief erneut gelesen hatte, postete er eine Nachricht in der Rubrik »verpasste Gelegenheiten« auf Craigslist Paris, in der Hoffnung, Sandra ausfindig zu machen. Es ist ein einsames Leuchtsignal, gesendet in vierzig Jahre Dunkelheit – ein verzweifelter und vielleicht letzter Versuch, »Was wäre, wenn?« zu beantworten.

Sollte Bruce sie finden, würde er – jetzt, wo die beiden einst jungen Passagiere in ihren Sechzigern sind – nicht wieder denselben Fehler machen. Er würde die Gelegenheit ergreifen, Zeit mit Sandra zu verbringen, egal, wohin das führen würde.

Jede Tiefenstrukturkategorie der Reue enthüllt ein Bedürfnis und lehrt uns etwas. Bei der Reue in puncto Mut ist das menschliche Bedürfnis Wachstum – als Person zu wachsen, die Vielfalt der Welt zu genießen, etwas zu erleben, was über ein normales Leben hinausgeht.

Die Botschaft ist klar: Mach den Mund auf! Verabrede dich mit ihm! Unternimm diese Reise! Gründe dieses Unternehmen! Steig aus dem Zug!

»Ich bereue es, mich im Sommer 1991 nicht mit diesem Typen namens Ray angelegt zu haben. Ich bin einfach weggelaufen und habe es immer bereut, mich nicht gewehrt zu haben.«

— MANN, 44, NEBRASKA

»Ich bereue es, abgetrieben zu haben. Ich war jung, war auf dem College und hatte Angst, doch es verfolgt mich seitdem.«

— FRAU, 34, INDIANA

»Ich bereue es, dass ich so lange damit gewartet habe, mich als Lesbe zu outen.«

— FRAU, 32, BRASILIEN

9.

Reue in puncto Moral

Kaylyn Viggiano war erst seit einem Jahr verheiratet, als ein Mann, der sich vor Kurzem mit ihr und ihrem Ehemann Steven angefreundet hatte, unerwartet bei ihnen zu Hause auftauchte. Kaylyn war damals einundzwanzig. Sie und Steven hatten sich in der Highschool kennengelernt und waren nah beieinander am Stadtrand von Chicago inmitten einer festen Gruppe von Freunden und Verwandten aufgewachsen. Jetzt wohnten sie tief im Süden Kaliforniens, zwei Autostunden von der Grenze zu Arizona entfernt, wo Steven als US-Marinesoldat stationiert war. Das Leben war nicht leicht. Kaylyn hatte die Krankenpflegeschule verlassen, als Steven mit dem Ausbildungslager begann, und war ihm zuerst nach Virginia und dann zu diesem Wüstenflecken gefolgt, wo sie fast niemanden kannte.

Der Freund, ebenfalls ein Marinesoldat, war gekommen, als Steven nicht zu Hause war – was er gewusst hatte. Er log Kaylyn vor, Steven habe seine Kollegen informiert, dass er sie nicht mehr liebe und vorhabe, sie zu verlassen. Kaylyn – jung, einsam, verletzlich – glaubte ihm. Sie bestellten ein paar Drinks, und dann noch ein paar. Und das führte zwei Jahre später zu Kaylyns Eintrag im World Regret Survey.

Ich bereue es, meinem Mann untreu gewesen zu sein. Dieser Moment der Schwäche ist den Schmerz, der folgt, nicht wert.

Joel Klemick war seit elf Jahren verheiratet, als seine Frau Krista eines Abends im Oktober einen anonymen Anruf erhielt. Joel, damals fünfunddreißig, und Krista, zweiunddreißig, lebten in einer mittelgroßen Stadt in Zentralkanada, in der beide aufgewachsen waren und nun ihre drei Kinder großzogen. Nach der Highschool hatte Joel als Bodenleger gearbeitet, doch seine berufliche Laufbahn änderte sich früh in der Ehe, als das Paar die örtliche Christian and Missionary Alliance Church entdeckte. Joel war in das Seminar eingetreten und studierte Theologie. Er arbeitete auch als Hilfsgeistlicher für diese Kirche.

Der Anrufer an jenem Abend erzählte Krista – wahrheitsgemäß –, dass Joel sich regelmäßig mit einer anderen Frau treffe. Krista sprach Joel darauf an. Er leugnete es. Sie bohrte nach. Er leugnete es erneut. Sie bohrte wieder nach. Er gestand es. Krista bat ihn, das Haus zu verlassen. Die Kirche erfuhr bald von Joels Vergehen, und der Vorstand feuerte ihn. Joel beschrieb das, was er am meisten bereute, so:

Ich begann eine außereheliche Affäre, die mich meine Integrität, meinen Job und Freundschaften sowie fast meine Familie, einen Master-Abschluss und meinen Glauben kostete.

Reue in puncto Moral ist die kleinste der vier Tiefenstrukturkategorien und repräsentiert nur rund zehn Prozent all dessen, was wir bereuen. Doch viele von uns schmerzt diese Reue am meisten, und sie hält oft am längsten an. Sie ist auch vielschichtiger als die anderen Hauptarten der Reue. Fast jeder stimmt zu, dass es klug ist, ein starkes Lebensfundament zu errichten – zum Beispiel fleißig zu studieren und Geld zu sparen. Viele von uns stimmen darin überein, was »Mut« bedeutet – ein Unternehmen zu gründen, statt sich mit einem langweiligen Job zufriedenzugeben, die Welt zu bereisen, statt auf dem Sofa zu faulenzen. Doch Sie und ich und unsere fast acht Milliarden Mitmenschen sind sich nicht einig darin, was es bedeutet, sich »moralisch« zu verhalten.

Das Ergebnis ist, dass sich Reue in puncto Moral mit ihren Pendants zwar eine grundlegende Struktur teilt – sie beginnt am Verbindungspunkt zweier Wege –, jedoch einen größeren Satz von Werten beinhaltet. So können wir zum Beispiel vor der Wahl stehen, jemanden gut zu behandeln oder ihm wehzutun. Vielleicht besteht die Wahl auch darin, die Regeln einzuhalten oder sie zu ignorieren. Manchmal sind wir mit der Wahl konfrontiert, einer Gruppe gegenüber loyal zu bleiben oder sie zu verraten, bestimmte Menschen oder Einrichtungen zu respektieren oder sie zu missachten, das Heilige zu bewahren oder es zu entweihen.

Doch worum es auch immer gehen mag, im entscheidenden Moment entscheiden wir uns für das, was unser Gewissen für den falschen Weg hält. Wir tun anderen weh. Wir täuschen, verschwören uns oder verstoßen gegen die Grundsätze der Fairness. Wir brechen unser Wort. Wir bringen Autoritäten keinen Respekt entgegen. Wir würdigen herab, was geehrt werden sollte. Und während die Entscheidung sich zunächst gut anfühlen mag – ja, uns sogar beglückt –, nagt sie im Laufe der Zeit an uns.

Reue in puncto Moral klingt so: Wenn ich doch nur das Richtige getan hätte.

Die Bedeutung von Moral

Hin und wieder liest man ein Buch, das die eigene Sicht auf die Welt grundlegend verändert. Für mich gehört *The Righteous Mind: Why Good People Are Divided by Politics and Religion* von Jonathan Haidt, das 2012 veröffentlicht wurde, zu diesen Büchern.[1] Haidt, ein Sozialpsychologe, der nun an der New York University lehrt, widmete seine frühe wissenschaftliche Karriere dem Studium der Moralpsychologie. In seinem Buch legt er die Ergebnisse seiner eigenen Forschung und die anderer dazu dar, wie Menschen entscheiden, welche Handlungen richtig und welche falsch sind.

The Righteous Mind veranlasste mich, mir die Studien, über die Haidt schrieb, genauer anzusehen, und diese veränderten radikal mein Denken in Bezug auf zwei Schlüsseldimensionen.

Erstens hatte ich lange geglaubt, dass wir, wenn wir mit moralisch bedeutsamen Fragen konfrontiert sind (Ist die Todesstrafe gerechtfertigt? Sollte Sterbehilfe legalisiert werden?), die Probleme durchdenken, um zu einer Schlussfolgerung zu gelangen. Dass wir uns den Fragen wie ein Richter nähern, der konkurrierende Argumente bewertet, beide Seiten abwägt und zu einer begründeten Entscheidung gelangt. Doch Haidts Forschungen zufolge stimmt das einfach nicht. Wenn wir überlegen, was moralisch ist, reagieren wir zunächst instinktiv und emotional – und nutzen dann den Verstand, um diese Intuition zu rechtfertigen.[2] Der rationale Geist ist kein Jurist in schwarzer Robe, der, wie ich gedacht hatte, unvoreingenommene Erklärungen abgibt. Er ist der Pressereferent für unsere Intuitionen. Seine Aufgabe ist es, den Boss zu verteidigen.

Zweitens veränderte Haidts Werk meine Sichtweise in einer

für dieses Buch besonders relevanten Hinsicht. Moral, so zeigt Haidt auf, ist viel umfassender und vielfältiger als das, worauf viele säkulare, linksorientierte Abendländer sie normalerweise reduzieren wollen. Angenommen, ich würde fragen – wie Haidt, Jesse Graham von der University of Southern California und Brian Nosek von der University of Virginia es in einem Aufsatz taten[3] –, ob es falsch ist, »einem Kind, das man nicht kennt, mit einer Nadel in die Handfläche zu stechen«, so würden wir alle – Liberale, Konservative, Gemäßigte – übereinstimmend sagen, dass es das ist. Wie könnte irgendwer es gutheißen, einem unschuldigen Kind wehzutun? Und wenn ich fragen würde, ob es moralisch ist, Geld aus einer Kasse zu stehlen, wenn der Kassierer nicht hinschaut, würde auch fast jeder sagen, dass das falsch ist. Wenn jemand anderen grundlos Schaden zufügt oder lügt, betrügt und stiehlt, sind sich normalerweise Menschen jedweder Herkunft und Glaubenszugehörigkeit in der Frage der Moral einig.

Doch für viele politisch Konservative, ganz zu schweigen von vielen Menschen außerhalb von Nordamerika und Europa, geht Moral über die Tugenden der Fürsorge und Fairness hinaus. Ist es zum Beispiel falsch, wenn Kinder ihren Eltern widersprechen? Wenn sie Erwachsene beim Vornamen nennen? Ist es falsch, wenn ein Amerikaner seine Staatsbürgerschaft ablegt und sich nach Kuba absetzt? Ist es falsch, die Bibel oder den Koran in den Müll zu werfen? Ist es falsch, wenn eine Frau abtreibt, ein Mann einen anderen Mann heiratet oder wenn Menschen gleich welchen Geschlechts Mehrfachehen führen? Sie werden zu diesen Fragen von einer Baptistenkirche andere Antworten erhalten als von einer Unitarierkirche – in Blount County, Alabama, andere als in Berkeley, Kalifornien. Das liegt nicht daran, dass die eine

Gruppe gut ist und die andere böse, sondern daran, dass die eine Seite eine engere Sichtweise davon hat, was Moral bedeutet (tue anderen Menschen nicht weh und betrüge sie nicht), und die andere eine weiter gefasste Sichtweise (tue anderen Menschen nicht weh und betrüge sie nicht – aber bleibe auch deiner Gruppe gegenüber loyal, achte Autoritäten und ehre das Heilige).

Haidt und seine Kollegen haben in diesem Zusammenhang den Begriff »moralische Grundlagentheorie« geprägt.[4] Sie zeigen – wobei sie sich auf die Evolutionsbiologie, die Kulturpsychologie und mehrere andere Gebiete stützen –, dass Moralvorstellungen auf fünf Säulen basieren:

- **Fürsorge/Leid:** Kinder sind verletzlicher als der Nachwuchs anderer Tiere, sodass Menschen beträchtliche Zeit und Mühe darauf verwenden, sie zu schützen. Als Folge hat uns die Evolution das Ethos der Fürsorge eingeflößt. Diejenigen, die die Verletzlichen nähren und schützen, sind freundlich, diejenigen, die ihnen wehtun, sind grausam.

- **Fairness/Betrug:** Unser Erfolg als Spezies hängt seit jeher von Kooperation ab, einschließlich eines Austauschs, den Evolutionsforscher »reziproken Altruismus« nennen. Dies bedeutet, dass wir diejenigen wertschätzen, denen wir vertrauen können, und diejenigen verachten, die unser Vertrauen brechen.

- **Loyalität/Illoyalität:** Unser Überleben hängt nicht nur von unseren individuellen Handlungen ab, sondern auch vom Zusammenhalt unserer Gruppe. Deswegen wird es anerkannt, wenn man seinem Team, seiner Sekte oder Nation treu bleibt – und normalerweise geschmäht, wenn man seinen Stamm im Stich lässt.

- **Autorität/Subversion:** Unter Primaten sorgen Hierarchien für das Wohlergehen ihrer Mitglieder und schützen sie vor Angreifern. Diejenigen, die die Hierarchie untergraben, können alle Gruppenmitglieder in Gefahr bringen. Wenn dieser evolutionäre Impuls sich auf die Moral erstreckt, werden Verhaltensweisen wie Achtung vor und Gehorsam gegenüber den Oberen zu Tugenden.[5]

- **Reinheit/Entweihung:** Unsere Vorfahren hatten mit allen möglichen Krankheitserregern zu kämpfen – vom *Mycobacterium tuberculosis* bis hin zum *Mycobacterium leprae* –, und so entwickelten ihre Nachfahren neben der Fähigkeit, diese zu meiden, ein sogenanntes »Verhaltensimmunsystem«, um sich vor einer größeren Bandbreite von Unreinheiten wie zum Beispiel Verstößen gegen die Keuschheit zu schützen. Im Bereich der Moral, so schreibt eine Gruppe von Wissenschaftlern, »lassen Reinheitsbedenken (abgesehen von demografischen Daten und anderen wichtigen Daten wie der politischen Ideologie) auf einzigartige Weise auf militante Haltungen zur Schwulenehe, Euthanasie, Abtreibung und Pornografie schließen«.[6]

Die moralische Grundlagentheorie sagt nicht, dass Fürsorge wichtiger ist als Reinheit oder dass Autorität wichtiger ist als Fairness oder dass man einem Satz von Grundlagen statt einem anderen folgen sollte. Sie katalogisiert einfach nur, wie Menschen in der Regel moralisches Verhalten bewerten. Die Theorie ist rein deskriptiv und ist nicht als moralische Anleitung gemeint. Sie verhalf mir nicht nur zu einem neuen Verständnis des menschlichen Urteilsvermögens und der modernen Politik, sondern bot mir auch eine elegante Möglichkeit, unsere Reue in puncto Moral zu interpretieren.

Die fünf bereuten Sünden

Falschheit. Untreue. Diebstahl. Verrat. Entweihung. Manchmal las sich das, was die Umfrageteilnehmer bereuten, wie die Produktionsnotizen für ein Zehn-Gebote-Trainingsvideo. Doch wenn man die Vielzahl an Bereutem, von dem die Menschen berichteten, unter dem Aspekt der fünf moralischen Kategorien betrachtet, die ich auf der vorhergehenden Seite beschrieben habe, kristallisieren sich folgende Themen heraus. Zwei der Kategorien umfassten das meiste dessen, was bereut wurde, doch zwei der anderen drei waren auch zuhauf vertreten.

1. Leid

Als die Soziologen Robert und Helen Lynd in den 1920er-Jahren das langfristige Projekt in Angriff nahmen, für ihr Buch *Middletown* die Seele der amerikanischen Mittelschicht zu erkunden, wählten sie hierfür den Ort Muncie, Indiana, aus.[7] Muncie war – und ist in mancher Hinsicht immer noch – der Inbegriff einer amerikanischen Kleinstadt. Und es ist der Ort, an dem Steve

Robinson die für viele Amerikaner typische Kindheitserfahrung machte: Mobbing.

Steve zog in der achten Klasse in die Gegend von Muncie. Er war klein, introvertiert und sozial unbeholfen. Doch er kompensierte diese vermeintlichen Defizite, indem er andere quälte. Er verspottete und piesackte seine Klassenkameraden. Er provozierte Streit. Mit sechzehn versetzte er einem Mitschüler einen so harten Faustschlag, dass zwei seiner Vorderzähne abbrachen.

Jetzt, im Alter von dreiundvierzig, sind diese grundlosen Aggressionsausbrüche das, was Steve am tiefsten bereut.

Menschen aller politischen Überzeugungen sind sich einig: Jemandem wehzutun, der uns nicht provoziert, ist falsch. Kein Wunder also, dass sowohl im American Regret Project als auch dem World Regret Survey in der Kategorie Moral von mehr leidbezogener Reue berichtet wurde als von jeder anderen Art. Und das häufigste anderen zugefügte Leid war Mobbing. Selbst noch Jahrzehnte später bedauerten Hunderte von Teilnehmern zutiefst, ihre Mitschüler schlecht behandelt zu haben.

So gab ein Zweiundfünfzigjähriger New Yorker zu:

In der siebten Klasse tyrannisierte ich ein neues Kind, einen Jungen aus Vietnam, der kaum Englisch sprach. Schrecklich!

Eine Dreiundvierzigjährige aus Tennessee schrieb:

Ich habe mich in der Mittelschule über einen Jungen lustig gemacht und ihn »Ziggy« getauft, weil er klein und untersetzt war und stachelige blonde Haare hatte. Ich werde seinen Gesichtsausdruck nie vergessen, als er realisierte, dass er diesen Spitznamen von da an nicht mehr so leicht loswerden würde. Es war grausam von mir, diese »Macht«-Position einzunehmen. Ich selbst war jahrelang gemobbt worden. Ich habe es sofort bereut und nie wieder so etwas getan.

Steve erzählte mir, dass er in den Augenblicken, die dem Mobbing vorausgingen, wusste, dass er »es nicht tun sollte«. Und doch tat er es. Er genoss die Aufmerksamkeit. Er kostete das Gefühl der Macht aus. Doch er wusste es eigentlich besser, denn gelegentlich war er selbst gemobbt worden, sowohl zu Hause als auch in der Schule. »Am meisten tut mir leid, dass ich das jemand anderem angetan habe, obwohl ich beide Seiten kannte und genau wusste, wie es sich anfühlte«, sagte er.

Im Unterschied zur Reue in puncto Mut beinhaltet die die Moral betreffende Reue eher Handeln als Nichthandeln. Doch bei manchen Menschen, einschließlich Kim Carrington, löste schon die Tatsache, dass sie beim Mobbing zugeschaut hatten, Reue aus.

Als sie acht Jahre alt war, fuhr Kim täglich mit dem Schulbus von ihrer Kleinstadt in Minnesotas Iron Range in eine größere Stadt, in der sich ihre Grundschule befand. Jeden Tag machte der Bus bei einem Mädchen halt, das in einem Bauernhaus in einer entlegeneren Gegend wohnte. Und jeden Tag, wenn dieses Mädchen in den Bus stieg, hielten die anderen Kinder sich die Nase zu, als würde es stinken, bombardierten es mit Schimpfnamen und weigerten sich, ihm einen Sitzplatz zu geben.

Eines Tages rutschte Kim auf ihrem Sitz zur Seite, um Platz für das gemobbte Mädchen zu machen. Die beiden plauderten für den Rest der Fahrt freundlich miteinander. Doch wegen ihrer

Freundlichkeit wurde Kim an diesem Tag in der Schule selbst gemobbt. Und deshalb weigerte sie sich am nächsten Tag, das Mädchen im Bus neben sich sitzen zu lassen. »Ich war nicht integer. Und dieser Gedanke verfolgt mich mitten in der Nacht und bringt mich immer noch zum Weinen«, sagt Kim, die jetzt fünfzig ist und in Kansas City lebt. Das andere Mädchen fuhr bald nicht mehr mit dem Bus mit. »Ich bereue es, dass ich mich nicht mir ihr angefreundet habe. Ich bin nicht für sie eingetreten. Ich habe das Falsche getan und hatte nie die Gelegenheit, es wiedergutzumachen.«

Die Reue in dieser Subkategorie war nicht auf Boshaftigkeit in der Kindheit beschränkt. Menschen beschrieben, Arbeitskollegen beleidigt, Liebesobjekte »geghostet« und Nachbarn gedroht zu haben. Am häufigsten wurde mit Worten verletzt, doch in ein paar Fällen auch mit den Fäusten. Und auch wenn Verhaltensweisen wie das Mobbing mit Amerika assoziiert werden, hatten in dieser Kategorie Menschen aus aller Welt etwas zu bereuen.

Ein dreiundfünfzigjähriger Mann aus Großbritannien:

Als ich achtzehn war, habe ich einen Mann körperlich verletzt. Die nächsten fünfunddreißig Jahre habe ich damit verbracht, mich in jeder Hinsicht vor dem Leben zu verstecken. Ich bin ein Feigling.

Ein Siebenundfünfzigjähriger aus Südafrika:

Ich bereue es, einer Frau gesagt zu haben, dass ich mit ihr Schluss mache, weil sie fett sei. Dreißig Jahre später wache ich nachts auf und kann nicht glauben, dass ich ihr damals diesen Schmerz zugefügt habe.

Anderen wehzutun ist so eindeutig falsch, dass viele Menschen versuchen, die Reue produktiv dazu zu nutzen, sich in Zukunft anständiger zu verhalten. »Du schaust zurück auf dein vergangenes Selbst und bist einfach beschämt«, sagte Steve. Doch »als Erwachsener habe ich versucht, ein besserer Mensch zu sein«. Nach der Highschool machte er einen Abschluss in Psychologie, Krankenpflege und Strafrecht. Er hat als Kinderkrankenpfleger und als Berater von straffälligen Kindern gearbeitet. »Ich habe mich früher Menschen gegenüber schlecht verhalten und will mich jetzt anständig verhalten«, erklärte er. »Ein bestimmter Teil von mir ist sehr stolz darauf, dass ich heutzutage versuche, Menschen ein größeres Gefühl der Sicherheit zu geben.«

2. Betrug

Kaylyn und Joel, deren Geschichten dieses Kapitel eingeleitet haben, waren nicht die einzigen untreuen Ehegatten unter den Teilnehmern am World Regret Survey. Die Reue, anderen, vor allem durch Mobbing, wehgetan zu haben, war am verbreitetsten. Doch die Reue, betrogen zu haben, vor allem den Ehepartner oder die Ehepartnerin, lag nur knapp dahinter auf Platz zwei. Auch hierin sind sich die meisten Menschen in den meisten Kulturen einig: dass wir die Wahrheit sagen, unsere Versprechen halten und uns an die vereinbarten Regeln halten sollten.

In wenigen Fällen gestanden Menschen, andere bestohlen zu haben – von einer Sechzehnjährigen aus Kalifornien, die es bereut, »Bargeld aus einer Kasse entwendet zu haben«, bis hin zu einem Einundfünfzigjährigen aus Rumänien, der schrieb: »Ich schäme mich, einem meiner Kameraden bei der Armee eine Mundharmonika gestohlen zu haben.«

Reue in Bezug auf wissenschaftliche Unredlichkeit war zwar nicht weitverbreitet, umfasste jedoch mehrere Altersgruppen – von einer Zweiundzwanzigjährigen in Virginia, die es bereute, »in der Schule geschummelt zu haben«, bis hin zu einem Achtundsechzigjährigen aus New Jersey, der schrieb: »Ich bereue es, dass ich jemandem geholfen haben, bei einem Mathetest zu betrügen … im ersten Studienjahr. Ich bin mir noch nicht klar darüber geworden, wie ich das wiedergutmachen kann.«

Doch eheliche Untreue führte die Liste an – wobei die Einträge von Umfrageteilnehmern von sechs Kontinenten und aus Dutzenden von Ländern stammten.

Eine fünfzigjährige Frau:

Ich hatte eine Affäre – der schlimmste Fehler meines Lebens. Jetzt muss ich immer damit leben, wie schrecklich ich zu meinem Mann war. Statt einfach ehrlich zu sein und ihm zu sagen, wie unglücklich ich war, beschloss ich, etwas zu tun, das so unglaublich dumm war, dass ich mir nicht sicher bin, ob ich mir selbst jemals vergeben kann.

Und ein fünfzigjähriger Mann:

Ich bereue es, den Glauben an mich selbst verloren und meine Frau betrogen zu haben. Ich bedaure es jeden Tag.

Eine Fünfundfünfzigjährige:

Ich habe meinen Mann betrogen. Er war ein unglaublich liebenswerter Mensch. Er war voller Liebe für seine

Familie. Ich weiß nicht einmal, warum ich es getan habe. Ich liebte ihn. Ich war eine junge Mutter mit vier Kindern. Wir in unserer Familie standen uns alle nah – wir hatten Spaß, verbrachten Zeit miteinander, hatten wirklich keine Sorgen, und doch habe ich es getan.

Leid und Betrug überschneiden sich. Untreue verletzt den betrogenen Ehepartner. Doch abgesehen von dem Schmerz, den sie ihrem Partner zufügten, schienen die Umfrageteilnehmer am meisten das zerstörte Vertrauen zu bereuen. »Wir hatten ein Gelübde abgelegt. Ich habe ihn betrogen«, sagte Kaylyn mir. »Ich habe meiner Frau Dinge gelobt, an die ich mich nicht gehalten habe«, meinte Joel. »Meine Integrität war dahin.«

Jocelyn Upshaw, die an der University of Texas arbeitet (und die mich bat, ein Pseudonym statt ihren richtigen Namen zu verwenden), hatte in einer Zeit, in der sich ihre Ehe leblos anfühlte, eine neun Monate währende Affäre mit einem Arbeitskollegen. Schließlich gestand sie es ihrem Mann. Sie machten eine Therapie. Die Ehe überlebte. Doch der Vertrauensbruch nagt noch immer an ihr.

»Mein Mann und ich haben uns ein Versprechen gegeben. Und ich habe es nicht eingehalten. Mein Mann vertraute mir, und ich enttäuschte ihn«, erzählte sie mir. »Lügen und betrügen sind genau die Dinge, die man besser nicht tun sollte, wenn einem daran liegt, ein guter Mensch zu sein.«

Nach ihren Fehltritten arbeiteten Kaylyn, Joel und Jocelyn an sich. Wenn sie es schon nicht wiedergutmachen konnten, dann konnten sie sich doch zumindest bessern. Kaylyn beichtete ihrem Mann gleich am Morgen danach, was sie getan hatte. »Ich habe nie etwas gestohlen. Ich habe nie bei einem Test geschummelt.

Und als diese eine Sache passierte, konnte ich sie einfach nicht für mich behalten«, erzählte sie mir. Ihr Mann blieb ruhig, und gemeinsam bauten sie das Vertrauen wieder auf. »Er ist der beste Mann auf der Welt«, sagt Kaylyn.

Joels Weg war steiniger. Er zeugte in der Folgezeit ein Kind mit der anderen Frau. Doch er konnte sich, wie er sagt, nie »von der Rechenschaftspflicht gegenüber einem Gott« frei machen, »der sagt: ›Begehe keinen Ehebruch‹«. Seine Frau und er versöhnten sich schließlich. Sie zogen an einen anderen Ort in Kanada und begannen dort wieder, für die Kirche zu arbeiten. »Zu wissen, dass ich meine Frau betrogen habe, gehört für mich mit zum Schlimmsten im Leben«, erklärte Joel. »Ich habe jetzt ein tieferes Verständnis von Vertrauen und Vertrauenswürdigkeit, weil ich erfahren habe, was es heißt, nicht vertrauenswürdig zu sein.«

Jocelyn, die nicht religiös ist, meint, ihre Reue habe sie empathischer gemacht. »Bevor das passierte, war ich irgendwie selbstgerecht. Ich war das gute Mädchen. Ich machte nie etwas falsch. Und dann tat ich etwas *wirklich* Falsches. Das öffnete mir die Augen dafür, dass Menschen Fehler machen.« Als sie jünger war, so erzählte sie, teilte sie die Welt in gute und schlechte Menschen ein. »Ich habe lange gebraucht, um zu erkennen, dass das so nicht der Wirklichkeit entspricht.«

3. Illoyalität

Als Charlie McCullough 1981 an der University of Maryland sein Maschinenbaustudium abschloss, überlegte er, zum Militär zu gehen. Ihm gefielen der Gehorsam und die Kameradschaft, die der Militärdienst mit sich brachte. Doch lukrativere Jobangebote lockten – und er entschied sich schließlich für den Privatsektor. »Diejenigen, die dienen, vor allem beim Militär, lieben unser Land wirklich«, sagte er. »Ich bereue es, dass ich nie Teil davon gewesen bin.«

Loyalität gegenüber einer Gruppe ist ein moralischer Kernwert, zu dem sich die Menschen in manchen politischen und nationalen Kulturen mit größerer Begeisterung bekennen als in anderen. Vielleicht erklärt das, dass Menschen in dieser moralischen Kategorie nicht so viele Einträge machten wie in der zum Thema Leid zufügen und betrügen.

Bei dieser Art der Reue fiel außerdem auf, dass sie sich weniger darum drehte, sich von einer Gruppe losgesagt zu haben, als vielmehr darum, seinen Verpflichtungen ihr gegenüber nicht nachgekommen zu sein. Unter den Umfrageteilnehmern aus den Vereinigten Staaten, wo die Wehrpflicht 1973 ausgesetzt wurde, war Charlie mit seiner Reue daher nicht allein.

Eine Vierundvierzigjährige aus Michigan berichtete, am meisten im Leben bereue sie:

Nicht zum Militär gegangen zu sein und sich bei der Luftwaffe beworben zu haben.

Ein Achtundfünfzigjähriger aus New Hampshire bedauerte:

Ich habe meinem Land nicht gedient. Ich hätte vor oder nach dem College zum Militär gehen können. Ich bin der Einzige in der Familie, der nicht gedient hat. Rückblickend bereue ich das.

Eine Dreiundfünfzigjährige aus Wisconsin:

Ich bereue es, nicht zum Militär gegangen zu sein …
Der Dienst am Vaterland, egal wo oder in welcher Rolle,
ob im AmeriCorps, im Friedenscorps usw., ist enorm
wertvoll.

Loyalität hilft Gruppen, Bindungen zu festigen und Koalitionen
zu bilden, wie Haidt in *The Righteous Mind* schreibt. Vor allem in
Situationen, in denen »ein Team einem anderen Team gegen-
übersteht«, ist Loyalität das, »was den einen zu einem Teamplayer
und den anderen zu einem Verräter werden lässt«.[8]

Ich war leicht enttäuscht, unter den Befragten keinem einzigen »Benedict Arnols« oder »Judas Ischariot« zu begegnen. Charlie arbeitete am Ende für einen großen Waffenlieferanten, der die
Armee ausrüstet. Doch es reichte ihm nicht, lediglich etwas mit
dem Militär zu tun zu haben. Er hätte gerne »die Erfahrung von
Entbehrung und Opfer« gemacht, die Abhängigkeit voneinander
in lebensbedrohlichen Situationen gespürt – dass er sein Leben
in die Hände anderer legt und umgekehrt. »Wenn du jemandem
dienst, dienst du nicht dir selbst«, meint er. »Sich selbst aufzu-
opfern ist gut für den anderen, aber auch gut für die eigene Seele.«

4. Subversion

Bei der Reue in puncto Moral war die Kategorie Autorität/Sub-
version am wenigsten vertreten. Eine Handvoll Menschen bereuten es, ihre Eltern »nicht geehrt« zu haben und gegenüber
ihren Lehrern »respektlos« gewesen zu sein – wie der Vierund-
zwanzigjährige aus Indien, der schrieb:

Mein Vater und ich haben unseren eigenen Laden. Einer meiner Lehrer kam eines Tages, um bei uns einzukaufen. Mein Lehrer kannte mich und meinen Vater, aber mein Vater kannte den Lehrer nicht. Wir geben eigentlich jedem, den wir gut kennen, einen kleinen Preisnachlass. Ich dachte, mein Vater kennt meinen Lehrer. Ich habe ihm also nicht extra gesagt, dass es sich um meinen Lehrer handelt. Mein Lehrer bezahlte den vollen Betrag – nicht dass es ihm etwas ausmachte. Doch nachdem er gegangen war, meinte mein Vater, dass ich ihm hätte sagen müssen, dass der Mann mein Lehrer war. Wir empfanden es beide als so beschämend und respektlos, dass wir ihm nicht den Preisnachlass gewährt hatten, um ihm unseren Respekt und unsere Dankbarkeit zu zeigen. Jedes Mal, wenn ich mich an diesen Vorfall erinnere, bereue ich ihn zutiefst.

Einträge wie dieser waren jedoch relativ selten. Ein Grund für den Mangel an dieser Art der Reue im Bereich Moral ist, dass die Stichproben für den quantitativen Teil meiner Umfrage nur aus Amerikanern bestanden und der qualitative Teil mehr Teilnehmer aus den Vereinigten Staaten einschloss als aus jedem anderen Land. Hätte ich größere Stichproben in Ländern und Regionen genommen, in denen der Ehrerbietung als kulturellem Wert ein größeres Gewicht beigemessen wird, hätte es vielleicht mehr Einträge zu dieser Art der Reue gegeben.

5. Entweihung

Die Reue, die Heiligkeit von etwas verletzt zu haben, war zahlreicher vertreten als die Reue, jemandes Autorität untergraben zu haben. Diese Art der Reue war auch von großer emotionaler Intensität – vor allem, wenn es um eines der umstrittensten Themen der letzten sechzig Jahre ging: um die Abtreibung.

Amerikaner sind sich weitgehend darin einig, dass Abtreibung legal sein sollte, aber tief gespalten, wenn es um die Frage geht, ob sie auch moralisch vertretbar ist. Laut Gallup glauben rund drei Viertel aller US-Bürger, dass eine Abtreibung zumindest unter gewissen Umständen legal sein sollte. Doch 47 Prozent glauben, dass sie »moralisch falsch« ist, während 44 Prozent sie für »moralisch akzeptabel« halten.[9] Diese Spaltung trat auch in meiner Forschung ganz deutlich zutage.

Abtreibungen wurden in den Einträgen nicht so häufig erwähnt wie Mobbing und Untreue, aber dennoch vielfach bereut. Eine Fünfzigjährige aus Arkansas sagte:

Ich hatte mit zwanzig eine Abtreibung. Sie ist das, was ich in meinem Leben am meisten bereue. Am zweitmeisten bereue ich, dass ich mit fünfundzwanzig noch eine Abtreibung hatte.

Bei dem, was hier bereut wird, geht es teilweise um Leid, aber letztlich um mehr: um den Glauben, dass die Abtreibung auf eine Verletzung der Unantastbarkeit des Lebens hinausläuft.

So schrieb eine Sechzigjährige aus Pennsylvania:

Ich bereue es, einen Fötus abgetrieben zu haben, der mein drittes Kind mit meinem Ehemann gewesen wäre. Wir sind seit vierunddreißig Jahren verheiratet. Ich hatte eine schwere Schwangerschaft mit meinem zweiten Kind, und mein Mann wollte nicht, dass ich weniger als ein Jahr nach der Geburt unseres zweiten Kindes wieder eine Schwangerschaft durchleide. Ich glaube, dass er (auch) an die finanzielle Belastung eines dritten Kindes dachte. Ich habe auf dem ganzen Weg zur Klinik geweint und trauere seitdem jeden Tag. Der Gedanke, ein Leben beendet zu haben, ein mit Liebe gezeugtes Leben, lastet jeden Moment eines jeden Tages auf mir.

Eine Achtundfünfzigjährige aus Puerto Rico bereute:

Dass ich eine Abtreibung hatte. Wenn ich ihm / ihr im Himmel begegne, sagen zu müssen, dass es mir leidtut.

Vor mehr als hundert Jahren schrieb der französische Soziologe Émile Durkheim, dass das religiöse Denken – und ich würde behaupten, viele andere Überzeugungssysteme – gekennzeichnet sei durch »die Aufteilung der Welt in zwei Bereiche, von denen der eine alles umfasst, was heilig ist, und der andere alles, was profan ist«.[10] Wir sind uns nicht immer über die Grenzen zwischen diesen Bereichen einig. Doch wenn wir das, was wir für heilig halten, für das aufgeben, was wir für profan halten, ist Reue die Folge.

Reue in puncto Moral ist eine seltsame Kategorie. Hierzu gibt es die wenigsten Einträge, dafür jedoch die facettenreichsten. Sie wird, auf individueller Ebene, außerdem am schmerzlichsten empfunden. Gesellschaftlich gesehen jedoch hat sie etwas Positives. Denn es hat etwas Ermutigendes, wenn erwachsene Frauen und Männer mitten in der Nacht aufwachen und verzweifeln, weil sie vor Jahrzehnten anderen wehgetan, unfair gehandelt oder die Werte ihrer Gemeinschaft verletzt haben. Es legt nahe, dass irgendwo in unserer DNA angelegt und tief in unserer Seele vergraben das Bedürfnis ist, gut zu sein.

Jede Tiefenstrukturkategorie der Reue enthüllt ein Bedürfnis und lehrt uns etwas Wichtiges. Bei der Reue in puncto Moral ist Gutsein das Bedürfnis. Das, was religiöse Texte, philosophische Traktate und elterliche Mahnungen uns lehren, ist: Wenn du zweifelst, tu das Richtige.

喂养一只兔子，因为溺宠，放出铁笼子后，吃多兔粮包装袋的塑料而去.

Als ich ein Kaninchen gefüttert und gestreichelt habe, habe ich es aus Versehen aus seinem Käfig hoppeln lassen, und es hat dann ganz viel Plastik gefressen und ist gestorben.« — FRAU, 38, CHINA

»Trägheit. Ich bereue es, eine Frau nicht angesprochen zu haben, nicht früher ein Unternehmen gegründet und mich nicht darum beworben zu haben, bei einer Konferenz zu sprechen. Ich bedauere die Trägheit mehr als jeden anderen Fehler, den ich gemacht habe.« — MANN, 43, KANADA

»Ich bereue es, meiner Großmutter, als sie im Sterben lag, keine Süßigkeiten gebracht zu haben. Sie hatte ausdrücklich darum gebeten.« — MANN, 35, ARKANSAS

10.

Reue in puncto Bindungen

Um diese Art der Reue verständlich zu machen, möchte ich Ihnen die Geschichte von vier Frauen, zwei Freundschaften und zwei Türen erzählen.

Die erste Frau ist Cheryl Johnson, die aus Des Moines, Iowa, stammt, in Minneapolis, Minnesota, lebt und früher Forschungsleiterin eines Verlages war. Cheryl ist Anfang fünfzig. Sie liebt ihren Mann und geht in ihrem Sport und ihren jüngsten Projekten auf – dem Haus, das sie baut, und dem Buch, das sie schreibt.

Ende der 1980er-Jahre besuchte Cheryl die Drake University in Des Moines, wo sie sich schnell mit der zweiten Frau dieser Geschichte, Jen, anfreundete.

Cheryl und Jen gehörten derselben Studentinnenverbindung an und wohnten in einem Haus mit mehr als vierzig anderen Frauen. Die beiden stachen durch ihre Ernsthaftigkeit und ihren Ehrgeiz aus dieser Gruppe hervor. Cheryl wurde die Präsidentin der Verbindung, Jen zur Präsidentin der gesamten Studentenschaft gewählt. »Wir nahmen unsere College-Karrieren ein wenig ernster als die typische Studentin, und das machte uns zu Sonderlingen«, erzählte Jen mir. »Wir taten uns zum Teil deswegen zusammen, weil wir uns als Außenseiterinnen fühlten.«

Cheryl und Jen waren in ständigem Austausch miteinander, unterstützten sich bei ihren jeweiligen Herzensprojekten und Zielen. Zusammen schmiedeten sie große Pläne, um es mit der Welt aufzunehmen.

Kurz nach dem Collegeabschluss im Jahr 1990 heiratete Jen – Cheryl war eine der Brautjungfern – und zog nach Virginia. Kurz danach lud sie ihre Freundin ein, sie in ihrem neuen Zuhause zu besuchen. Jen sagte, sie wolle, dass Cheryl einen Freund ihres Mannes kennenlerne, der, wie sie glaube, ein guter Partner für sie sein könnte.

Cheryl war überrascht, denn sie war seit zwei Jahren mit einem anderen Drake-Studenten zusammen. »Ich dachte, der ist's.« Jen kannte den Mann, hielt ihn laut Cheryl jedoch eindeutig nicht »für den Richtigen«. Cheryl lehnte die Einladung, Jen zu besuchen, höflich ab. Kein Drama. Sie war ihr nicht böse.

Während der nächsten Jahre schrieben sich Cheryl und Jen Briefe und Karten; E-Mails hatten sich zu diesem Zeitpunkt noch nicht durchgesetzt. Cheryl trennte sich schließlich von ihrem Freund, den sie heute nur noch als »Mr Wrong« bezeichnet, und sagt: »Jetzt, wo ich mich zu der Person entwickelt habe, die ich heute bin, sehe ich, was Jen sah.«

Nach einigen Jahren schrieben die beiden sich immer seltener. Dann hörten sie ganz damit auf. Cheryl hat seit fünfundzwanzig Jahren nicht mehr mit Jen gesprochen. Sie haben sich seit Jens Hochzeit nicht mehr gesehen.

»Wir haben uns nicht gestritten oder so was. Ich hab die Freundschaft einfach nur im Sand verlaufen lassen«, erzählte Cheryl mir. »Ich find's schade, dass ich diese Beziehung in meinen Leben nicht mehr habe. Ich hätte die Entwicklungen der letzten Jahrzehnte gerne Seite an Seite mit jemandem durchlebt.« Das Fehlen einer solchen Person beunruhigt sie. »Wenn ich mir vorstelle, ich sterbe in einem Monat: Gibt es Dinge, die ich gerne noch regeln würde?«, überlegte Cheryl. »Ich würde sie gern wissen lassen, dass (die Freundschaft) mir sogar nach fünfundzwanzig Jahren noch wichtig ist.«

Während wir an einem Frühlingsnachmittag via Zoom miteinander sprachen, fragte ich Cheryl, ob sie den Versuch, die Freundschaft wieder aufleben zu lassen, erwägen würde – oder zumindest, Jen anzurufen, ihr eine E-Mail oder einen Brief zu schreiben.

»Ich glaube, die Tür ist offen«, antwortete sie. »Wenn ich nicht so ein Feigling wäre, würde ich mich bei ihr melden.«

Reue in puncto Bindungen ist die größte der Tiefenstrukturkategorien der menschlichen Reue. Sie erwächst aus Beziehungen, die zerbrochen oder ungeklärt sind. Viele unterschiedliche Arten von Beziehungen rufen diese Reue hervor. Beziehungen zwischen Eheleuten, Lebensgefährten, Beziehungen mit Eltern, Kindern, Geschwistern, Freunden, Kollegen. Die Art, wie man auseinandergeht, kann ganz unterschiedlich sein. Manchmal bröckelt die Beziehung nur, manchmal zerbricht die Beziehung ganz. Manchmal stimmte von Anfang an etwas nicht.

Es ist eigentlich egal, was genau bereut wird, denn die Reue entwickelt sich jedes Mal gleich: Eine Beziehung, die einst intakt war oder intakt hätte sein können, funktioniert nicht mehr. Bei Vorkommnissen wie einem Todesfall können wir natürlich gar nichts mehr tun. Aber in vielen anderen Fällen – ob als Tochter, Onkel, Verbindungsschwester – ist es uns noch möglich, zu handeln. Das kostet jedoch Mühe, ruft emotionale Unsicherheit hervor und birgt das Risiko, zurückgewiesen zu werden. Und so stehen wir vor einer Entscheidung: Sollen wir die Beziehung retten – oder sie ungelöst lassen?

Reue in puncto Beziehungen klingt so: Wenn ich doch nur einen Schritt auf sie/ihn zugemacht hätte.

Geschlossene und offene Türen

Die dritte Frau in der Geschichte ist Amy Knobler. Amy lebt in Pasadena, Kalifornien. Sie wuchs in Cherry Hill, New Jersey, auf. In der Mittelschule lernte sie ein Mädchen kennen, das ich »Deepa« nennen werde.

Deepa und ihre Eltern lebten nur einen Sprung von der Mittelschule entfernt. Die Eltern waren berufsmäßig sehr eingebunden, und Deepa war ein Schlüsselkind, sodass Amy nach der Schule oft mit zu ihr kam. Die beiden genossen die sturmfreie Bude, wurden enge Freundinnen. Für Amy gehören diese Nachmittage rückblickend mit zu den glücklichsten Zeiten in ihrem Leben. »Es war genau das, was man sich unter einer engen Freundschaft vorstellt«, sagte sie mir.

Amy und Deepa blieben in der Highschool Freundinnen und hielten auch nach dem Schulabschluss, als sie aufs College gingen, ins Berufsleben einstiegen und Familien gründeten, weiterhin Kontakt. Deepa kam 1998 zu Amys Hochzeit. Die Familien der beiden standen sich so nah, dass bei Deepas Hochzeit im Jahr 2000 selbst Amys Eltern dabei waren. Amys Hochzeitsgeschenk an Deepa war ein kunstvolles, selbst gemachtes Kochbuch mit ihren Lieblingsrezepten. »Die Beziehungen, die man in der Kindheit knüpft, sind einzigartig«, sagte Amy.

2005 benachrichtigte Deepas Mann alle Menschen, zu denen seine Frau näheren Kontakt hatte, dass bei ihr eine aggressive Krebsart diagnostiziert worden sei. Wie bei vielen Krankheiten schwankten die folgenden Nachrichten zwischen beängstigend und beruhigend. Deepas Zustand besserte sich. Sie bekam ein Baby. Doch im Sommer 2008 kehrte der Krebs zurück, und ihre Aussichten waren düster. Deepas Lebensqualität war im Moment noch gut, wie Freunde und Familie via Facebook erfuhren, doch sie hatte wahrscheinlich nur noch ein Jahr zu leben.

Amy nahm sich vor, sich bei Deepa zu melden. Sie schob es allerdings immer wieder hinaus.

Im Dezember 2008, spätabends, wurde Amy von einer gemeinsamen Freundin benachrichtigt, dass es mit Deepas Gesundheit stark bergab gehe.

Am folgenden Tag rief Amy bei Deepa zu Hause in New Jersey an. Die Person, die den Anruf entgegennahm, erklärte, dass Deepa am frühen Morgen gestorben sei.

»Ich werde nie vergessen, wie klar mir in diesem Moment wurde, welche Chance ich verpasst hatte«, sagte Amy. »Ich frag mich immer: ›Hat sie sich, bevor sie gestorben ist, gefragt, warum ich nie angerufen habe?‹ Diese Frage lässt mich nicht los, und ich habe mir geschworen, mich nie wieder so zu verhalten.«

Menschen sprechen im Zusammenhang mit Reue oft von Türen – geschlossenen und offenen. Bei Amy hat sich eine Tür geschlossen. Die Möglichkeit, ihre Beziehung zu Deepa wiederherzustellen, besteht nicht mehr. Für Cheryl hingegen steht die Tür noch offen. Sie hat die Möglichkeit, die Beziehung zu ihrer Collegefreundin wieder aufzufrischen.

Beide Arten der Reue nagen an uns, doch aus unterschiedlichen Gründen. Geschlossene Türen peinigen uns, weil wir nichts mehr gegen sie unternehmen können. Offene Türen beunruhigen uns, weil wir etwas tun können, wenngleich es Mühe erfordert.

Viele Teilnehmer des World Regret Survey berichteten von dem Gefühl, etwas verloren zu haben, wenn sich eine Tür geschlossen hatte.

Ein einundfünfzigjähriger Kalifornier wurde im Alter von sieben von seinem Vater getrennt, als seine Eltern sich scheiden ließen. Er besuchte seinen Vater jedes zweite Wochenende, doch »die Beziehung war oberflächlich … es gab keine tiefgründigen Gespräche, und wir lernten einander auch nicht wirklich kennen«. In der Mittelschule hörten die Besuche auf. Als er um die zwanzig war, stellte dieser Mann wieder eine gewisse Beziehung zu seinem Vater her, aber:

> Während all dieser Zeit gelang es uns dennoch nicht, eine Art Bindung aufzubauen. Er ist vor siebzehn Jahren gestorben, und ich bereue es oft, dass ich als erwachsener Mann kein Bier mit ihm getrunken habe.

Eine Vierundfünfzigjährige schrieb:

> Ich bereue es, dass ich nicht netter zu meiner Mom war. Als ich jünger war, fand ich es total selbstverständlich, dass sie da war, und hielt mich außerdem für sehr viel cleverer als sie (typisch Teenager). Als ich dann etwas älter wurde, haben wir uns oft über Politik gestritten und unsere unterschiedlichen Standpunkte voller Leidenschaft vertreten. Jetzt, wo sie tot ist, vermisse ich

sie sehr, so sehr, dass es mir manchmal den Atem nimmt. Ich habe als Tochter alles falsch gemacht. Ich sehe meine Töchter an und wünsche mir, dass sie netter zu mir sind, als ich es zu meiner Mom war, obwohl ich mir nicht ganz sicher bin, ob ich das verdiene.

Bei vielen Menschen, einschließlich einer Fünfundvierzigjährigen aus dem District of Columbia, schloss sich die Tür und blieben Worte ungesagt.

Mein Bruder starb plötzlich, mit einundvierzig. Ich bereue es, nicht öfter »Ich liebe dich« zu ihm gesagt zu haben.

Und viele Einträge ähnelten dem einer vierundvierzigjährigen Frau aus Iowa:

Ich bereue es, nicht zur Beerdigung meines Collegecoaches und Mentors gegangen zu sein. Mein Baby war erst ein paar Wochen alt, es war Winter, die Wettervorhersage war schlecht, und die Fahrt hätte länger als drei Stunden gedauert. Ich schreibe diese Rechtfertigungen auf, so wie ich sie mir während des Entscheidungsprozesses immer und immer wieder vorgesagt habe. Ich habe damals versucht, mich selbst davon zu überzeugen, dass ich die richtige Entscheidung treffe … Vernunft, Reue, Vernunft, Reue, Vernunft, Reue spielen Pingpong in meinem Hirn, wann immer ich über dieses fünfzehn Jahre zurückliegende Ereignis nachdenke.

Mike Morrison, Kai Epstude und Neal Roese kamen 2012 in einer Studie zu dem Schluss, dass die Dinge, die wir hinsichtlich unserer sozialen Beziehungen bereuen, tiefer sitzen als andere Formen der Reue, weil sie unser Zugehörigkeitsgefühl gefährdet. Wenn unsere Beziehungen zu anderen den Bach runtergehen oder sich auflösen, leiden wir. Und wenn das alles unsere Schuld ist, leiden wir noch mehr. »Das Bedürfnis dazuzugehören«, schrieben die Autoren, »ist nicht nur ein fundamentales menschliches Bedürfnis, sondern auch eine fundamentale Komponente der Reue.«[1]

Reue in Zusammenhang mit geschlossenen Türen macht uns zu schaffen, weil wir nichts mehr unternehmen können. Es ist einfach zu spät. Doch hinter Türen, die nicht nachgeben, wartet auch etwas Gutes auf uns: Die Reue macht uns besser.

Wenige Jahre, nachdem Deepa gestorben war, erfuhr Amy, dass bei einer anderen Freundin aus Kindertagen Krebs diagnostiziert worden war. »Ich dachte immer wieder an meine frühere Erfahrung (mit Deepa)«, sagte Amy, »und diesmal wurde ich wirklich aktiv, egal, was dem im Weg stand.«

Amy rief diese Freundin oft an und besuchte sie. Sie schrieben sich E-Mails und SMS. »Ich hab alles in meiner Macht Stehende getan, damit sie weiß, dass ich immer an sie denke. Ich hab mir bewusst sehr viel mehr Mühe gegeben, für sie da zu sein und der Realität ihrer Situation nicht aus dem Weg zu gehen.«

Die Freundin starb 2015. »Wir haben Kontakt gehalten, bis sie gestorben ist«, erzählte Amy mir. »Das hat es natürlich nicht unbedingt leichter gemacht. Aber zu bereuen habe ich diesmal nichts.«

Zerwürfnis und Auseinanderentwicklung

Cheryl und Jen stritten sich nie – nicht im Geringsten. Sie sprachen nie über das Ende ihrer Freundschaft. Sie war einfach versandet. Tausende von Umfrageteilnehmern haben Erfahrungen mit zerbrochenen Beziehungen gemacht. Die Art, wie ihre Beziehungen endeten, lässt sich trotz ihrer Vielfalt in nur zwei Kategorien einteilen: das Zerwürfnis oder die Auseinanderentwicklung.

Zerwürfnisse beginnen normalerweise mit einem auslösenden Vorfall – einer Kränkung, einer Offenbarung, einem Betrug. Der Vorfall führt zu Streit, Drohungen, zerbrochenen Tellern und anderen größeren oder kleineren Dramen. Zerwürfnisse, so trivial und leicht zu klären sie Außenstehenden erscheinen mögen, lassen die Parteien bitter und feindselig zurück. Ein einundsiebzigjähriger Kanadier bereute:

An Weihnachten hatte ich eine Meinungsverschiedenheit mit meinem Sohn, wegen des Verhaltens seines Sohns, also meines Enkels, der fünf ist. Die hat sich zu einem kurzen, aber heftigen Streit entwickelt. Wir sind jetzt schon seit fast fünf Jahren auf Distanz. Wir haben seit damals nicht mehr miteinander gesprochen oder kommuniziert.

Eine Sechsundsechzigjährige aus Texas schrieb:

Ich bereue es, schlecht reagiert zu haben, als ich herausgefunden habe, dass meine Schwiegertochter … und mein Sohn vorhaben, zurück nach Australien zu ziehen. Meine Schwiegertochter kommt von dort. Wir dachten, dass sie in unserer Nähe leben wollten. Sie sind gegangen. Jetzt sind wir voneinander entfremdet.

Eine Auseinanderentwicklung erfolgt gemäß einem verworreneren Narrativ. Ihr fehlt oft ein erkennbarer Anfang, eine erkennbare Mitte oder ein erkennbares Ende. Sie geht fast unmerklich vonstatten. An einem Tag existiert die Beziehung noch. An einem anderen Tag schauen wir auf, und sie ist vorbei.

Eine Frau aus Pennsylvania bereute:

> Dass ich mir keine Zeit genommen habe, eine bessere Freundin, Schwester, Tochter zu sein. Die Zeit habe weggleiten lassen, bis ich plötzlich realisiert habe, dass ich achtundvierzig bin.

Ein Einundvierzigjähriger aus Kambodscha schrieb:

> Ich bereue es, gute Freunde aus den Augen verloren zu haben, weil ich den Kontakt zu ihnen nicht gepflegt habe.

Viele erkennen die Situation nur im Rückblick. So sagte ein Zweiundsechzigjähriger aus Pennsylvania:

> Ich wünschte, ich hätte mir mehr Mühe gegeben, tiefgründigere Beziehungen zu meinen Arbeitskollegen aufzubauen. Ich arbeite seit über dreißig Jahren am selben Ort, aber ich bin mir nicht sicher, ob ich irgendeinen meiner Kollegen wirklich als engen Freund bezeichnen würde.

Zerwürfnisse sind dramatischer. Häufiger jedoch kommt es zu einer Auseinanderentwicklung.

Hat sich eine Beziehung auseinanderentwickelt, kann es auch schwerer sein, sie wieder in Ordnung zu bringen. Zerwürfnisse rufen Gefühle wie Wut und Eifersucht hervor, die vertraut und leichter zu erkennen und zu verstehen sind. Bei einer Auseinanderentwicklung sind die Gefühle subtiler und können sich weniger legitim anfühlen. Und den Spitzenplatz unter diesen Gefühlen bildet das – von Hunderten von Menschen mit Reue in puncto Bindungen beschriebene – Unbehagen.

Als Cheryl überlegt hat, ob sie den Kontakt zu ihrer alten Freundin wiederherstellen soll, hat sie sich gefragt: »Wäre es für Jen besser, wenn sie nie wieder etwas von mir hört – oder wenn ich mich bei ihr melde und sie das irgendwie befremdlich findet?« Und Cheryls Bedenken, es könnte befremdlich wirken, haben immer gesiegt. Sie macht sich Gedanken darüber, wie seltsam es ist, sich nach einem Vierteljahrhundert wieder bei ihr zu melden. Sie fürchtet, dass eine solche Geste ihrer Freundin »nicht richtig erscheinen könnte«.

Genau dies hielt auch Amy davon ab, Deepa anzurufen. »Ich fühlte mich irgendwie unbehaglich bei dem Gedanken: ›Ich habe seit Jahren nicht wirklich mit dir gesprochen. Aber hey, ich habe gehört, dass du stirbst, und jetzt rufe ich dich an!‹«, erklärte Amy. »Ich wünschte, ich hätte keine Angst gehabt, mich den unangenehmen Gefühlen zu stellen, die ich sicherlich hätte, wenn ich sie anrufen würde.«

Hätte Amy sich diesen Gefühlen gestellt, wäre sie vielleicht – positiv – überrascht worden. Menschen sind beeindruckende Wesen: Wir können Flugzeuge fliegen, Opern komponieren und Teegebäck backen. Aber wir sind in der Regel miserabel darin, zu erraten, was andere Menschen denken, und vorauszusehen, wie sie sich verhalten werden. Schlimmer noch: Wir erkennen nicht, wie stümperhaft wir in diesen Dingen sind.[2] Und wenn es darum geht, Unbehaglichkeit wahrzunehmen und vorherzusagen, sind wir echte Dilettanten.

Für ihre 2014 durchgeführte Studie rekrutierten die Sozialpsychologen Nicholas Epley und Juliana Schroeder in der Gegend von Chicago Zug- und Buspendler und baten einige von ihnen, sich mit Fremden zu unterhalten. Die Pendler sagten voraus, dass sie sich dabei unbehaglich fühlen und die Angesprochenen sogar ein noch größeres Unbehagen empfinden würden. Sie irrten sich in beiden Punkten. Denjenigen, die die Unterhaltungen initiierten, fiel dies leichter, als sie erwartet hatten. Sie genossen die Pendelzeit mehr als die Teilnehmer der Kontrollgruppe, die für sich blieben. Und die Fremden, mit denen sie sprachen, waren nicht abgeschreckt. Sie genossen die Unterhaltung ebenso sehr.

»Menschen verkennen die Folgen von Kontaktaufnahmen«, schrieben Epley und Schroeder.[3] Die Pendler befürchteten, dass das Initiieren eines Gespräches für alle unangenehm sein würde, doch ihre Ängste waren unangebracht. Es war überhaupt nicht unangenehm.

Im Rahmen einer Studie von 2020 untersuchten Erica Boothby von der University of Pennsylvania und Vanessa Bohns von der Cornwell University ein verwandtes Phänomen: unsere Zurückhaltung, wenn es darum geht, anderen ein Kompliment zu machen. Wie Boothby und Bohns feststellten, macht das Menschen nervös. Sie befürchten, dass »das als Fauxpas rüberkommen könnte und man ihnen ansieht, wie nervös sie sind, und dass sie vom anderen abgeurteilt werden«. Doch bei diesen Experimenten erwiesen sich die Vorhersagen der Teilnehmer über sich und andere als vollkommen falsch. Sie *überschätzten* bei Weitem, wie »belästigt, unwohl und verärgert« sich die Person, die das Kompliment bekam, fühlen würde – und *unterschätzten*, wie positiv sie reagieren würde.[4] Es war überhaupt nicht unangenehm.

Das Phänomen, mit dem wir es in diesen Situationen zu tun haben, nennen Sozialpsychologen »pluralistische Ignoranz«. Wir nehmen fälschlicherweise an, dass unsere Überzeugungen sich erheblich von denen aller anderen unterscheiden – vor allem, wenn diese persönlichen Gedanken im Widerspruch zum allgemein üblichen Verhalten zu stehen scheinen. Wenn wir zum Beispiel Mühe haben, einen Vortrag zu verstehen, stellen wir keine Fragen, weil wir irrtümlicherweise glauben, die Tatsache, dass andere Menschen keine Fragen stellen, bedeute, dass *sie* den Vortrag verstehen – und wir wollen ja nicht dumm dastehen. Doch wir bedenken nicht, dass andere vielleicht genauso verwirrt sind – und auch nicht dumm dastehen wollen. Wir sind verwirrt und bleiben verwirrt, weil wir fälschlicherweise glauben, dass wir die Einzigen sind, denen es so ergeht! Ein anderes Beispiel: Umfragen unter Collegestudenten zeigen, dass die meisten von ihnen nicht viel trinken. Doch diese Studenten glauben, dass sie die Ausnahme sind und dass ihre Kommilitonen sich ständig besaufen, was verrückterweise eine gesellschaftliche Norm verstärkt, die die meisten gar nicht so gut finden.[5]

Unsere Bedenken, es könnte dem anderen unangenehm sein, wenn wir den Kontakt zu ihm wiederherstellen wollen, entsprechen diesem Muster. Wir gehen zu oft davon aus, dass wir mit unseren eigenen Interessen alleine dastehen. Während eines Gesprächs, in dem Cheryl behauptete, Jen würde wenig Interesse daran haben, die Beziehung wieder aufleben zu lassen, sondern eine Nachricht von ihr für etwas seltsam halten, bat ich sie, über das umgekehrte Szenario nachzudenken.

Wie würde sie sich fühlen, wenn Jen mit ihr in Kontakt träte? »Wenn ich heute von ihr eine Nachricht bekommen würde, oh mein Gott, ich würde in Tränen ausbrechen«, sagte sie mir. »Es wäre für mich lebensverändernd, von ihr zu hören und zu wissen, dass sie nach all den Jahren noch an unsere Freundschaft denkt.«

»Glück ist Liebe. Punkt!«

Die Study of Adult Development der Harvard Medical School, nach einem ihrer Erfinder auch als Grant-Studie bekannt, ist die längste Untersuchung der Lebenszufriedenheit einer einzelnen Gruppe. Vielleicht haben Sie schon von ihr gehört. 1938 rekrutierten Forscher der Harvard Medical School 268 Studenten und begleiteten sie während der nächsten 80 Jahre. Die Länge und die Details der Studie sind erstaunlich. Forscher maßen den IQ der Männer, analysierten ihre Handschrift und untersuchten ihre Augenbrauen und Hoden. Sie nahmen ihnen Blut ab, führten EEGs durch und errechneten ihr Lebenseinkommen. Das kühne Ziel bestand darin, zu ermitteln, warum manche Menschen bei der Arbeit und im Leben erfolgreicher waren als andere.

Trotz ihrer offensichtlichen Grenzen – alle Probanden waren weiße Amerikaner – gehört die Grant-Studie zu den wichtigsten Langzeitstudien in der Geschichte der Psychologie. Die Forscher bezogen dann irgendwann auch den Nachwuchs und die Ehefrauen dieser Männer in die Studie mit ein. Und in den 1970er-Jahren nahmen sie 456 Angehörige der Bostoner Arbeiterschaft

in ihre Studie auf, um den sozioökonomischen Pool zu diversi-
fizieren. Die Studienergebnisse gelten als seriös, lehrreich und
verallgemeinerungsfähig.

Die *Harvard Gazette* zum Beispiel fasste 2017 zusammen:

> Mehr als Geld und Ruhm sorgen enge Beziehungen für
> das Lebensglück der Menschen … Diese Bindungen
> schützen die Menschen vor Unzufriedenheit im Leben,
> helfen, den psychischen und physischen Verfall hinaus-
> zuzögern, und sind bessere Indikatoren für ein langes
> und glückliches Leben als die Gesellschaftsschicht, der
> IQ oder selbst die Gene. Dieses Ergebnis hat sich durch
> die Bank weg sowohl unter den Männern der Harvard
> University als auch den Teilnehmern aus der Innenstadt
> als wahr erwiesen.[6]

Männer, die in ihrer Kindheit liebevolle Beziehungen zu ihren Eltern gehabt hatten, verdienten mehr als Männer, deren Eltern-Kind-
Bindungen belasteter gewesen waren. Sie waren auch glücklicher,
und die Wahrscheinlichkeit, im Alter an Demenz zu erkranken,
war geringer. Menschen mit einer guten Ehe litten im Lauf ihres
Lebens körperlich und emotional weniger. Die engen Freundschaften der Teilnehmer waren genauere Indikatoren für ein gesundes Altern als ihre Cholesterinspiegel. Soziale Unterstützung
und Beziehungen zu einer Gemeinschaft halfen, die Menschen
vor Krankheiten und Depressionen zu schützen. Derweil waren
Einsamkeit und Beziehungslosigkeit in manchen Fällen tödlich.

2017 beschrieb der Psychiater und derzeitige Leiter der Studie,
Robert Waldinger, einem Journalisten die grundlegende Erkenntnis der Forschung: »Auf seinen Körper achtzugeben ist natürlich

wichtig. Aber wir haben überraschend festgestellt, dass sich um seine Beziehungen zu kümmern auch eine Form der Selbstfürsorge ist.«[7]

Viele Teilnehmer am World Regret Survey scheinen zu einer ähnlichen Schlussfolgerung gelangt zu sein wie die Autoren der Grant-Studie. Nehmen Sie zum Beispiel diese siebenundfünfzigjährige Kalifornierin:

> Ich bereue es, dass ich nicht öfter mit meiner Stieftochter gekuschelt habe, als sie noch klein war. Ich wollte nicht, dass sie denkt, ich würde versuchen, ihre Mutter zu ersetzen, und habe nicht erkannt, wie sehr sie es gebraucht hätte, bemuttert zu werden.

Oder eine Zweiundsechzigjährige aus Ohio, die sagte:

> Meine Eltern sind beide bei mir zu Hause gestorben, mit einem Jahr Abstand. Ich bereue es zutiefst, an ihren letzten Tagen nicht mehr Zeit damit verbracht zu haben, ihnen die Hand zu halten und mit ihnen über die schönen Momente zu sprechen, die sie mir geschenkt haben. Sich umarmen oder küssen, das war in unserer Familie nicht üblich. Ich hatte keine Ahnung, wie wichtig das ist und was uns das alles gegeben hätte.

Oder diese Einundsiebzigjährige aus Florida:

> Als meine Tochter sich mit vierzehn als Transgender geoutet hat, habe ich das nicht verstanden. Ich habe nicht gut reagiert. Ich habe dadurch meinem einzigen

Kind und dem Menschen, den ich am meisten auf dieser Welt liebe, unglaublichen Schmerz zugefügt. Die Dinge haben sich seitdem geändert – heute bin ich ihre größte Unterstützerin. Aber im entscheidenden Moment nicht die Mutter gewesen zu sein, die ich hätte sein sollen, werde ich mir nie verzeihen.

Ein bemerkenswertes Ergebnis des World Regret Survey betraf die Elternschaft. Hunderte von Menschen beschrieben, dass sie es bereuten, den falschen Partner/die falsche Partnerin geheiratet zu haben, oder gaben an, von ihrer Partnerwahl enttäuscht zu sein, aber weniger als zwanzig von mehr als 16 000 Teilnehmern bereuten es, Kinder zu haben.[8] In gewissem Sinne haben sowohl die Verhaltenswissenschaft als auch die Populärkultur der Liebe zu viel und anderen Formen familiärer Bindungen zu wenig Aufmerksamkeit geschenkt. 2020 untersuchte eine Gruppe von mehr als vierzig internationalen Wissenschaftlern aus vierundzwanzig unterschiedlichen Nationen Daten aus siebenundzwanzig Ländern weltweit und kamen zu dem Schluss, dass wissenschaftliche Zeitschriften zwar vollgepackt waren mit Forschungen zur Partnersuche, Menschen überall auf der Welt tatsächlich jedoch »familiären Beziehungen Vorrang vor Liebesbeziehungen geben«.[9] Langfristige Familienbeziehungen rufen ein größeres und nachhaltigeres Wohlbefinden hervor und haben weniger Schattenseiten als romantische Beziehungen. Sie in den Forschungsfokus zu rücken, würde unsere Einsichten erweitern.

George Vaillant, ebenfalls Harvard-Psychiater, war mehr als dreißig Jahre lang der Leiter der Grant-Studie. In einem unveröffentlichten Manuskript von 2012 stellte er Überlegungen dazu an, was er aus der Studie gelernt hatte. Nach acht Jahrzehnten,

Hunderten von Probanden, Tausenden von Interviews und Millionen von Datenpunkten könne er, wie er sagte, die Schlussfolgerung der am längsten laufenden Untersuchung zum menschlichen Wohlbefinden in vier Worten zusammenfassen: »Glück ist Liebe. Punkt!«[10]

Letztlich ist das Problem, mit dem wir als Menschen kämpfen, erstaunlich einfach. Gute Beziehungen sind das, was unserem Leben Sinn verleiht und uns mit Zufriedenheit erfüllt. Wenn diese Beziehungen jedoch bewusst beendet oder vernachlässigt werden, hindern uns unsere Schamgefühle, einen Schritt auf den anderen zuzugehen. Wir haben Angst, den anderen dadurch in eine noch unangenehmere Lage zu versetzen oder es ganz zu vermasseln. Doch diese Sorgen entpuppen sich eigentlich immer als unnötig. Natürlich werden wir manchmal zurückgewiesen. Doch meistens – sehr viel öfter sogar – überschätzen wir diese Wahrscheinlichkeit und unterschätzen, wie wahrscheinlich es ist, dass das Ganze gut ausgeht.

Dieses einfache Problem hat eine ganz einfache Lösung: Überwinden Sie sich.

Wenn Amy Knobler über ihre Reue und die geschlossene Tür nachdenkt, wünscht sie sich, sie könnte die Zeit zurückdrehen und ihrem früheren Selbst einen Rat zuflüstern. Sie würde der jungen Amy versichern: »Auch wenn es sich unbehaglich anfühlt und es echt unangenehm und beängstigend ist, wirst du froh sein, dass du diese Erfahrung gemacht hast, und das nicht nur, weil du dann nicht mehr diese unbeantworteten Fragen im Kopf hast, sondern auch wegen der Bedeutung, die es für die andere Person hat.«

Genauso Cheryl Johnson: Wenn sie ihre Beziehung mit Jen betrachtet und die offene Tür sieht, weiß sie instinktiv, was der nächste richtige Schritt wäre, auch wenn sie, zumindest momentan, nicht danach handelt. »Es geht einem fast immer besser, wenn man im Zweifelsfall den Kontakt wieder aufnimmt. Und wenn es unangenehm ist, dann ist es eben unangenehm, und das Leben geht weiter. Man wird es schon überleben. Aber wenn man nichts unternimmt, ist die Beziehung für immer verloren.«

Jede Tiefenstrukturkategorie der Reue enthüllt ein Bedürfnis und lehrt uns etwas. Bei der Reue in puncto Bindungen ist das menschliche Bedürfnis Liebe. Nicht allein Liebe im romantischen Sinn – sondern eine umfassendere Version der Liebe, die Verbundenheit, Zuneigung und Gemeinschaft mit einschließt und Eltern, Kinder, Geschwister und Freunde umfasst.

Die Lehre, die uns geschlossene Türen erteilen, ist die, es beim nächsten Mal besser zu machen. Die Lehre, die uns offene Türen erteilen, ist die, jetzt etwas zu unternehmen. Wenn eine Beziehung, die Ihnen wichtig ist, auseinandergegangen ist, dann greifen Sie zum Telefon. Machen Sie den Besuch. Sagen Sie, was Sie empfinden. Überwinden Sie das Unbehagen und stellen Sie den Kontakt wieder her.

»Am meisten bereue ich, dass ich an verschiedenen Punkten meines Lebens nicht selbstbewusster in Bezug auf meine Bedürfnisse und Wünsche gewesen bin – Bildung, Beziehungen, Urlaubspläne, bis hin zum Essen, das bei mir zu Hause auf den Tisch kam.«

— MANN, 51, NEW JERSEY

»Ich wünschte, ich hätte mehr Bäume gepflanzt.«

— MANN, 57, GROSSBRITANNIEN

»Ich bereue es, mein Leben so lange in den sozialen Medien zur Schau gestellt zu haben. Ich habe viel zu oft zu viel geteilt, und jetzt fühlt es sich so an, als sei zu viel von mir einfach ›da draußen‹.«

— FRAU, 27, WASHINGTON

11.

Chance und Pflicht

Im 20. Jahrhundert, als noch nicht jedes Handy eine Kamera hatte und in jeder Tasche ein Handy steckte, war Fotografieren komplizierter und teurer. Die jüngere Generation braucht hier wahrscheinlich eine Erklärung:

Damals nahm man Fotos auf einem Film auf. Man drückte auf einen Knopf, ein Kameraverschluss öffnete sich, um Licht einzulassen. Das Licht interagierte mit den Chemikalien auf dem Film – so wurde das Bild festgehalten.

Das Ergebnis war ein bisschen seltsam. Auf dem Filmstreifen, den die Fotografen aus der Kamera nahmen, wirkten die hellen Bereiche dunkel und die dunklen Bereiche hell – das sogenannte »Negativ«, ein Zwischenschritt im Produktionsprozess. Wenn die Fotografen dieses Negativ auf Papier belichteten, wurden Hell und Dunkel umgekehrt und die ursprünglichen Farbtöne wieder hergestellt.

Reue funktioniert sehr ähnlich. Die vier Hauptarten der Reue sind wie ein fotografisches Negativ des guten Lebens. Wenn wir wissen, was Menschen am meisten *bereuen*, können wir dieses Bild umkehren, um zu enthüllen, was sie am meisten *wertschätzen*.

Was also wollen und brauchen wir letztlich alle?

Die in der folgenden Tabelle zusammengefasste Tiefenstruktur der Reue bietet uns hierauf eine Antwort.

Die Tiefenstruktur der Reue

	Wie sie klingt	Das menschliche Bedürfnis, das sie enthüllt
Fundament	Wenn ich doch nur die Arbeit getan hätte	Stabilität
Mut	Wenn ich doch nur das Risiko eingegangen wäre	Wachstum
Moral	Wenn ich doch nur das Richtige getan hätte	Gutsein
Bindung	Wenn ich doch nur den Kontakt wieder aufgenommen hätte	Liebe

Wir streben nach einem gewissen Maß an Stabilität – einer
einigermaßen robusten Basis des materiellen, physischen und
mentalen Wohlergehens.

Wir wollen in unserer begrenzten Lebenszeit erkunden und
wachsen – indem wir Neuem nachgehen und mutig sind.

Wir wollen das Richtige tun – gute Menschen sein, die ihren
moralischen Verpflichtungen nachkommen, und dafür gesellschaftlich anerkannt werden.

Wir sehnen uns danach, Verbindungen zu anderen aufzubauen – Freundschaften und liebevolle Familienbeziehungen.

Hätte können und hätte sollen

Jedes Mal, wenn Sie in den Spiegel schauen, sehen Sie nur eine Person. Doch wenn Sie die Augen ein bisschen fester zusammenkneifen, sehen Sie vielleicht drei *Selbst*.

Das ist die Grundidee der Motivationstheorie, die Tony Higgins, ein Sozialpsychologe der Columbia University, 1987 vorstellte. Higgins behauptete, dass wir alle ein »tatsächliches Selbst«, ein »ideales Selbst« und ein »Soll-Selbst« haben.

Unser tatsächliches Selbst ist das Bündel an Eigenschaften, die uns derzeit ausmachen. Unser ideales Selbst ist das Selbst, von dem wir glauben, dass wir es sein *könnten* – unsere Hoffnungen, Wünsche und Träume. Und unser Soll-Selbst ist das Selbst, das wir glauben, sein zu *müssen* – unsere Aufgaben, Verpflichtungen und Verantwortlichkeiten.[1]

Diskrepanzen zwischen diesen drei Selbst sind es, die laut Higgins unser Verhalten antreiben und unsere Zielsetzungen steuern. Wenn mein ideales Selbst zum Beispiel jemand Gesundes und körperlich Fittes ist, mein tatsächliches Selbst jedoch lethargisch und übergewichtig ist, könnte diese Kluft mich dazu motivieren, Sport zu treiben. Wenn mein Soll-Selbst es für wichtig hält, sich um ältere Verwandte zu kümmern, mein tatsächliches Selbst die Großmutter aber seit sechs Monaten nicht mehr besucht hat, verlasse ich vielleicht das Büro vorzeitig und mache mich zu Großmutters Haus auf. Unternehmen wir diese Anstrengungen jedoch nicht und bleibt zwischen unserem tatsächlichen Selbst und dem Selbst, das wir sein könnten oder sollten, eine Diskrepanz bestehen, fluten unangenehme Gefühle die Kluft.

2018 bedienten sich Shai Davidai von der New School for Social Research und der allgegenwärtige Thomas Gilovich der

Theorie von Higgins, um Reue zu analysieren. Aufbauend auf Gilovichs früherer Forschung, die zeigt, dass wir im Laufe der Zeit Nichthandeln mehr bereuen als Handeln, führten die Forscher sechs Studien durch, die ausnahmslos folgendes Ergebnis erbrachten: Menschen bereuen ihr Versäumnis, ihrem idealen Selbst gerecht zu werden, mehr als ihr Versäumnis, ihrem Soll-Selbst gerecht zu werden. Die Teilnehmer bereuten dreimal so häufig etwas, was sie »hätten tun können«, als etwas, was sie »hätten tun sollen«.

Der Grund hierfür sind wahrscheinlich die gegensätzlichen emotionalen Folgen dieser beiden Varianten der Reue. Diskrepanzen zwischen unserem tatsächlichen Selbst und unserem idealen Selbst deprimieren uns. Doch Diskrepanzen zwischen unserem tatsächlichen Selbst und unserm Soll-Selbst *beunruhigen* uns – und regen uns deswegen eher zum Handeln an. Wir empfinden ein größeres Gefühl der Dringlichkeit, wenn es um die Soll-Variante des Bereuens geht, sodass wir eher mit den Reparaturarbeiten beginnen – indem wir vergangenes Verhalten rückgängig machen, uns bei denen entschuldigen, denen wir ein Unrecht getan haben, oder aus unseren Fehlern lernen.[2] »Hätte können« wurmt uns länger als »Hätte sollen«, weil wir in vielen Fällen schließlich doch tun, was wir hätten tun sollen.[3]

Diese Analyse bietet einen weiteren Einblick in die Tiefenstruktur der Reue. Versäumnisse, unser ideales Selbst zu werden, sind Versäumnisse, *Chancen* wahrzunehmen. Versäumnisse, unser Soll-Selbst zu werden, sind Versäumnisse, *Pflichten* zu erfüllen. Alle vier Hauptkategorien der Reue beinhalten Chancen, Pflichten oder beides.

So geht es bei der Reue in puncto Mut – *Wenn ich doch nur dieses Risiko eingegangen wäre* – durchweg um Chancen, die wir

nicht ergriffen haben.[4] Auch bei der Reue in puncto Fundament –
Wenn ich doch nur die Arbeit getan hätte – geht es überwiegend um
Chancen (im Zusammenhang mit der Ausbildung, der Gesundheit, der finanziellen Absicherung), die wir nicht genutzt haben.
Bei der Reue in puncto Bindungen – *Wenn ich doch nur den Kontakt
wiederhergestellt hätte* – handelt es sich um eine Mischung. Sie
beinhaltet Chancen für Freundschaften, die wir nicht genutzt
haben, wie auch Pflichten gegenüber Familienmitgliedern und
anderen, die wir vernachlässigt haben. Bei der Reue in puncto
Moral – *Wenn ich doch nur das Richtige getan hätte* – geht es um
Pflichten, denen wir nicht nachgekommen sind.

Das Ergebnis ist, dass Chance und Pflicht im Mittelpunkt der
Reue stehen, die Chance jedoch die bedeutendere Rolle spielt.
Das hilft auch zu erklären, warum wir Nichthandeln eher be-
reuen als Handeln. »Das Bedauern, nicht gehandelt zu haben,
hält länger an als das Bedauern, gehandelt zu haben, und zwar
zum Teil deswegen, weil es stärker mit nicht wahrgenommenen
Chancen in Zusammenhang gebracht wird«, schreiben Neal
Roese und Amy Summerville.[5]

Die Bedeutung der Chance wurde deutlicher, als ich die
Daten, die ich im Rahmen des American Regret Project, dem
quantitativen Teil meiner Forschung, gesammelt hatte, aufs
Neue prüfte. Größe und Umfang dieser Umfrage ermöglichten
es mir, Unterschiede zwischen Untergruppen zu erforschen.
Wich das, was Frauen bereuten, von dem ab, was Männer bereuten? Bereuten schwarze Amerikaner andere Dinge als weiße
Amerikaner? Hing das, was bereut wurde, davon ab, ob man reich
oder arm war?

Die kurze Antwort lautet, dass es keine großen Unterschiede
zwischen den einzelnen Gruppen gab. Die längere und faszinie-

rendere Antwort lautet, dass die Unterschiede, die zum Vorschein kamen, die zentrale Bedeutung der Chance als Triebfeder der Reue untermauerten.

Nehmen Sie zum Beispiel das Bildungsniveau der Teilnehmer. Menschen mit einem Collegeabschluss bedauerten eher Dinge im Zusammenhang mit ihrer Karriere als Menschen ohne einen Collegeabschluss. Das mag zunächst überraschen. Menschen mit einem Collegeabschluss bieten sich im Allgemeinen mehr berufliche Möglichkeiten. Doch genau das könnte der Grund dafür sein, dass sie in puncto Karriere mehr zu bereuen haben. Sie hatten im Leben mehr Möglichkeiten – weswegen es bei ihnen auch wesentlich mehr verpasste Chancen gab.

Beim Einkommen ergab sich ein ähnliches Muster. Die Reue in puncto Finanzen hing – wenig überraschend – eng mit dem Haushaltseinkommen zusammen. Je niedriger das Einkommen, desto größer war die Wahrscheinlichkeit, dass etwas Finanzbezogenes bereut wurde. Doch bei der Reue in puncto Karriere war es *umgekehrt*. Je höher das Einkommen, desto eher wurde etwas die Karriere Betreffendes bereut. Wieder einmal riefen mehr Möglichkeiten mehr Reue über nicht verwirklichte Chancen hervor.

Reue in puncto Ausbildung war am verbreitetsten unter Menschen, die aufs College gegangen, aber keinen Abschluss gemacht hatten. Bei jedem Vierten in dieser Gruppe war dies der Punkt, den er am meisten bereute. Der Grund hierfür könnte die vereitelte Chance sein.

Vereitelte Chancen sind der wahrscheinliche Grund für die einzige *Race*-bedingte Kluft, die bei dieser Umfrage zutage trat. Im Allgemeinen waren die Unterschiede minimal – mit Ausnahme eines Bereichs. Nichtweiße Menschen bedauerten in

puncto Bildung mehr als weiße Menschen, was sich wahrscheinlich auf die in den USA herrschenden *Race*-Unterschiede in Bezug
auf den Zugang zu Bildungsmöglichkeiten erklären lässt.

Auch das Alter machte die Bedeutung – und das Paradox –
von Chancen deutlich.

Bei der Umfrage im Rahmen des American Regret Project
bereuten Zwanzigjährige genauso häufig ein Handeln wie ein
Nichthandeln. Doch mit zunehmendem Alter dominierte das
Bedauern, nicht gehandelt zu haben. Im Alter von fünfzig wurde
ein Nichthandeln doppelt so häufig bereut wie ein Handeln. Den
Daten zufolge war das Alter tatsächlich der bei Weitem stärkste
Indikator für Reue in puncto Nichthandeln. Wenn die Vielzahl
der Möglichkeiten schwindet (wie es bei den Älteren der Fall ist),
scheinen die Menschen zu bereuen, was sie nicht getan haben.

Reue in puncto Nichthandeln nimmt mit dem Alter zu

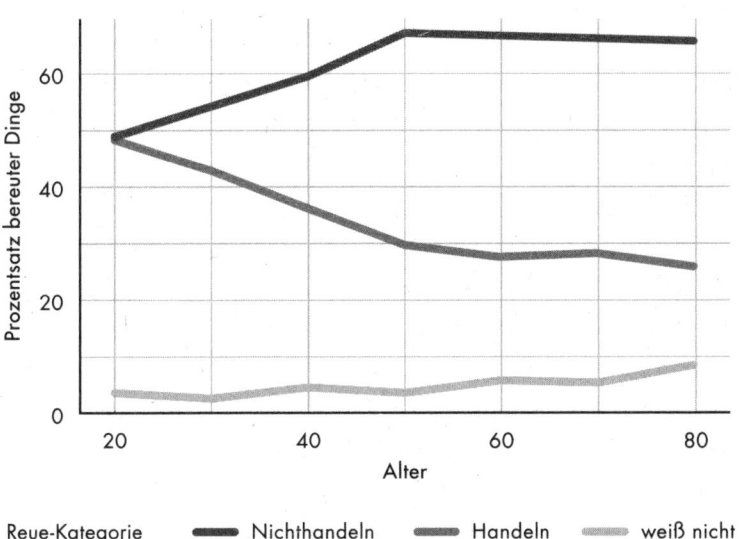

191

Doch sie suchen auch nach Möglichkeiten in anderen Bereichen. So bereuten Dreißig- bis Fünfundsechzigjährige vor allem Dinge im Zusammenhang mit ihrer Karriere und ihren Finanzen – wahrscheinlich, weil in diesem Lebensabschnitt noch Chancen in diesen Bereichen lauern. Menschen höheren Alters bereuten hingegen weniger in puncto Bildung, Gesundheit und Karriere – und mehr im Bereich Familie. Ein Grund: Wenn Sie 70 sind, sind die Möglichkeiten, einen Doktortitel zu erwerben, eine neue Karriere zu starten oder einen Ausgleich für ein jahrzehntelanges schweres Leben zu finden, relativ begrenzt. Diese Türen schließen sich. Doch die Chance, dass Sie sich noch vor Lebensende mit dem Bruder, mit dem Sie sich auseinandergelebt haben, versöhnen, besteht weiterhin. Diese Tür bleibt offen.

Zwischen Männern und Frauen gab es zwar Unterschiede, aber keine sonderlich großen. So bereuten Männer eher etwas in der Kategorie Karriere. Fast einer von fünfen tat dies, während es bei den Frauen nur zwölf Prozent waren. Im Gegensatz dazu bereuten Frauen eher als Männer etwas in der Kategorie Familie – 24 Prozent der Frauen versus 18 Prozent der Männer. Die Umfrage enthielt leider nichts, was eine eindeutige Erklärung für den Unterschied liefern könnte. Doch man könnte spekulieren, dass Männer im Durchschnitt eher berufliche Möglichkeiten wertschätzen und Frauen im Durchschnitt eher Beziehungsmöglichkeiten.[6]

Träume und Pflichten

Wir bereuen öfter entgangene Möglichkeiten als nicht eingehaltene Verpflichtungen. Doch wir wissen auch, dass ein erfülltes Leben aus einer Mischung aus Träumen und Pflichten besteht.[7] Das Fotonegativ der Reue macht deutlich: Menschsein bedeutet, unsere Träume für uns selbst und unsere Verpflichtungen gegenüber anderen miteinander zu verbinden.

Ein Leben voller Pflichten und ohne Chancen ist kümmerlich. Ein Leben voller Chancen und ohne Pflichten ist hohl. Ein gutes Leben ist eines, in dem Chancen und Pflichten miteinander verschmelzen.

Wie Sie ein solches Leben verwirklichen können, indem Sie Ihre jetzige Reue produktiv nutzen und zukünftige Reue antizipieren, ist Thema des restlichen Buches.

Teil 3

Ein neuer Umgang mit Reue

»*Ich war nicht mehr nett zu Jessica. Als sie in der Schule ihre Regelblutung bekam, die drei Tage lang anhielt, habe ich sie Bloody Mary genannt.*«
— FRAU, 39, NORTH CAROLINA

»*Ich bereue jeden Kuss, den ich meiner Frau hätte geben können, bevor sie an COVID gestorben ist – aber nicht gegeben habe, weil ich in unserer zweiundsechzigjährigen Ehe zu beschäftigt war.*«
— MANN, 84, TEXAS

»*Ich finde es schade, nicht Noten lesen oder ein Instrument spielen gelernt zu haben. Mir ist klar geworden, wie wertvoll und gut diese Fertigkeit für einen ist, selbst wenn man sich nicht besonders für Musik interessiert.*«
— FRAU, 17, JAPAN

12.

Rückgängigmachen und Wenigstens-Aussagen

Jeff Bosley versuchte einfach nur, cool zu sein.

Er war mit einundzwanzig in die US-Armee eingetreten und nun der älteste Landser in Fort Bragg – sogar noch älter als sein Ausbildungsunteroffizier. Er wollte dazugehören. Und so verließen er und seine Kumpel eines Abends den Stützpunkt, fuhren in die Stadt und gingen in ein Tattoostudio.

Jeff suchte nach einem Bild oder einem Motto, das seine Kameraden beeindrucken würde, nach einem »hyper-machohaften« Symbol, wie er sagte, um seine Kriegerphilosophie zu demonstrieren. Er entschied sich, das Tattoo auf den linken Arm stechen zu lassen, weil »das der Arm war, den ich sehen würde, wenn ich meinen Gewehrlauf hielt«.

Der Tattookünstler öffnete ein Microsoft-Word-Programm auf einem in der Nähe stehenden Computer, und sie wählten die Papyrusschrift. Und für rund hundert Dollar tätowierte der Künstler auf Jeffs linken Arm neun schwarze Buchstaben.

No Regrets

Jeff diente fast ein Jahrzehnt lang in der Armee und wurde ein »Green Beret«.[1] Nach dem Militär arbeitete er als Feuerwehrmann in Colorado Springs, Colorado. Während dieses Lebensabschnitts ließen er und seine Frau sich nach zwölfjähriger Ehe scheiden. Und als die Ehe endete, fand Jeff etwas über sich selbst heraus: *Er hatte viel zu bereuen.* Er bereute es, das College – acht Jahre, zwei Hochschulen, kein Abschluss – nicht ernster genommen zu haben. Er bereute es, seiner Frau wehgetan zu haben, indem er sich scheiden ließ. Er bereute es, nicht seiner Leidenschaft für die Schauspielerei nachgegangen zu sein.

14 Jahre nach dieser impulsiven abendlichen Entscheidung wurde Jeff klar, dass sein Tattoo nicht nur unästhetisch war. (Die Papyrusschrift »ist die lahmste und klischeehafteste, die ich hätte wählen können«, sagte er.) Das Motto entsprach auch nicht der Wahrheit.

»Mit der Reue ist das so eine Sache«, sagte Jeff, als wir miteinander sprachen. »Es gibt Dinge, die ich bereue. Die Reue treibt mich an. Sie ist unangenehm, aber das ist mir lieber, als wenn Leute sagen: ›No Regrets‹ oder ›Ich bereue nichts‹.«

Angespornt von dieser Reue, zog er von Central Colorado nach Südkalifornien, wo er sich nun seinen Lebensunterhalt als Schauspieler verdient. Und angespornt davon, dass sein NO-REGRETS-Tattoo ihn ständig an ein Credo erinnerte, an das er nicht mehr glaubte, beschloss er, es entfernen zu lassen. Der Prozess ist schmerzhaft, zeitaufwendig und teuer. Er erfordert regelmäßige Lasersitzungen in einer dermatologischen Praxis und kostet mehr als das Zehnfache der ursprünglichen Tätowierung.

»Jedes Mal, wenn ich in diese Praxis gehe und eine neue Krankenschwester oder medizinisch-technische Assistentin da ist, sage ich: ›Der Witz geht auf mich, schon klar.‹ Ich finde die Situation natürlich auch irgendwie ironisch.«

Was machen wir mit unserer Reue? Wenn Reue uns menschlich macht, wie nutzen wir sie dann, um bessere, zufriedenere Menschen zu werden?

Als Erstes sollten wir noch einmal auf die Hauptunterschiede in der Architektur der Reue zurückkommen: die Unterschiede zwischen bereutem Handeln und bereutem Nichthandeln, also zwischen der Reue über das, was wir getan, und das, was wir nicht getan haben.

Die Reue in puncto Handeln ist weniger weitverbreitet. Und in diesem kurzen Kapitel werde ich erklären, wie Sie diese Reue umwandeln können, um in der Gegenwart mit ihr zurechtzukommen.

Im nächsten Kapitel werde ich die kompliziertere Herausforderung annehmen, Ihnen darzulegen, wie Sie beide Varianten der Reue nutzen können, um es in Zukunft besser zu machen.

Bei der Reue in puncto Handeln sollte Ihr anfängliches Ziel darin bestehen, die unmittelbare Situation zu verbessern. Das ist nicht immer machbar, aber wir haben zwei Möglichkeiten, uns diesem Ziel zu nähern. Wir können vieles von dem, was wir bereuen, rückgängig machen, wir können es wiedergutmachen, können unsere Entscheidungen revidieren oder die Folgen beseitigen. Denken Sie an Jeff und sein nun schwindendes Tattoo. Auf Reue in puncto Handeln können wir auch mit *Wenigstens*-Aussagen reagieren, um uns im Hinblick auf unsere Situation besser zu fühlen. Keiner dieser Kurse trägt wirklich dazu bei, uns auf später vorzubereiten, doch beide können uns helfen, uns jetzt neu auszurichten.

Schritt 1. *Machen Sie es rückgängig*

Angenommen, Sie hätten Ihre beste Freundin, ohne provoziert worden zu sein, ins Gesicht geschlagen oder bei einer Beerdigung etwas Abfälliges über den Verstorbenen zu dessen Verwandten gesagt. Sie würden es wahrscheinlich bereuen. Die meisten von uns würden das tun. Doch nur ein Unterhaltungsprofi würde in derlei Fehltritten und Taktlosigkeiten das Potenzial für eine Fernsehshow erkennen.

Het Spijt Me (Es tut mir leid) war ein Programm, das erstmals 1993 im niederländischen Fernsehen ausgestrahlt wurde und sich in verschiedenen Versionen zwanzig Jahre lang hielt. Im Zentrum dieser Show standen in allen Versionen jeweils zwei Protagonisten: eine Person, die etwas bedauerte – zum Beispiel die beste Freundin geschlagen zu haben –, und eine zweite, der etwas angetan worden war – die zum Beispiel besagten Schlag erhalten hatte.

In der ursprünglichen Version der Show saß erstere Person, so wie in Talkshows üblich, auf einem Sofa vor einem Studiopublikum und erzählte dem Moderierenden von *Het Spijt Me* von ihrer Reue. Dann sahen die beiden sich zusammen Filmmaterial davon an, wie die Produzenten der Show Person 2 aufspürten, sich deren Version der Geschichte anhörten und sie fragten, ob sie eine Entschuldigung akzeptieren würde. Da das Ganze in Holland stattfand, waren natürlich immer Blumen mit im Spiel.

Wenn Person 2 die Entschuldigung annahm, trat sie durch eine Schiebetür auf die Bühne, wo sie dann auf Person 1 traf. (In nachfolgenden Versionen des Programms wartete Person 1 in der Nähe des Hauses von Person 2.) Bei der Versöhnung wurde sich umarmt, es flossen Tränen.

Unter Führung des Sozialpsychologen Marcel Zeelenberg analysierten drei niederländische Wissenschaftler zwei Staffeln von *Het Spijt Me*, um zu ermitteln, was Menschen von dem, was sie bereuten, rückgängig machen wollten. Sie stellten fest, dass diese – sowohl in der Show als auch in den nicht im Fernsehen gezeigten Teilen des Lebens – viel eher bereutes Handeln rückgängig machen als bereutes Nichthandeln.[2] Es gelingt uns besser, das wiedergutzumachen, was wir getan haben, als das, was wir nicht getan haben.

Die Gründe sind vielfältig. Wie wir in Kapitel 8 und 9 gesehen haben, erwächst Reue in puncto Handeln normalerweise aus konkreten Vorfällen und ruft »heiße« Emotionen hervor, auf die wir schnell reagieren. Im Gegensatz dazu ist Reue in puncto Nichthandeln öfter abstrakt und ruft weniger intensive Gefühle hervor. Außerdem lässt sich vieles von dem, was wir in puncto Nichthandeln bereuen, nur sehr schwer rückgängig machen. Wenn ich es in meinen Zwanzigern bereue, in der Schule nicht fleißig genug gelernt zu haben, kann ich nicht einfach wieder die elfte Klasse wiederholen. Meine einzige Option ist die, mich auf die Zukunft zu fokussieren.

Doch bei der Reue in puncto Handeln habe ich noch die Chance, die Gegenwart neu zu kalibrieren – auf Ctrl+Z auf meinem existenziellen Keyboard zu drücken.[3] So besteht bei der Reue in puncto Moral – bei der es oft um Handlungen wie das Schikanieren eines schwächeren Kindes, das Betrügen des Ehepartners oder das Beleidigen eines Arbeitskollegen geht – eine Form des Rückgängigmachens darin, sich zu entschuldigen. Bei Entschuldigungen handelt es sich um ein Eingeständnis von Schuld und Verantwortung und einen Ausdruck des Bedauerns, um Nachsicht zu erlangen. Gelingt dies, wird die emotionale und moralische Schuld der Vergangenheit verringert und das Konto damit zumindest zum Teil wieder ausgeglichen.

Wenn wir rückgängig machen, was wir getan haben, verbessern wir unsere derzeitige Situation. Das hilft. Doch etwas, was wir bereuen, rückgängig zu machen, ist nicht ganz dasselbe, wie es auszulöschen. Jeff Bosley erzählte mir, dass die Worte auf seinem linken Arm nach vielen Tattoo-Entfernungssitzungen zwar unleserlich geworden, aber nicht vollständig verschwunden seien. »Es sieht jetzt fast aus wie ein leichtes Hämatom«, sagte er.

Um die Probleme, die durch das von Ihnen bereute Handeln entstanden sind, angehen zu können, sollten Sie sich zunächst folgende Fragen stellen:

- Wenn ich anderen ein Leid zugefügt habe – was oft der Fall ist, wenn wir etwas in den Kategorien Moral oder Bindungen bereuen –, kann ich es dann durch eine Entschuldigung oder durch eine Form der emotionalen oder materiellen Entschädigung wiedergutmachen?

- Wenn ich mir selbst geschadet habe – was häufig bei Reue in der Kategorie Fundament und manchmal in der Kategorie Bindungen der Fall ist –, kann ich den Fehler dann wiedergutmachen? Kann ich zum Beispiel anfangen, Schulden zurückzuzahlen, und ein paar Stunden mehr arbeiten? Kann ich sofort wieder mit jemandem in Kontakt treten, zu dem ich die Beziehung abgebrochen habe?

Wenn etwas, was Sie getan haben, rückgängig gemacht werden kann, sollten Sie versuchen, dies zu tun – selbst wenn ein leichtes physisches oder metaphysisches Hämatom zurückbleibt. Ist das nicht möglich, keine Sorge. Es gibt noch eine andere Möglichkeit.

Schritt 2. Wenigstens-Aussagen

Eine andere Möglichkeit, mit Reue umzugehen, ist nicht die, unser früheres Handeln wiedergutzumachen, sondern es anders zu bewerten. Lassen Sie mich Ihnen ein Beispiel aus meinem eigenen Leben geben.

Vor 30 Jahren begann ich kurz nach dem Collegeabschluss, Jura zu studieren. Ich bereue es. Es war zwar keine Katastrophe, aber eine schlechte Entscheidung. Wenn ich eine klügere Entscheidung getroffen hätte – vielleicht indem ich länger gewartet oder einen völlig anderen Weg eingeschlagen hätte –, hätte ich mich in diesen Jahren Aufgaben widmen können, die erfüllender und besser für die Welt gewesen wären – und hätte in den Anfangsjahren meines Berufslebens weniger zu kämpfen gehabt. Doch ich lernte in der juristischen Fakultät auch meine Frau kennen, was sich außerordentlich positiv auf mein Wohlbefinden ausgewirkt hat. Ich kann in diesem Fall das Bereute nicht ungeschehen machen. Doch eine Möglichkeit, dem Ganzen den Stachel zu nehmen, ist, von *Wenn doch nur* auf *Wenigstens* umzuschalten. Jura zu studieren war ein Fehler – doch *wenigstens* lernte ich meine Frau kennen.

Wenigstens-Aussagen ändern weder unser Verhalten, noch verbessern sie unsere künftigen Leistungen, doch sie helfen uns, die Gegenwart neu zu bewerten. So führten mehrere Frauen im World Regret Survey eine vergangene Ehe als das auf, was sie in ihrem Leben am meisten bereuten. Doch die Mütter unter ihnen waren auch glücklich über die Kinder, die aus der unüberlegten Ehe hervorgegangen waren.

»Ich bereue es, einen Versager geheiratet zu haben«, sagten sie, »aber wenigstens habe ich diese großartigen Kinder.« Einen Silberstreifen zu sehen heißt nicht, die Existenz der Wolke zu verleugnen. Aber es rückt die Wolke in ein anderes Licht.

Wenigstens-Aussagen können im Fall von bedeutsamen Dingen wie einer Fehlentscheidung in Bezug auf die Ehe nützlich sein, sind jedoch besonders hilfreich, wenn es um weniger wichtige, aber ärgerliche Dinge geht, die nicht in die vier großen Kategorien der Reue fallen. Stellen Sie sich vor, Sie hätten sich vor Kurzem ein neues Auto gekauft, bereuen jetzt aber Ihre Entscheidung und wünschten, Sie hätten eine andere Marke und ein anderes Modell gekauft. Angenommen, das Auto ist sicher und funktional, so hat der Autotyp, den Sie fahren, wenige Auswirkungen auf Ihr bleibendes Glück und Ihre Zufriedenheit. Denn egal, welches Auto wir besitzen, ob einfach oder protzig, wir gewöhnen uns sehr schnell daran.[4] Während Sie also versuchen mögen, aus Ihrer Reue etwas für die Zukunft zu lernen – beim nächsten Mal die Verbrauchertipps genauer zu studieren, bevor Sie ein Fahrzeug kaufen –, sollten Sie sie auch durch *Wenigstens*-Aussagen lindern. Denken Sie darüber nach, inwiefern es auch schlimmer hätte laufen können. »Wenigstens habe ich ein günstiges Angebot bekommen.« »Wenigstens habe ich nicht diese andere Marke und dieses andere Modell gekauft, das einen kleineren Kofferraum hatte.« »Wenigstens ist das Auto abbezahlt.«

Wenigstens-Aussagen können die Reue in Erleichterung verwandeln. Sie allein ändern zwar nicht unser Verhalten, ändern aber, wie wir unser Verhalten empfinden, was sehr wertvoll sein kann. Und da uns *Wenigstens*-Aussagen viel seltener als *Wenn-*

doch-nur-Aussagen ganz wie von selbst in den Sinn kommen, müssen wir sie zur richtigen Zeit selbst herbeirufen. *Wenigstens*-Aussagen wirken wie Antibiotika. Manchmal müssen wir in den Arzneischrank greifen und ein paar von ihnen einschmeißen, um unser psychisches Immunsystem zu stärken und bestimmte schädliche Emotionen abzuwehren.[5] Wenn wir diese Antibiotika zu oft nehmen, lässt ihre Wirksamkeit nach. Nutzen wir sie intelligent, können sie zum gesunden Funktionieren beitragen.

Falls Sie also in der Kategorie Handeln etwas bereuen, das Sie herunterzieht, sollten Sie sich folgende Fragen stellen:

- Inwiefern hätte sich die Entscheidung, die ich nun bereue, als schlechter erweisen können?

- Gibt es bei dem, was Sie bereuen, einen Silberstreifen?

- Wie würde ich den folgenden Satz vervollständigen: »Wenigstens …«

Als ich dieses Buch schrieb, war Jeff noch immer damit beschäftigt, das, was er bereute, durch den langsamen und schmerzhaften Prozess der Tattooentfernung rückgängig zu machen. Es erforderte noch eine Reihe von Sitzungen und noch mehr Geld. Wenigstens hatte er keine größere Schrift gewählt.

»Mein Leben lang habe ich meine Zeit dem Studium des Verstandes (der Ratio) gewidmet und es versäumt, Emotionen und Gefühle zu verstehen.«

— FRAU, 40, BRASILIEN

»Ich bereue es, dass ich meine innere Stimme ignoriert und nicht auf ihren Appell, abenteuerlustiger zu sein, gehört habe (in ein anderes Land zu ziehen, angesichts eines ätzenden Chefs den Job zu wechseln) und dass ich versucht habe, den Erwartungen der Gesellschaft gerecht zu werden, statt auf mich selbst zu hören.«

— FRAU, 47, SINGAPUR

»Ich bereue es, 1999 auf dem Weg zu einem schrecklichen Geschäftstreffen eine Packung Camel gekauft zu haben. Bis heute rauche ich – manchmal stark – eher aus Gewohnheit, nicht, weil ich es genieße.«

— MANN, 44, WEST VIRGINIA

13.

Enthüllung, Mitgefühl und Distanz

Als wir Cheryl Johnson das letzte Mal begegnet sind, hatte sie damit zu kämpfen, eine Freundschaft vernachlässigt zu haben. Sie hatte zugelassen, dass sich die enge Freundschaft mit ihrer Kommilitonin Jen im Lauf von zwei Jahrzehnten auseinanderentwickelte, und sie vermisste die einstige Verbundenheit und Kameradschaft mit ihr.

Cheryl bereute ein Nichthandeln, d. h. etwas, was sich nicht mehr ändern ließ. Es ist nicht möglich, eine fünfundzwanzig Jahre alte Lücke rückgängig zu machen. Auch *Wenigstens*-Aussagen helfen hier nicht weiter. Zu sagen, »Unsere Freundschaft ist verflogen, aber wenigstens hatten wir keinen großen Streit«, spendet wenig Trost und hilft auch nicht, auf sinnvolle Weise mit dem Problem zurechtzukommen.

Cheryls beste Reaktion – und die optimale Reaktion in den meisten Fällen von Reue, egal ob in der Kategorie Handeln oder Nichthandeln – ist die, die Reue dazu zu nutzen, es in Zukunft besser zu machen. Wenn wir mit der Absicht zurückblicken, uns weiterzuentwickeln, können wir unsere Reue in Treibstoff für genau dieses Vorhaben umwandeln. Sie kann uns zu klügeren Entscheidungen, besseren Leistungen und einem stärkeren Gefühl der Sinnhaftigkeit verhelfen. Die Wissenschaft zeigt uns, wie.

Statt das negative Gefühl der Reue zu ignorieren – oder schlimmer noch, uns in ihm zu suhlen –, können wir uns daran erinnern, dass wir um des Denkens willen fühlen und um des Tuns willen denken. Mithilfe eines einfachen dreischrittigen Prozesses können wir das Bereute enthüllen, die Art, das Bereute und uns selbst zu sehen, ändern und eine Lehre aus der Erfahrung ziehen, um künftig bessere Entscheidungen zu treffen.

Schritt 1. Selbstenthüllung: Das Bereute noch einmal durchleben und sich davon befreien

Affen bauen unglaublich komplexe Gesellschaften auf, haben bislang jedoch noch keine Zentralbank gegründet, die Geld druckt und dessen Umlauf regelt. Deswegen greifen Primatologen, wenn sie quantifizieren wollen, was Affen wertschätzen, zu etwas, was sie als »flüssige Währung« bezeichnen. Sie können die Prioritäten der Primaten erkennen, indem sie messen, wie viel Obstsaft nötig ist, um sie zu einem bestimmten Handeln zu bewegen, und wie viel von diesem Saft die Affen zu opfern bereit sind, um sich verhalten zu können, wie es ihnen passt.

Robert Deaner, Amit Khera und Michael Platt, die früher alle an der Duke University tätig waren, halfen, diese Technik zu entwickeln, und nutzten sie 2005, um zu messen, wie viel Wert eine Gruppe männlicher Makaken Statussymbolen und sexuellen Symbolen beimaß. Die Experimentatoren fanden heraus, dass sie die Affen mit viel Saft bestechen mussten, wenn sie wollten, dass diese sich Fotos von Makaken mit einem niedrigen Status anschauten. Doch Fotos von Affen mit einem hohen Status und vom Hinterteil weiblicher Makaken waren so verlockend, dass die Affen bereit waren, auf Saft zu *verzichten,* nur um einen flüchtigen Blick darauf zu erhaschen. Mit anderen Worten: Die Affen verlangten »flüssiges Geld« dafür, dass sie sich unwichtige Artgenossen ansahen, waren jedoch bereit »zu zahlen«, um sich einflussreiche oder attraktive Affen ansehen zu können – was nahelegt, dass diese Tiere Kennzeichen für Dominanz und sexuelle Fitness einen hohen Wert beimessen.[1]

2012 nutzten die Psychologen Diana Tamir, die nun an der Princeton University lehrt, und Jason Mitchell von der Harvard University eine modifizierte Version dieser Technik, um herauszufinden, was die engsten Verwandten dieser Makaken – menschliche Wesen – am meisten wertschätzen. In einer ihrer Studien präsentierten Tamir und Mitchell den Teilnehmern drei Wahlmöglichkeiten: ihre Meinung über sich selbst offenzulegen, die Meinungen anderer Menschen zu beurteilen oder eine Quizfrage zu beantworten. Und sie boten verschiedene Geldsummen für jede Aktivität an. 195 Versuche machten die Vorlieben der Teilnehmer deutlich. Sie *liebten* es, über sich selbst zu sprechen – in der Tat so sehr, dass sie bereit waren, wesentlich weniger Geld hierfür zu nehmen als für jede andere Aktivität. »So wie Affen bereit sind, auf Belohnungen in Form von Saft zu verzichten, um dominante Gruppenmitglieder zu sehen … so waren die Menschen bereit, auf Geld zu verzichten, um Informationen über sich selbst preiszugeben«, schrieben Tamir und Mitchell.[2]

Als Tamir und Mitchell dann mithilfe der funktionellen Magnetresonanztomografie beobachteten, was im Gehirn dieser Menschen vor sich ging, da sahen sie, dass die Hirnregionen, die auf Essen, Geld und Sex reagieren (der Nucleus accumbens und das ventrale tegmentale Areal), bei denjenigen, die sich offenbarten, stärker aktiviert waren. Die Studie, so folgerten die

Forscher, »lieferte sowohl verhaltensbezogene als auch neuronale Beweise, dass eine Selbstenthüllung als solche lohnend ist«.[3]

Der erste Schritt, um mit Reue umzugehen, ob in puncto Handeln oder Nichthandeln, ist die Selbstenthüllung. Wir scheuen oft davor zurück, anderen negative Informationen über uns selbst zu liefern. Es fühlt sich unangenehm an, beschämend sogar. Doch eine große Fülle an Literatur macht deutlich, dass es sehr viele physische, mentale und berufliche Vorteile bringt, wenn wir unsere Gedanken, unsere Gefühle und unser Handeln offenlegen – indem wir anderen davon erzählen oder einfach darüber schreiben. Diese Selbstenthüllung wird in Verbindung gebracht mit einem niedrigeren Blutdruck, besseren Noten, besseren Bewältigungsstrategien und mehr.[4] In der Tat behaupten Tamir und Mitchell, dass »unsere Spezies möglicherweise den inneren Antrieb hat, anderen ihre Gedanken zu enthüllen«.[5]

Selbstenthüllung ist besonders nützlich, wenn es um Reue geht. Unsere Reue zu leugnen, belastet Geist und Körper. Eine zu starke Beschäftigung damit lässt uns in schädliches Grübeln verfallen. Die bessere Methode ist die, Dinge, die wir bereuen, im Geiste noch einmal zu durchleben und uns dann von ihnen zu befreien. Indem wir über das Bereute sprechen, verringern wir ein wenig dessen Last, was die Weichen dafür stellen kann, es zu verstehen.

Psychologen wie Sonja Lyubomirsky von der University of California, Riverside, haben zum Beispiel Studien durchgeführt, die nahelegen, dass Menschen negative und positive Erfahrungen auf unterschiedliche Weise verarbeiten sollten. Über negative Erfahrungen wie Reue zu schreiben und darüber sogar eine Viertelstunde pro Tag auf ein Tonbandgerät zu sprechen, verbesserte in hohem Maße die Lebenszufriedenheit der Probanden und steigerte ihr physisches und psychisches Wohlbefinden auf eine Weise, wie es das Nachdenken über diese Erfahrungen allein nicht vermochte. Das Gegenteil traf jedoch auf positive Erfahrungen zu: Über Triumphe und gute Zeiten zu schreiben und zu sprechen, nahm ihnen etwas von ihrem Glanz.[6]

Die Erklärung – und der Grund dafür, dass Selbstenthüllung so wichtig ist, um mit unserer Reue umgehen zu können – ist, dass Sprache, ob geschriebene oder gesprochene, uns zwingt, unsere Gedanken zu ordnen. Sie verwandelt mentale Abstraktionen in konkrete linguistische Einheiten – was von Vorteil ist, wenn es um negative Emotionen geht.[7]

Noch einmal: Reue kann uns besser werden lassen, wenn wir Gefühle als einen Hinweis auf unsere Gedanken verstehen. Wenn wir um des Denkens willen fühlen und um des Tuns willen denken, kann Reue ihre entscheidungsverbessernde, leistungssteigernde, sinnvertiefende Magie ausüben. Über etwas, das wir bereuen, zu schreiben oder jemandem davon zu erzählen, befördert die Erfahrung vom Reich der Emotion ins Reich der Kognition. Statt diese unangenehmen Gefühle unkontrolliert herumflattern zu lassen, kann die Sprache uns helfen, sie in unserem Netz einzufangen, sie genau zu bestimmen und mit ihrer Analyse zu beginnen. Bei positiven Gefühlen ist diese Methode jedoch weniger effektiv. Geht es um die glücklichen Momente des Lebens, bewahren wir uns das Staunen und die Freude am besten, wenn wir das Analysieren und den Sinngebungsprozess meiden. Großartige Ereignisse zu analysieren, kann ihnen etwas von ihrer Großartigkeit nehmen.[8]

Eine Befürchtung im Zusammenhang mit der Selbstenthüllung, vor allem wenn es darum geht, dass wir nicht umsichtig, vertrauenswürdig oder mutig gewesen sind, ist, dass andere schlecht von uns denken werden. Doch da haben wir viel weniger zu befürchten, als wir glauben. Natürlich kann man zu weit gehen. Zu viele intime Einzelheiten über sich selbst preiszugeben kann anderen unangenehm sein. Doch die Selbstenthüllung erzeugt nachweislich viel öfter Verbundenheit, als dass sie das Fällen von Urteilen triggert. In einer umfassenden Literaturstudie heißt es, dass »Menschen, die Intimes von sich preisgeben, in der Regel *mehr* gemocht werden als Menschen, die weniger von sich preisgeben«.[9]

Sollten Sie jedoch Angst davor haben, was andere über Sie denken könnten, brauchen Sie Ihre Reue niemandem außer sich selbst zu enthüllen. Die bahnbrechende Arbeit, mit der James Pennebaker, ein Sozialpsychologe der University of Texas, in den 1990er-Jahren begann und die er und andere Wissenschaftler in den letzten dreißig Jahren weiterentwickelt haben, zeigt, dass es sehr wirkungsvoll sein kann, einfach nur über emotionale Schwierigkeiten zu schreiben, sogar ausschließlich für den Eigenbedarf. Zu den Vorteilen gehören: weniger Arztbesuche, langfristige Verbesserungen der Stimmungslage, eine Stärkung der Immunfunktion, bessere Schulnoten, weniger Probleme bei der Jobsuche bei Arbeitslosigkeit und mehr.[10] Außerdem zeigen sich diese Vorteile laut Pennebaker in vielen Bereichen. Sie scheinen trotz etlicher individueller Unterschiedsfaktoren in vielen verschiedenen Situationen, in mehreren westlichen Kulturen und unabhängig von der gesellschaftlichen Resonanz zutage zu treten.[11]

Der erste Schritt beim Umgang mit Reue jedweder Art ist, die Reue zu enthüllen. Cheryl Johnson hat das getan – zunächst indem sie am World Regret Survey teilnahm und mit mir über die enge Freundschaft sprach, die aufrechtzuerhalten sie versäumt hatte. Während unseres Gesprächs erzählte sie mir, dass sie noch nie jemandem die ganze Geschichte erzählt habe. Dies nun zu tun, führte einen Moment der Klarheit herbei und verschaffte ihr eine gewisse Erleichterung.

Eine Selbstenthüllung ist per se wertvoll. Sie kann unsere Last verringern, abstrakte negative Gefühle konkreter machen und Verbundenheit erzeugen. Wenn Sie die Reue also dazu nutzen möchten, es in Zukunft besser zu machen, dann versuchen Sie es mit einem der folgenden Vorschläge:

- Schreiben Sie an drei aufeinanderfolgenden Tagen fünfzehn Minuten lang über das, was Sie bereuen.

- Sprechen Sie an drei aufeinanderfolgenden Tagen fünfzehn Minuten lang über das, was Sie bereuen, in ein Aufnahmegerät.

- Erzählen Sie jemand anderem persönlich oder am Telefon von dem, was Sie bereuen. Schildern Sie detailliert genug, was geschehen ist, doch setzen Sie sich ein Zeitlimit (vielleicht eine halbe Stunde), um die Gefahr des Wiederholens und Grübelns zu meiden.

Schritt 2. Selbstmitgefühl: Normalisieren und neutralisieren

Nachdem Sie Ihre Reue offenbart haben, sind Sie sich selbst und anderen preisgegeben. Und sobald dies der Fall ist, stehen Sie vor der Wahl, wie Sie reagieren sollen. Tadeln Sie sich? Oder klopfen

Sie sich auf die Schulter? Was ist effektiver – Selbstkritik üben oder die Selbstachtungsreserven anzapfen?

Die Antwort lautet: keins von beidem.

Als jemand mit einem unerschütterlichen Hang zur Selbstkritik, der diese Technik ein Leben lang verfeinert hat, war ich überrascht, als ich nach Beweisen für deren Effektivität suchte. Es gibt kaum welche. Geht es um bestimmte Handlungen statt um tief sitzende Neigungen, kann Selbstkritik uns zuweilen dazu motivieren, bessere Leistungen zu bringen. Doch wenn wir nicht sorgfältig mit ihr umgehen und sie in Grenzen halten, kann sie zu einer Form des innengelenkten »virtue signalling« werden. Sie vermittelt nach außen hin Zähigkeit und Ehrgeiz, führt jedoch oft zum Grübeln und zu Hoffnungslosigkeit statt zu produktivem Handeln.[12]

Das Gegenstück der Selbstkritik, das Selbstwertgefühl, kann effektiver sein. Dieses Gefühl genießt in gewissen Erziehungs- und Bildungskreisen, in denen mit Lob um sich geworfen wird und Teilnahmepokale glänzen, einen hohen Stellenwert. Es misst, wie sehr man sich selbst wertschätzt. Sind Sie mit sich selbst im Reinen? Wie wohlwollend beurteilen Sie Ihre Eigenschaften und Verhaltensweisen? So geben sich Menschen mit einem hohen Selbstwertgefühl in Umfragen Bestnoten für ihr Aussehen, ihre Intelligenz und ihre Beliebtheit – während sich Menschen mit einem geringen Selbstwertgefühl schlecht bewerten. (Kurioserweise stimmt keine der beiden Bewertungen damit überein, wie klug, attraktiv oder beliebt jemand wirklich ist.)[13] Wir alle brauchen ein gewisses Selbstwertgefühl, um heute zu überleben und morgen zu gedeihen. Und Bemühungen, dieses Gefühl zu stärken, können unsere Leistung verbessern und Depressionen und Angst mindern.

Doch das Selbstwertgefühl hat auch seine Kehrseiten. Da es eine unkritische, von der tatsächlichen Leistung unabhängige Bestätigung ermöglicht, kann es dem Narzissmus Vorschub leisten, das Mitgefühl verringern und Aggressionen schüren. Kriminelle zum Beispiel haben ein höheres Selbstwertgefühl als die Allgemeinbevölkerung. Das Selbstwertgefühl kann auch die Vorliebe für die eigene Gruppe und Vorurteile gegenüber anderen Gruppen fördern.[14] Da der Selbstwert relativ ist, muss ich, um mich selbst wohlwollend zu beurteilen, andere oft abwerten.

Diese Mängel sind der Grund dafür, dass einige der besten Sozialwissenschaftler der letzten fünfzig Jahre – unter ihnen Edward Deci, Richard Ryan und der verstorbene Albert Bandura – Alternativen zum Selbstwertgefühl erforscht haben.

Die überzeugendste und vielversprechendste Alternative ist das sogenannte »Selbstmitgefühl«, das den zweiten Schritt im Prozess darstellt, mit Reue umzugehen. Kristin Neff von der University of Texas bereitete dieser Erkenntnis vor fast zwanzig Jahren den Weg.

Der Begriff Selbstmitgefühl erwuchs zum Teil aus Neffs Erkenntnis, dass wir, wenn wir stolpern oder fallen, unnachsichtiger mit uns selbst umgehen, als wir es mit Freunden, Familienmitgliedern oder sogar Fremden in derselben misslichen Lage tun würden. Das ist kontraproduktiv, wie Neff aufgezeigt hat. Statt uns in Momenten, in denen wir frustriert sind oder versagt haben, schlechtzumachen oder zu schelten, würden wir besser daran tun, uns dieselbe Herzlichkeit und dasselbe Verständnis entgegenzubringen, das wir jemand anderem gegenüber zeigen würden. Selbstmitgefühl beginnt damit, dass wir erbarmungslose Urteile durch eine grundlegende Freundlichkeit ersetzen. Es ignoriert weder den Mist, den wir gebaut haben, noch unsere

Schwächen. Es erkennt einfach an, dass »unvollkommen sein, Fehler machen und auf Schwierigkeiten im Leben stoßen Teil der gemeinsamen menschlichen Erfahrung ist«.[15] Wir *neutralisieren* negative Erfahrungen, indem wir sie *normalisieren*. Selbstmitgefühl ermutigt uns, beim Umgang mit negativen Gefühlen den Mittelweg zu wählen – diese Gefühle nicht zu unterdrücken, sie aber auch nicht zu übertreiben oder uns zu stark mit ihnen zu identifizieren.

Selbstmitgefühl ist auch etwas, was wir lernen können.[16] Und wenn wir es gelernt haben, sind die Vorteile beträchtlich. Forschungen von Neff und anderen haben ergeben, dass Selbstmitgefühl in Zusammenhang mit größerem Optimismus sowie größerer Zufriedenheit, Neugier und Weisheit steht;[17] mit mehr persönlicher Initiative und einer höheren emotionalen Intelligenz,[18] mit größerer mentaler Widerstandsfähigkeit[19] und tieferen sozialen Beziehungen.[20] Es kann vor unproduktivem Wandern der Gedanken schützen[21] und Schülern helfen, mit schulischem Versagen fertigzuwerden.[22] Es korreliert auch mit weniger Depressionen, Angst, Stress, Scham sowie einem geringeren Perfektionismus[23] und verringert Symptome der posttraumatischen Belastungsstörung.[24] Eine 2019 durchgeführte Metaanalyse von mehr als neunzig Studien zeigte, dass Selbstmitgefühl sogar die Gesundheit, einschließlich der Immunfunktion, verbessern kann.[25]

In gewissem Sinne bietet uns das Selbstmitgefühl die Vorteile des Selbstwertgefühls ohne dessen Nachteile. Es kann uns vor den lähmenden Folgen der Selbstkritik schützen und gleichzeitig das mit dem Selbstwertgefühl verbundene Bedürfnis ausschalten, uns durch Selbstgefälligkeit und Vergleiche gut zu fühlen.

Im Zusammenhang mit der Reue wird seine Wirkung besonders offenkundig. 2016 erforschten die Psychologen Jia Wei Zhang, der nun an der University of Memphis lehrt, und Serena Chen von der University of California, Berkeley, inwieweit das Selbstmitgefühl Menschen hilft, ihre Reue zu überwinden und aus ihr zu lernen. Die Forscher rekrutierten mehrere Hundert Probanden und baten sie, zu benennen, was sie am meisten bereuten. Dann teilten sie die Probanden willkürlich in drei Gruppen auf. Die Teilnehmer der ersten Gruppe schrieben über das, was sie bereuten, »aus einer mitfühlenden und verständnisvollen Perspektive« einen Brief an sich selbst. Die Teilnehmer der zweiten Gruppe hatten die Aufgabe, diesen Brief aus einer Perspektive zu schreiben, die ihre positiven (statt negativen) Eigenschaften hervorhob. Die Teilnehmer der dritten Gruppe, die als Kontrollgruppe diente, schrieben über ein Hobby, das ihnen Spaß machte.

Diejenigen, die das Bereute voller Selbstmitgefühl thematisierten, änderten ihr Verhalten eher als diejenigen, bei denen bei der Betrachtung des Bereuten das Selbstwertgefühl im Mittelpunkt stand. Selbst diese einfache Schreibintervention führte dazu, dass die Probanden Möglichkeiten planten, das bereute Verhalten in Zukunft zu meiden – egal ob es um Handeln oder Nichthandeln ging. »Das Selbstmitgefühl scheint Menschen dazu zu bringen, ihre Reue willkommen zu heißen«, schreiben Zhang und Chen, »und diese Bereitschaft, in Kontakt mit ihrer Reue zu bleiben, bietet Menschen vielleicht die Möglichkeit, Wege zur persönlichen Weiterentwicklung zu entdecken.«[26]

In Fällen wie dem von Cheryl stellt das Selbstmitgefühl keine Entschuldigung dafür dar, dass sie keine größeren Anstrengungen unternommen hat, ihre Freundschaft aufrechtzuerhalten. Es bedeutet, dass sie sich selbst dieselbe Liebenswürdigkeit entgegenbringt, mit der sie jemand anderen behandeln würde, der das Zerbrechen einer Freundschaft bereut. Es bedeutet, »in Kontakt mit der Reue zu bleiben«, wie Zhang und Chen es formulieren, dabei jedoch das Versäumnis, die Freundschaft aufrechtzuerhalten, nicht zum Hauptmerkmal ihres Charakters zu machen. Und es bedeutet, Aussagen wie »Ich hab's wirklich vermasselt«, die ich von Cheryl mehrmals gehört habe, zu unterlassen und zu erkennen, wie normal, universell und menschlich das Bereute ist.

Selbstmitgefühl fördert nicht die Selbstgefälligkeit, wie manch einer vielleicht befürchtet.[27] Obwohl Selbstgeißelung motivierend zu sein scheint – vor allem für Amerikaner, deren Vorbilder in puncto Motivation oft Footballcoaches mit erhitzten Gesichtern und angeschwollenen Adern sind –, produziert sie oft Hilflosigkeit. Demgegenüber veranlasst das Selbstmitgefühl die Menschen, ihren Schwierigkeiten ins Auge zu sehen und die Verantwortung für sie zu übernehmen, wie Forscher herausgefunden haben. So schreibt Neff: »Weit davon entfernt, eine Entschuldigung für Nachgiebigkeit gegen uns selbst zu sein, treibt das Selbstmitgefühl uns an – aus den richtigen Gründen.«[28]

Gestützt auf die Wissenschaft vom Selbstmitgefühl besteht also der zweite Schritt bei der Umwandlung unserer Reue darin, uns drei Fragen zu stellen:

- Wenn ein Freund oder Verwandter mit demselben Bedauern wie meinem zu mir käme, würde ich ihm dann mit Freundlichkeit oder mit Verachtung begegnen?

Wenn Ihre Antwort Freundlichkeit lautet, sollten Sie auch sich selbst diese Freundlichkeit entgegenbringen. Lautet Ihre Antwort Verachtung, versuchen Sie es mit einer anderen Antwort.

- Handelt es sich bei dieser Art der Reue um etwas, das auch andere Menschen erlebt haben, oder bin ich die einzige Person, die diese Reue je empfunden hat?

Wenn Sie glauben, dass Ihr Fehler Teil unseres gemeinsamen Menschseins ist, dann denken Sie über diese Ansicht nach, weil sie fast immer zutrifft. Sollten Sie glauben, dass die Welt darauf aus ist, allein Sie zu quälen, lesen Sie bitte noch einmal Kapitel 7–10.

- Repräsentiert das Bereute einen unangenehmen Moment in meinem Leben oder definiert es mein Leben?

Wenn Sie glauben, dass es sich lohnt, sich dessen, was Sie bereuen, bewusst zu sein, sich aber nicht zu stark damit zu identifizieren, sind Sie auf dem richtigen Weg. Wenn Sie glauben, dass das Bereute Sie voll und ganz ausmacht, fragen Sie jemand anderen, was er dazu meint.

Diese drei Fragen, die den Kern des Selbstmitgefühls bilden, bringen uns zum letzten Schritt des Prozesses.

Schritt 3. Selbstdistanzierung: Analysieren und eine Strategie entwerfen

Julius Caesar und Elmo sind, zumindest oberflächlich betrachtet, ein ungleiches Paar. Der eine war ein römischer Staatsmann, General und Historiker, der in einem Shakespeare-Drama verewigt worden ist und vor mehr als 2000 Jahren gelebt hat. Der andere ist ein leicht manischer Muppet mit rotem Fell und orangefarbener Nase, dessen Nationalität unklar ist, doch dessen aktuelle Anschrift Sesamstraße lautet.

Beide Gestalten greifen jedoch nur allzu gern zum selben rhetorischen Mittel, dem »Illeismus«, sprechen also über sich selbst in der dritten Person. Wenn Julius Caesar in seinem Buch *De bello Gallico* seine Heldentaten im Gallischen Krieg beschreibt, verwendet er nie das Wort »ich« oder ein anderes Pronomen der 1. Person. Vielmehr formuliert er Sätze wie: »Caesar erfuhr durch Spione, dass der Berg im Besitz seiner eigenen Männer war.« Ebenso verachtet auch Elmo, wenn er erklärt, dass er sich dem Leben des Geistes verschrieben hat, die 1. Person. Er bevorzugt Konstruktionen wie: »Elmo liebt es zu lernen!«

Einige Menschen finden den Illeismus nervig (aber Daniel Pink stört er nicht). Seine Existenz als Sprach- und Erzählstil veranschaulicht jedoch den letzten Schritt in dem Prozess, anders mit Reue umzugehen. Über uns selbst in der dritten Person zu sprechen ist eine Variante dessen, was Psychologen »Selbstdistanzierung« nennen.

Wenn wir von negativen Gefühlen, einschließlich der Reue, geplagt werden, ist eine mögliche Reaktion, mit ihnen auf Tuchfühlung zu gehen, in diese Gefühle einzutauchen und uns ihrer Negativität zu stellen. Doch dieses Eintauchen kann uns in einen Sog des Grübelns hineinziehen. Eine bessere, effektivere und nachhaltigere Methode ist die, sich in die entgegengesetzte Richtung zu bewegen – nicht einzutauchen, sondern herauszuzoomen und unsere Situation wie ein unbeteiligter Beobachter zu betrachten, ähnlich einem Filmregisseur, der die Kamera zurückfährt. Nachdem die Selbstenthüllung uns von der Last befreit hat, ein Gefühl der Reue mit uns herumzutragen, und das

Selbstmitgefühl das Bereute als menschliche Unvollkommenheit umgedeutet hat, statt es als beeinträchtigenden Fehler zu sehen, hilft die Selbstdistanzierung uns, zu analysieren und eine Strategie zu entwickeln – das Bereute leidenschaftslos ohne Scham und Groll zu untersuchen und aus ihm eine Lehre zu ziehen, die unser künftiges Verhalten steuern kann.

Die Selbstdistanzierung verwandelt uns von einem Sporttaucher in einen Ozeanografen, von jemandem, der in den unergründlichen Tiefen der Reue schwimmt, in jemanden, der über das Wasser fliegt, um dessen Beschaffenheit und Küstenlinie zu untersuchen. »Menschen, die sich von sich selbst distanzieren, fokussieren sich weniger darauf, von ihren Erfahrungen zu erzählen, sondern mehr darauf, sie auf Weisen zu rekonstruieren, die zu einer Erkenntnis verhelfen und dazu, mit der Sache abschließen zu können«, erklären Ethan Kross von der University of Michigan und Özlem Ayduk von der University of California, Berkeley, zwei prominente Forscher zu diesem Thema.[29] Der Wechsel vom immersiven Akt des Erzählens zum distanzierteren Akt des Rekonstruierens hat den Effekt, unsere Emotionen zu regulieren und unser Verhalten neu auszurichten. Sich von sich selbst zu distanzieren stärkt das Denkvermögen,[30] verbessert die Problemlösungsfertigkeiten,[31] verhilft zu mehr Lebensweisheit[32] und senkt sogar stressbedingten erhöhten Blutdruck.[33]

Wir können von dem, was wir bereuen, auf dreierlei Weise Abstand gewinnen:

Erstens durch räumliche Distanz. Diese klassische Methode ist, wenig überraschend, als die Technik des »Mäuschenspielens« bekannt. Statt das Bereute aus der eigenen Perspektive zu betrachten – »Ich habe wirklich Mist gebaut, als ich zuließ, dass meine enge Freundschaft mit Jen entzweigte, und dann nichts unternommen habe, um sie wieder zu kitten« –, sollten Sie die Perspektive eines neutralen Beobachters einnehmen. »Ich habe beobachtet, wie eine Person es zugelassen hat, dass sich eine wichtige Freundschaft auseinanderentwickelte. Doch wir machen alle Fehler, und sie kann diesen wiedergutmachen, indem sie sich bei wichtigen Freunden, einschließlich Jen, regelmäßiger und öfter meldet.«

Vielleicht ist Ihnen aufgefallen, dass Sie oft besser darin sind, die Probleme anderer Menschen zu lösen als Ihre eigenen. Da Sie weniger in die Sache verstrickt sind, können Sie das Gesamtbild sehen. Kross und Igor Grossmann von der kanadischen University of Waterloo haben aufgezeigt, dass Menschen, die einen Schritt zurücktreten und ihre eigene Situation so bewerten, wie sie die Situationen anderer Menschen bewerten würden, diese Wahrnehmungslücke schließen. Sie denken genauso effektiv über ihre eigenen Probleme nach wie über die Probleme anderer.[34] Ebenso wichtig ist es, dass die Technik des Mäuschenspielens uns hilft, Kritik auszuhalten und aus Kritik zu lernen (sie macht es leichter, die Kritik nicht persönlich zu nehmen), was entscheidend dafür ist, Reue in ein Instrument umzuwandeln, das uns hilft, es beim nächsten Mal besser zu machen.[35] Diese Art der Distanzierung kann physisch oder mental erfolgen. An einen anderen Ort zu gehen, um das, was wir bereuen, zu analysieren, oder uns sprichwörtlich in unserem Sessel zurückzulehnen statt vorzubeugen, kann Probleme weniger schwierig erscheinen lassen und die Angst verringern, sie anzugehen.[36]

Zweitens können wir durch zeitliche Distanz Abstand von etwas gewinnen. Wir können die Fähigkeit, Zeitreisen zu unternehmen, d. h. genau jene Fähigkeit, durch die Reue ausgelöst wird, auch dazu nutzen, das Bereute zu analysieren und eine

Strategie zu entwickeln, aus ihm zu lernen. So zeigte eine Studie, dass es den Stress der Probanden verringerte und ihre Problemlösungsfähigkeiten verbesserte, wenn man sie dazu aufforderte, zu überlegen, wie sie eine negative Situation in zehn Jahren sehen würden, statt zu überlegen, wie die Situation wohl in einer Woche aussehen würde.[37]

In Gedanken die Zukunft zu besuchen – und dann das, was wir bereuen, rückblickend zu untersuchen –, aktiviert eine ähnliche Art von unvoreingenommener, das große Ganze im Blick behaltender Perspektive, wie es die Technik des Mäuschenspielens vermag. Es kann das Problem kleiner, von kürzerer Dauer und leichter zu überwinden erscheinen lassen.[38] Cheryl zum Beispiel könnte sich ausmalen, wie sie in zehn Jahren auf das, was sie bereut, zurückblickt. Fühlt sie sich schlecht, weil sie es zugelassen hat, dass sie und ihre Freundin fünfunddreißig Jahre lang keinerlei Kontakt mehr hatten? Oder ist sie zufrieden, weil sie sich mit ihrer Reue in puncto Bindungen – in Bezug auf Jen oder andere – auseinandergesetzt hat? Wenn wir so tun, als würden wir das Problem rückblickend betrachten statt aus unserer heutigen Perspektive, werden wir die Selbstrechtfertigung eher durch Selbstverbesserung ersetzen.[39]

Die dritte Möglichkeit der Selbstdistanzierung stellt die Sprache dar, wie Julius Caesar und Elmo uns lehren. Kross, Ayduk und andere sind im Rahmen ihrer faszinierenden Forschung zu dem Schluss gekommen, dass »subtile Veränderungen der Sprache, die die Menschen verwenden, um während der Innenschau von sich selbst zu sprechen, sich auf ihre Fähigkeit auswirken können«, ihr Denken, Fühlen und Verhalten unter Stress zu regulieren«.[40] Wenn wir nicht länger in der 1. Person mit uns selbst reden, kann der hierdurch erzeugte Abstand uns helfen, Bedrohungen als

Herausforderungen zu betrachten und Leid durch Sinnhaftigkeit zu ersetzen. Grossmann und mehrere seiner Kollegen machten sich Caesars Technik zunutze und stellten dabei Folgendes fest: Wenn ihre Probanden beim Beschreiben von Problemen Pronomen der 3. Person wie »sie« und »er« statt Pronomen der 1. Person wie »mich«, »mir« und »mein« verwendeten, vergrößerte dies ihre intellektuelle Demut und ließ sie Schwierigkeiten genauer durchdenken.[41] Etwas, was wir bereuen, in der 2. Person zu thematisieren – von uns selbst als »du« statt als »ich« zu sprechen –, hilft laut Forschungen von Sanda Dolcos und Dolores Albarracín auch, Aufgaben besser zu bewältigen, und verstärkt unsere Bemühungen, uns künftig angemessener zu verhalten.[42] Allein schon das verallgemeinernde Wort »man« zu benutzen kann negative Erfahrungen destigmatisieren und uns helfen, ihnen einen Sinn abzugewinnen.[43]

Und möglicherweise ist Elmo klüger, als er aussieht. Das Wort »ich« durch den eigenen Namen zu ersetzen hat einen ähnlichen Effekt. So waren Menschen, denen während der Ebola-Hysterie von 2014 im Rahmen eines weiteren von Kross geleiteten Projekts die Aufgabe gestellt wurde, den eigenen Namen statt das Personalpronomen »ich« zu verwenden, wenn sie über die Krankheit nachdachten, besser in der Lage, faktengestützte Gründe dafür vorzubringen, wegen des Ebola-Ausbruchs nicht in Panik zu geraten.[44] Selbstdistanzierung durch Sprache ist zudem weder mühsam noch zeitaufwendig. Laut einer Neuroimaging-Studie können sich die Wirkungen innerhalb von einer Sekunde einstellen.[45]

Um von der Selbstdistanzierung zu profitieren, können Sie eine der folgenden Übungen probieren:

- Stellen Sie sich vor, dass Ihr bester Freund genau dasselbe bereut wie Sie. Welche Lehre erteilt ihm seine Reue? Was würden Sie ihm raten, als Nächstes zu tun? Seien Sie so konkret wie möglich. Folgen Sie nun Ihrem eigenen Rat.

- Stellen Sie sich vor, Sie seien ein neutraler Experte – ein Doktor der Reuewissenschaften –, der das, was Sie bereuen, in einem sauberen, makellosen Untersuchungsraum analysiert. Wie lautet Ihre Diagnose? Erklären Sie in klinischen Begriffen, was falsch gelaufen ist. Was verordnen Sie sich dann? Schreiben Sie nun eine E-Mail an sich selbst – wobei Sie Ihren Vornamen und das Pronomen »du« verwenden –, in der Sie die kleinen Schritte darlegen, die nötig sind, um aus dem Bereuten etwas zu lernen.

- Wenn Sie etwas im Zusammenhang mit Ihrem Unternehmen oder Ihrer Karriere bereuen, probieren Sie eine Technik des verstorbenen Intel-CEO Andy Grove aus, der sich Berichten zufolge selbst fragte: »Wenn ich morgen ersetzt würde, was würde mein Nachfolger dann tun?«[46]

- Stellen Sie sich vor, Sie würden in zehn Jahren voller Stolz darauf zurückblicken, wie Sie auf das Bereute reagiert haben. Was haben Sie damals getan?

Der Blick zurück kann uns helfen voranzukommen, aber nur, wenn wir es richtig machen. Mithilfe der Sequenz von Selbstenthüllung, Selbstmitgefühl und Selbstdistanzierung können wir auf einfache, jedoch systematische Weise unsere Reue in eine Kraft umwandeln, die uns effektiv zu Stabilität, Erfolg und Zielgerichtetheit verhilft.

Aber wir sind noch nicht ganz fertig. Es ist auch möglich voranzukommen, indem wir *nach vorn schauen* – indem wir voraussehen, dass wir etwas bereuen werden, bevor es geschehen ist.

SIEBEN ANDERE TECHNIKEN, DIE SIE NICHT BEREUEN WERDEN

1. Rufen Sie einen Reue-Gesprächskreis ins Leben.

Betrachten Sie Reue-Gesprächskreise als nahe Verwandte von Lesezirkeln. Laden Sie fünf oder sechs Freunde zum Kaffee, Tee oder zu Drinks ein. Bitten Sie zwei von ihnen, sich darauf vorzubereiten, von einer bedeutsamen Sache zu erzählen, die sie bereuen. Lassen Sie sie ihre Geschichte erzählen. Bitten Sie dann die anderen, das, was bereut wird, zunächst einmal zu kategorisieren. (Geht es um Reue in puncto Handeln oder Nichthandeln? In welche – wenn überhaupt eine – der vier Tiefenstrukturkategorien fällt das Bereute?) Anschließend geht die Gruppe für jede bereute Sache die Schritte des Bekennens, Mitfühlens und Distanzierens durch. Am Ende des Treffens verpflichten sich die beiden, die von ihrer Reue berichtet haben, etwas Bestimmtes zu tun (z. B. einem unangenehmen Chef gegenüber ihre Meinung zu vertreten oder sich mit ihrem Traummann / ihrer Traumfrau zu verabreden). Beim nächsten Treffen müssen die beiden Rechenschaft darüber ablegen, ob sie ihr Versprechen gehalten haben, und zwei andere Teilnehmer berichten von etwas, was sie bereuen.

2. Erstellen Sie einen Lebenslauf des Scheiterns.

Die meisten von uns haben schon einmal einen Lebenslauf geschrieben – in dem die bisherigen Jobs und Erfahrungen aufgeführt und dem Zeugnisse hinzugefügt sind, die potenziellen Arbeitgebern und Kunden zeigen, wie qualifiziert, erfahren und kompetent wir sind. Tina Seelig, Dozentin an der Stanford University, behauptet, dass wir auch einen »Lebenslauf des Scheiterns« brauchen, ein detailliertes und sorgfältiges Inventar unserer Misserfolge. Ein solcher Lebenslauf stellt eine weitere Methode dar, das, was wir bereuen, zu thematisieren. Schon allein der Akt, einen solchen Lebenslauf zu erstellen, ist eine Art der Enthüllung. Und indem Sie den Lebenslauf des Scheiterns nicht aus der Sicht des Protagonisten, sondern aus der eines Beobachters betrachten, können Sie daraus lernen, ohne sich durch Ihre Fehler herabgewürdigt zu fühlen. Vor einigen Jahren habe ich meinen Lebenslauf des Scheiterns zusammengestellt und dann versucht, Lehren aus meinen Fehlern zu ziehen. (Diese Peinlichkeiten mir selbst gegenüber enthüllt zu haben, reicht mir vollkommen, vielen Dank.)

Mir wurde klar, dass ich wiederholt in abgewandelter Form dieselben beiden Fehler gemacht hatte, und dieses Wissen hat mir geholfen, diese Fehler zukünftig zu vermeiden.

3. Erforschen Sie das Selbstmitgefühl.

Ich beschäftige mich nun seit zwanzig Jahren mit der sozialwissenschaftlichen Forschung und versuche, aus ihr schlau zu werden, doch nur wenige Themen haben mich so stark angesprochen wie die Forschung zum Selbstmitgefühl. Das Selbstmitgefühl zu verstehen half mir, meinen exzessiven Hang zur Selbstkritik zu drosseln, weil ich zu der Überzeugung gelangte, dass es zwar für den Masochisten in mir vergnüglich, aber einfach nicht effektiv war, mich selbst zu schelten. Das Selbstmitgefühl half mir auch, meine für mich typischen Probleme als normal und lösbar zu betrachten. Ich kann Sie nur dazu ermutigen, sich eingehender mit diesem Thema zu befassen. Einen guten Ausgangspunkt bildet Kristin Neffs Website (https://self-compassion.org), wo Sie Ihren eigenen Grad an Selbstmitgefühl messen können. Neffs Buch *The Proven Power of Being Kind to Yourself* ist ebenfalls empfehlenswert.

4. Verknüpfen Sie Ihre Neujahrsvorsätze mit dem, was Sie bereuen, im alten Jahr getan oder nicht getan zu haben.

Ein Kernpunkt dieses Kapitels – und des gesamten Buches – ist, dass der Blick zurück uns helfen kann, nach vorn zu schauen. Eine Möglichkeit, diesem Prinzip in Ihrem Leben zu folgen, ist, ein Ritual einzuführen. Ende Dezember regt uns der Jahreswechsel zu Neujahrsvorsätzen an. Doch versuchen Sie es zunächst mit dem Vorläufer dieses Rituals: Blicken Sie zurück auf das Jahr, das bald enden wird, und führen Sie drei Dinge auf, die Sie bereuen. Bereuen Sie es, den Kontakt zu einem Verwandten oder ehemaligen Kollegen nicht wiederhergestellt zu haben? Oder dass Sie nie dazu gekommen sind, Ihr Nebengeschäft zu gründen? Oder dass Sie gelogen und dadurch Ihre Werte kompromittiert haben? Schreiben Sie diese Dinge auf. Und machen Sie es zu Ihren obersten Vorsätzen für das neue Jahr, das bereute Handeln rückgängig zu machen und die Reue, nicht gehandelt zu haben, produktiv zu nutzen.

5. Wenden Sie die Strategie der mentalen Subtraktion positiver Ereignisse an.

Um dem, was Sie bereuen, den Stachel zu nehmen, empfehle ich Ihnen, einen durch den Film *Ist das Leben nicht schön?* (1946) berühmt gewordenen mentalen Trick auszuprobieren. An Heiligabend ist George Bailey kurz davor, sich das Leben zu nehmen. Doch Clarence, ein Engel, bewahrt ihn davor und zeigt ihm, wie das Leben in Bedford Falls aussehen würde, wenn er nie geboren worden wäre. Clarence' Technik wird »mentale Subtraktion positiver Ereignisse« genannt.[47] Denken Sie an etwas Gutes in Ihrem Leben – eine enge Freundschaft, einen beruflichen Erfolg, eins Ihrer Kinder. Bedenken Sie all die Entscheidungen und die Unentschlossenheit, die Fehler und Triumphe, die zu dieser glücklichen Situation führten. Blenden Sie diese nun gedanklich aus. Um ein Beispiel aus dem letzten Kapitel zu nehmen: Ich könnte mental subtrahieren, dass ich meine Frau kennengelernt habe. Das Ergebnis wäre Trübsal und Schwermut. Doch so wie bei George Bailey würde die Subtraktion meine Dankbarkeit vertiefen und das, was ich bedaure, in einem neuen Licht erscheinen lassen.

6. Nehmen Sie am World Regret Survey teil.

Wenn Sie es noch nicht getan haben, dann nehmen Sie am World Regret Survey teil und beschreiben Sie das, was Sie bereuen (www.worldregretsurvey.com). Das Bereute schriftlich festzuhalten kann es entschärfen – und den Abstand bieten, es zu bewerten und entsprechend zu handeln. Sie können auch lesen, was andere Menschen bereuen. Das ermöglicht Ihnen einen Blick auf unser gemeinsames Menschsein und kann Ihnen helfen, besser mit Ihrer Reue umzugehen. Fragen Sie sich, während Sie lesen, was Menschen aus aller Welt bereuen: In welche Reuekategorie gehört es? Welchen Rat würden Sie dem Betreffenden geben, damit er seine Reue als positive Kraft nutzen kann?

7. Nehmen Sie eine Reise-Denkweise an.

Unsere Ziele zu erreichen kann uns vor Reue schützen. Doch wenn wir unser Verhalten nach dem Erreichen dieser Ziele nicht fortsetzen – indem wir zum Beispiel weiterhin regelmäßig Sport treiben oder die guten Arbeitsgewohnheiten beibehalten, die zum Abschluss eines Projekts führten –, wird die Reue schnell Eingang in unser Denken finden. Ein Gegengift dafür stammt von den Professoren der Stanford University Szu-chi Huang und Jennifer Aaker, die die sogenannte »Reise-Denkweise« empfehlen. Huang und Aaker haben festgestellt, dass wir, wenn wir ein Ziel erreicht haben – eine schwierige und wichtige Aufgabe abgeschlossen haben –, manchmal nachlassen und denken, dass unsere Arbeit erledigt sei. Doch das ist sie normalerweise nicht. Genießen Sie nicht nur einfach das Ziel, das Sie erreicht haben. Betrachten Sie noch einmal die Schritte, die Sie dorthin gebracht haben. Verbringen Sie weniger Zeit damit, das Ziel zu feiern, und mehr Zeit damit, über die Reise nachzudenken.

»Ich bereue es, dass ich mir von meinem College-Berater habe einreden lassen, ich hätte nicht das Zeug dazu, Ärztin zu werden. Ich wünschte, ich hätte an mich geglaubt und es wenigstens versucht.«

— FRAU, 54, MARYLAND

»Ich bereue es, dass ich so viel Freizeit vergeudet habe, bevor ich Kinder bekam. Rückblickend war ich ABSOLUT nicht zu beschäftigt, um Spanisch zu lernen, regelmäßig Sport zu treiben oder mir bei der Arbeit mehr Mühe zu geben, um besonders gut in meinem Job zu werden.«

— MANN, 29, INDIANA

»Ich bereue es, nicht sexuell aktiver gewesen zu sein.«

— FRAU, 71, MICHIGAN

14.

Reue antizipieren

»Lebe so, als würdest du zum zweiten Mal
leben und als hättest du beim ersten Mal alles
so falsch gemacht, wie du es zu machen im
Begriff bist.« — VICTOR FRANKL, 1946

E ines Morgens im Jahr 1888 erwartete Alfred Nobel eine Überraschung in der Morgenzeitung. Auf deren Seiten stand,
schwarz auf weiß und für alle lesbar, ein Nachruf auf ihn. Ein
französischer Journalist hatte Alfreds Bruder Ludwig, der gestorben war, mit Alfred verwechselt, der eindeutig noch lebte.
So sahen Fake News im Zeitalter des Fin de Siècle aus.

Wirklich zu schaffen machte Alfred jedoch die Art, wie die
Überschrift sein Lebenswerk zusammenfasste. »Le marchand de
la mort est mort« (»Der Händler des Todes ist tot«).

Nobel, ein Schwede, der fünf Sprachen beherrschte, war ein
genialer Chemiker und hervorragender Erfinder. Und das, was
er erfand, waren Dinge, die bum! machten: Zünder, Spreng-
kapseln und vor allem Dynamit, das er in den 1860er-Jahren pa-
tentieren ließ. Er baute überall auf der Welt Dynamitfabriken,
was ihn zum Multimillionär und zu einem von Europas berühmtesten Industriellen machte.

Doch in besagtem Nachruf wurde nicht die Geschichte von technischer Genialität und unternehmerischem Mut erzählt. Der Nachruf beschrieb eine verschmutzte Seele, die ein schändliches Vermächtnis hinterlassen hatte – einen gierigen und unmoralischen Mann, der sagenhaft reich geworden war, indem er Menschen Werkzeuge verkauft hatte, mit denen sie einander vernichten konnten.

Als Nobel acht Jahre später starb, enthielt sein Testament eine Überraschung. Statt sein Vermögen seiner Familie zu hinterlassen, legte er fest, dass damit eine Stiftung gegründet und Preise an jene verliehen werden sollten, »die im vergangenen Jahr der Menschheit den größten Nutzen erbracht haben« – die Nobelpreise.

Den Anstoß hierzu gab der Legende nach der verfrühte Nachruf.[1] Nobel erhaschte einen Blick auf seine Zukunft und bereute, was er sah. Um die antizipierte Reue zu meiden, änderte er sein Verhalten.

In den beiden vorangegangenen Kapiteln ging es um durch das Rückfenster betrachtete Reue, in diesem Kapitel um Reue, die durch die Frontscheibe betrachtet wird. Reue ist ein Gefühl, das entsteht, wenn wir zurückblicken. Doch wir können es auch proaktiv nutzen – um in die Zukunft zu schauen, vorherzusagen, was wir bereuen werden, und unser Verhalten dann auf der Basis unserer Vorhersage zu ändern. Manchmal weist diese Methode uns den Weg in eine vielversprechende Richtung. Zu anderen Zeiten kann sie uns in die Irre führen. Doch wenn wir sowohl die Vorteile als auch die Nachteile verstehen, die das Antizipieren von Reue hat, können wir unsere Strategie darauf ausrichten, nach einem guten Leben zu streben.

Die Vorteile des Antizipierens

Wie die meisten großen Forschungseinrichtungen betreibt die Duke University ein umfassendes Bibliothekssystem für ihre Studenten und Dozenten. Und wie die meisten Organisationen wollen die Duke University Libraries (DUL) wissen, was ihre Kunden von ihren Angeboten halten. Um dies zu erfahren, verließen sich die DUL traditionell auf Umfragen, die an ihre Gemeinde gemailt wurden. Doch sie sahen sich immer wieder dem gleichen Problem gegenüber: Die meisten Leute machten sich nicht die Mühe, diese Fragebogen auszufüllen.

Und so brüteten die cleveren Bibliothekare der Duke einen Plan aus – ein einfaches Experiment, das Licht auf antizipierte Reue wirft.

2016 sandten sie der Hälfte von Dukes 6000 Studenten einen Fragebogen und ließen sie wissen, dass sie automatisch an einer Verlosung teilnehmen würden, bei der ein Geschenkgutschein im Wert von 75 Dollar zu gewinnen sei, wenn sie den Fragebogen ausfüllen und zurückschicken würden.

Auch die anderen 3000 Studenten erhielten eine E-Mail mit dem Fragebogen. Aber dieses Mal galten andere Regeln. *Jeder* würde automatisch an der Verlosung für den Geschenkgutschein im Wert von 75 Dollar teilnehmen. Doch wenn die Organisatoren den Namen von jemandem zögen, der den Fragebogen nicht ausgefüllt hatte, würde er keinen Anspruch auf den Preis haben und die Organisatoren würden einen anderen Namen auswählen.

Welche Methode brachte mehr Studenten dazu, den Fragebogen auszufüllen?

Das Ergebnis war nicht einmal knapp. Nach einer Woche hatte nur ein Drittel der Studenten der ersten Gruppe den Fragebogen ausgefüllt, aber zwei Drittel der Studenten der zweiten Gruppe.[2] Im ersten Fall handelte es sich um eine gute altmodische Lotterie, im zweiten Fall um das, was Verhaltensökonomen inzwischen als »Reuelotterie« bezeichnen.

Reuelotterien stellen eine Möglichkeit dar, mittels antizipierter Reue unser Verhalten zu ändern. Wenn ich an einer normalen Lotterie teilnehmen will, muss ich bestimmte Schritte unternehmen – im Duke-Beispiel einen Fragebogen ausfüllen und zurückschicken. Tue ich es nicht, und jemand, der es tut, gewinnt, bin ich vielleicht ein bisschen enttäuscht (falls ich überhaupt davon erfahre). Doch da die Gewinnchancen gering sind und ich emotional so gut wie nichts investiert habe, ist es unwahrscheinlich, dass ich am Boden zerstört sein werde.

Bei einer Reuelotterie bewerte ich meine Entscheidung jedoch anders. Wenn die Organisatoren meinen Namen ziehen und ich den Fragebogen nicht ausgefüllt habe, werde ich mir garantiert Vorwürfe machen. Ich kann mir leicht eine Zukunft vorstellen, in der ich den Preis gewinne – doch der Geschenkgutschein wird mir wegen meiner eigenen Dummheit, meiner Faulheit oder meinem fehlenden Bemühen aus den Händen gerissen. Und wenn ich dieses ungute Gefühl vorausahne, werde ich so wie zwei Drittel der Studenten vorgehen und den Fragebogen ausfüllen.

Reuelotterien führen auf effektive Weise Verhaltensänderungen in vielen Bereichen herbei.[3] Sie machen sich eine der »Verlustaversion« ähnliche kognitive Eigenart zunutze. Im Allgemeinen empfinden wir den Schmerz, etwas zu verlieren, als größer als das Vergnügen, das Entsprechende zu gewinnen – sodass wir außergewöhnliche (und oft irrationale) Anstrengungen unternehmen, Verluste zu meiden. »Verluste wiegen schwerer als Gewinne«, heißt es.[4] Ebenso wiegt Reue schwerer als Freude, wenn wir unsere Gefühle antizipieren. In vielen Situationen übertrifft der voraussichtliche Schmerz der Reue den voraussichtlichen Gewinn.

Dies kann uns oft zum Vorteil gereichen. Unsere Reue vorauszuahnen verlangsamt unser Denken. Es führt dazu, dass wir auf die zerebralen Bremsen treten, was uns Zeit gibt, zusätzliche Informationen zu sammeln und nachzudenken, bevor wir eine Entscheidung treffen. Reue zu antizipieren ist besonders nützlich, wenn es darum geht, mit bereutem Nichthandeln zurechtzukommen.

Russell Ravert von der University of Missouri, Linda Fu vom Children's National Hospital in Washington, DC, und Gregory Zimet von der Indiana University School of Medicine führten 2021 eine Studie durch, die ergab, dass der Hauptgrund für junge Erwachsene, während der Corona-Epidemie einen COVID-Test machen zu lassen, die Aussicht auf die Reue war, die sie empfinden würden, wenn sie nicht handelten – wenn sie den Test nicht machen und dann unbeabsichtigt einen anderen Menschen anstecken würden.[5] Bei einer weiteren 2021 von Katharina Wolff von der Universität Bergen in Norwegen durchgeführten Studie wurde ein ähnlicher Effekt im Zusammenhang mit den COVID-Impfungen festgestellt. Die antizipierte Reue, nicht zur Impfung gegangen zu sein und damit sich selbst und andere gefährdet zu haben, motivierte die Menschen sogar noch stärker dazu, sich impfen zu lassen, als Faktoren wie zum Beispiel die Entscheidung von Gleichaltrigen und Familienmitgliedern.[6]

Wenn wir uns vorstellen, wie schlecht wir uns in Zukunft fühlen könnten, wenn wir jetzt nicht angemessen handeln, kann dieses negative Gefühl – das wir eher simulieren als erleben –

unser Verhalten verbessern. Eine 2016 durchgeführte Metaanalyse von einundachtzig Studien mit insgesamt 45 618 Teilnehmern ergab, dass »antizipierte Reue mit einer großen Vielzahl von Gesundheitsverhaltensweisen verknüpft war«.[7] So zeigte eine viel beachtete britische Studie von Charles Abrahahm von der University of Sussex und Paschal Sheeran von der University of Sheffield, dass Menschen, die dazu ermuntert wurden, der einfachen Aussage »Würde ich in den nächsten beiden Wochen nicht mindestens sechsmal Sport treiben, würde ich Reue empfinden« zuzustimmen, in der Folge viel mehr Sport trieben als Menschen, in deren Gedanken Reue keine Rolle spielte.[8]

Sehr viele in den vergangenen fünfzehn Jahren durchgeführte Studien haben deutlich gemacht, dass das Antizipieren von Reue uns auch dazu veranlassen kann, mehr Obst und Gemüse zu essen,[9] uns gegen Humane Papillomviren (HPV) impfen zu lassen,[10] zur Grippeimpfung zu gehen,[11] Kondome zu benutzen,[12] uns mehr über unsere Gesundheit zu informieren,[13] auf erste Anzeichen von Krebs zu achten,[14] vorsichtiger zu fahren,[15] zum Gebärmutterhalskrebs-Screening zu gehen,[16] mit dem Rauchen aufzuhören,[17] den Verzehr von Fertigprodukten einzuschränken[18] und sogar mehr zu recyceln.[19]

Reue zu antizipieren ist ein geeignetes Beurteilungstool. Fragen Sie sich in Situationen, in denen Sie unsicher sind, wie Ihr nächster Schritt aussehen soll: »Werde ich es in Zukunft bereuen, mich dafür entschieden zu haben, X nicht zu tun?« Beantworten Sie diese Frage. Wenden Sie diese Frage auf Ihre derzeitige Situation an. Diese Methode liegt den zunehmend beliebten »Nachruf-Partys« zugrunde – bei denen Menschen von der Geschichte Alfred Nobels inspiriert ihren eigenen Nachruf entwerfen und diesen dazu nutzen, die ihnen noch verbleibenden Jahre zu gestalten.[20] Auch zum »Pre-mortem«-Konzept hat diese Idee angeregt. Diese Managementtechnik nutzen zum Beispiel Arbeitsteams, um noch vor dem Beginn eines Projekts in Gedanken in die Zukunft zu reisen und sich ein Albtraum-Szenario vorzustellen, in dem alles schiefgelaufen ist – zum Beispiel der Zeitrahmen und das Budget gesprengt wurden oder das Projekt überhaupt nicht fertiggestellt wurde. Die Teams nutzen dann diese Erkenntnisse, um die Fehler von vornherein zu vermeiden.[21]

Wenn irgendjemand diese Herangehensweise an die Arbeit und das Leben verkörpert – der Spitzenprädator der antizipierten Reue-Nahrungskette –, dann ist es Jeff Bezos. Als Gründer eines der weltweit größten Unternehmen gehört er zu den reichsten Menschen der Welt. Er ist der Besitzer der *Washington Post*. Er hat einen Ausflug ins Weltall unternommen. Er ist außerdem für ein Konzept bekannt, das er das »Regret Minimization Framework« (Modell zur Minimierung der Reue) nennt.

Anfang der 1990er-Jahre arbeitete Bezos im Bankwesen, als er ein Unternehmen ersann, das Bücher mittels einer neumodischen Technologie namens World Wide Web verkaufen würde. Als Bezos seinem Chef erzählte, dass er vorhabe, seinen gut bezahlten Job aufzugeben, drängte dieser ihn, ein paar Tage lang über den Schritt nachzudenken, bevor er ihn unternähme.

Bezos, ein ausgebildeter Computerwissenschaftler, suchte nach einer Möglichkeit, seinen Entschluss systematisch zu analysieren – einer Art Algorithmus, um zu einem fundierten Ergebnis zu gelangen. Und schließlich hatte er ihn gefunden. 2001 erklärte er in einem Interview:

Ich habe mir vorgestellt, ich bin achtzig und sag mir: »Okay, jetzt blicke ich zurück auf mein Leben. Ich will, dass die Anzahl der Dinge, die ich bereue, möglichst gering ist. Ich wusste, dass ich meine Entscheidung mit achtzig nicht bereuen würde – den Versuch, etwas mit Internet zu machen. Ich hielt das Internet für etwas wirklich Großes. Ich wusste, dass ich es nicht bereuen würde, wenn ich scheiterte, aber ich wusste, dass es da durchaus etwas gab, das ich vielleicht bereuen könnte: es nämlich nicht mal versucht zu haben. Ich wusste, dass mich dieser Gedanke Tag für Tag verfolgen würde. Als ich also darüber nachdachte, fiel mir die Entscheidung plötzlich unglaublich leicht.«[22]

Bezos antizipierte Reue in puncto Mut. Und seine Entschlossenheit, in Zukunft nichts bereuen zu wollen, wurde zur Triebkraft seines gegenwärtigen Verhaltens. Für ihn war die Entwicklung des Regret Minimization Framework ein kluger Schritt. Für uns ist dieses Framework ein nützliches mentales Modell. Das Antizipieren von Reue kann, wie wir gesehen haben, unsere Gesundheit verbessern, uns helfen, Milliardäre zu werden, und uns die Zuneigung Fragebogen verteilender College-Bibliothekare einbringen. Es ist eine wirkmächtige Medizin.

Doch sie sollte mit einem Warnhinweis versehen werden.

Die Nachteile des Antizipierens

Um Ihnen verständlich zu machen, dass das Antizipieren von Reue auch danebengehen kann, möchte ich Sie gern zu einer U-Bahn-Fahrt, zum Kauf eines Mikrowellenherds und zum Absolvieren eines standardisierten Tests einladen.

Stellen Sie sich vor, es herrscht der morgendliche Berufs-verkehr, und Sie eilen zur U-Bahn, um einen Zug zur Arbeit zu erwischen. Auf dem Weg zum Bahnhof löst sich der Schnür-senkel eines Ihrer Schuhe, weil Sie ihn vorhin in Ihrer Hektik nicht richtig gebunden haben. Sie finden ein leeres Plätzchen auf dem Bürgersteig, bleiben einen Moment lang stehen, binden Ihren Schuh zu und gehen weiter. Als Sie den Bahnsteig er-reichen, sehen Sie, dass Ihr Zug gerade abfährt. Mist! Wenn Sie nicht stehen geblieben wären, um Ihre Schnürsenkel zu binden, hätten Sie den Zug noch erwischt.

Wie groß würde Ihrer Erwartung nach Ihre Reue sein, wenn Sie den Zug um eine Minute verpassten?

Und wie groß, wenn Sie ihn um fünf Minuten verpassten?

Laut Daniel Gilbert von der Harvard University, dem Leiter einer Gruppe von Forschern, die zu eben diesem Thema Experi-mente an einer U-Bahn-Station in Cambridge, Massachusetts, durchgeführt hat, gingen die meisten Menschen davon aus, dass sie es viel stärker bereuen würden, den Zug um eine statt um fünf Minuten zu verpassen. In Wirklichkeit empfinden die Men-schen jedoch in beiden Situationen fast gleich viel Reue, und wie sich herausstellt, auch nicht sonderlich viel.

Antizipierte Reue als Entscheidungsfindungstool zu nutzen ist unter anderem deswegen problematisch, weil wir sehr schlecht darin sind, die Intensität und Dauer unserer Gefühle vorherzu-sagen.[23] Dies gilt in besonderem Maße, wenn es darum geht, Reue vorherzusagen. Wir überschätzen oft, wie schlecht wir uns fühlen werden, und unterschätzen unsere Fähigkeit, mit unseren Gefühlen fertigzuwerden oder sie mit *Wenigstens*-Aussagen abzu-schwächen. Laut Gilbert und seinen Kollegen kann antizipierte Reue »etwas von einem Buhmann haben, den wir uns größer vorstellen, als er tatsächlich ist«. Wir sind wie stümperhafte Meteorologen, die ständig Regen (falsch) vorhersagen. Das hat zur Folge, so die Forscher, dass »Entscheider, die dafür bezahlen, künftige Reue zu meiden, vielleicht eine emotionale Versicherung kaufen, die sie eigentlich gar nicht brauchen«.[24]

Reue zu überschätzen kann auch unsere Entscheidungsfähigkeit trüben. Angenommen, Sie sind nach einer kurzen Wartezeit in einen anderen Zug gestiegen und haben es rechtzeitig zur Arbeit geschafft. Am Ende eines produktiven Morgens machen Sie eine Mittagspause und gehen zu einem nahe gelegenen Elektrogeschäft, um einen kleinen Mikrowellenherd für Ihre Wohnung zu kaufen. Nach einer kurzen Unterhaltung mit dem Verkäufer ziehen Sie zwei Geräte in die engere Wahl.

Beide Herde sind gleich groß, gleich leistungsstark und haben die gleichen Eigenschaften. Abgesehen von zwei Punkten scheinen sie identisch zu sein. Der erste ist ein Herd einer bekannten Handelsmarke, beim zweiten handelt es sich um ein No-Name-Produkt. Und der erste kostet $ 149, der zweite $ 109.

Für welchen Herd entscheiden Sie sich?

Als Itamar Simonson von der Stanford University hierzu ein Experiment durchführte, ging die Sache unentschieden aus. Die eine Hälfte der Probanden wählte die teurere Handelsmarke, die andere Hälfte entschied sich für das günstigere No-Name-Produkt.

Doch dann baute Simonson eine kleine Schwierigkeit ein. Er sagte den Käufern, dass er ihnen, kurz nachdem sie ihre Entscheidung getroffen hätten, verraten würde, wie eine unabhängige Verbraucherzeitschrift die beiden Herde bewertet habe. Das ließ die Käufer vorsichtig werden. Eine größere Zahl – in der Tat zwei Drittel – wählte die bekanntere Marke.

Die Teilnehmer antizipierten ein stärkeres Gefühl der Reue, wenn sie vom Geschmack des Mainstream, also der bekannten Marke, abweichen und dann erfahren würden, dass es die falsche Entscheidung gewesen war.[25] Um dieses unangenehme Gefühl zu meiden, gingen sie auf Nummer sicher. Es ging ihnen nicht mehr so sehr darum, die klügere Entscheidung zu treffen, sondern diejenige, die sie weniger bereuen würden – und diese Entscheidungen sind nicht immer identisch.

Reue zu antizipieren kann uns manchmal davon abbringen, die beste Entscheidung zu treffen, und uns zu derjenigen Entscheidung verleiten, die uns am meisten vor Reue schützt – wie Sie feststellen werden, sobald Sie in Ihr Büro zurückgekehrt sind.

Nachdem Sie das Elektrogeschäft verlassen haben, kaufen Sie ein Ein-Dollar-Los für die morgige Powerball-Ziehung, bei der 80 Millionen US-Dollar zu gewinnen sind. Wie der Zufall es will, habe auch ich ein Powerball-Los gekauft. Und ich beschließe, mit Ihnen ein Geschäft zu machen. Ich biete Ihnen an, unsere Lose zu tauschen – und Ihnen dafür drei Dollar zu geben.

Würden Sie das Angebot annehmen?

Es wäre natürlich besser, wenn Sie es täten. Aber natürlich werden Sie es nicht tun.

Beide Lose – Ihres und meines – haben eine gleich große Gewinnchance. Wenn Sie dem Tausch zustimmen, bleibt die Wahrscheinlichkeit, dass Ihr Los gewinnt, gleich und äußerst gering. Doch Sie haben dann immerhin drei Dollar mehr als vorher. Eigentlich also nichts, worüber man groß nachdenken müsste!

In Laborexperimenten lehnen jedoch mehr als die Hälfte der Probanden solche Angebote ab – weil es so leichtfällt, sich die Reue vorzustellen, die man empfinden wird, wenn das eingetauschte Los schließlich gewinnt.[26] Die Bereitschaft zum

Lostausch wächst nur dann, wenn die Experimentatoren das Lotterielos in einen versiegelten Umschlag stecken – die Teilnehmer also die Zahlen auf ihrem ursprünglichen Los nicht sehen und nicht wissen können, ob ihr altes Los das Gewinnlos war.[27]

Im Fall der Powerball-Lotterie wie auch in vielen anderen Fällen ist Reueminimierung nicht das Gleiche wie Risikominimierung. Und wenn wir nicht richtig antizipieren, entscheiden wir uns schließlich dafür, die Reue statt das Risiko zu minimieren. Manchmal heißt das folglich, dass wir überhaupt keine Entscheidung treffen. Reueaversion führt oft zu Entscheidungsaversion, wie viele Studien gezeigt haben.[28] Wenn wir uns zu stark darauf fokussieren, was wir bereuen werden, können wir erstarren und entscheiden, uns nicht zu entscheiden. In Studien zu Verhandlungen bremste eine zu starke Konzentration auf antizipierte Reue das Vorankommen. Sie machte Verhandler risikoscheu und weniger geneigt, ein Abkommen zu treffen.[29]

Ihr Arbeitstag nähert sich dem Ende, doch es gibt noch Verpflichtungen, denen Sie nachkommen müssen. Da Sie sehr ehrgeizig sind, wollen Sie neben Ihrem Job auch noch eine Immobilienmakler-Lizenz erwerben. Heute Abend ist Ihre erste Prüfung – achtzig Multiple-Choice-Fragen.

Sie trinken hastig eine Tasse Kaffee und betreten dann den Prüfungsraum. Sie haben zwei Stunden Zeit, um die Prüfungsfragen zu beantworten. Es läuft gut. Sie kreuzen Ihre Antworten an und kommen schnell voran, als Ihnen plötzlich ein Gedanke durch den Kopf schießt.

»Bei Frage 23 habe ich B gewählt. Aber ist nicht eher C die richtige Antwort?«

Kehren Sie zu dieser Frage zurück, radieren Ihre ursprüngliche Antwort aus und kreuzen C an? Oder vertrauen Sie auf Ihren ersten Instinkt?

Egal um welche Schul- oder Berufsausbildung es geht, der Rat, den Experten erteilen, ist immer der gleiche. Umfragen haben ergeben, dass die meisten Collegeprofessoren vorschlagen, auf den ursprünglichen Instinkt zu vertrauen, weil das Ändern von Antworten in der Regel schlechtere Noten zur Folge hat. Die Studienberater an der Penn State University sind sich einig: »Das erste Gefühl ist normalerweise richtig. Ändern Sie Ihre Antworten nicht, es sei denn, Sie sind sich Ihrer Sache ganz sicher.« The Princeton Review, ein Unternehmen, das Studenten auf alle möglichen standardisierten Tests vorbereitet, warnt: »In den meisten Fällen sollte man auf seinen Bauch hören, statt seine Antworten noch einmal zu überdenken. Viele Studenten ändern schließlich die richtige Antwort in eine falsche.«[30]

Die herkömmliche Meinung ist klar: Verlass dich auf deinen ersten Instinkt und ändere die Antwort nicht.

Die herkömmliche Meinung ist aber leider auch falsch. Fast jede zu diesem Thema durchgeführte Studie hat gezeigt: Wenn Studenten Testantworten ändern, ist die Wahrscheinlichkeit, dass sie von einer falschen zu einer richtigen Antwort wechseln (Hurra!), signifikant höher als von einer richtigen zu einer falschen Antwort (Tja!). Studenten, die ihre Antworten ändern, verbessern normalerweise ihre Punktzahl.[31]

Warum also wird weiterhin dieser falsche Rat erteilt?

Antizipierte Reue beeinträchtigt unser Urteilsvermögen.

2005 untersuchte der Sozialpsychologe Justin Kruger, der nun an der New York University lehrt, zusammen mit Derrick Wirtz, der jetzt an der University of British Columbia tätig ist, und Dale Miller von der Stanford University die geänderten Stellen in mehr als 1500 Psychologieklausuren von Studenten der University of Illinois, an der Kruger und Wirtz damals lehrten. Übereinstimmend mit vorherigen Forschungen wechselten die Studenten doppelt so häufig von einer falschen zu einer richtigen Antwort wie von einer richtigen zu einer falschen.

Doch als die Forscher die Studenten fragten, was sie voraussichtlich mehr bereuen würden – »die Antwort geändert zu haben, wenn ich bei ihr hätte bleiben sollen« oder »bei der Antwort geblieben zu sein, wenn ich sie hätte ändern sollen« –, waren die Antworten aufschlussreich. 74 Prozent der Befragten gingen davon aus, dass sie mehr Reue empfinden würden, wenn sie die Antworten änderten. 26 Prozent sagten, es spiele keine Rolle. Und keiner der Studenten antizipierte, dass er mehr Reue empfinden würde, wenn er bei der ursprünglichen Antwort bliebe.

Kruger, Wirtz und Miller nennen dies die »Erste-Instinkt-Falle«, in die wir tappen, weil die antizipierte Reue uns fehlgeleitet hat. »Ein Problem falsch gelöst zu haben, weil man nicht auf seinen ersten Instinkt gehört hat, bleibt unvergessener, als ein Problem falsch gelöst zu haben, weil man es versäumt hat, gegen seinen ersten Instinkt zu handeln«, schreiben sie. »Die Reue, die es hervorruft, eine Antwort geändert zu haben, wenn man bei der ursprünglichen Antwort hätte bleiben sollen, reicht, um das Missgeschick, die Frage falsch beantwortet zu haben, fast tragisch erscheinen zu lassen.«[32] Geplagt von dem zukünftigen Schreckgespenst *Wenn ich doch nur*, machen wir einen Fehler. Auch Sie machen einen Fehler. Da Sie Ihre Antwort nicht geändert haben, haben Sie den Test knapp nicht bestanden und müssen ihn noch einmal machen. Wenn Sie doch nur vorher von dieser Forschung gewusst hätten.

Antizipierte Reue – AR – kann uns oft besser werden lassen. Doch wie Ihr ereignisreicher Tag gezeigt hat, sollten Sie die Packungsbeilage mit den Risiken und Nebenwirkungen lesen, bevor Sie diese Arznei einnehmen.

WARNUNG:
AR kann Entscheidungsparalyse, Risikoaversion,
Erste-Instinkt-Trugschlüsse und schlechtere
Testergebnisse zur Folge haben.

Als eine universelle Arznei hat Reue ein paar gefährliche Nebenwirkungen. Doch das ist nicht das einzige Problem.

Herbert Simon ist einer der fast eintausend Menschen, die den Preis gewonnen haben, der nach dem Reue antizipierenden Dynamitmogul benannt wurde, den wir zu Beginn dieses Kapitels kennengelernt haben. Simon war ein hervorragender Sozialwissenschaftler, der fünfzig Jahre lang an der Carnegie Mellon University lehrte und dessen intellektuelle Beiträge viele Gebiete umfassten, einschließlich der Politikwissenschaft, der Kognitionspsychologie und der künstlichen Intelligenz. Doch sein größtes Vermächtnis bestand vielleicht darin, die Wirtschaftswissenschaften dazu bewegt zu haben, die menschliche Dimension in ihre Analysen mit einzubeziehen.

Vor Simons Entdeckung gingen die herrschenden Wirtschaftsmodelle davon aus, dass Menschen stabile Präferenzen und alle relevanten Informationen hatten, wenn sie Entscheidungen trafen. Es wurde immer zum geringstmöglichen Preis gekauft, zum höchstmöglichen Preis verkauft und unermüdlich versucht, die Gewinne zu maximieren.

Simon überzeugte die Wirtschaftswissenschaftler, dass diese Annahme, die zwar in manchen Fällen zutraf, trotzdem nicht immer korrekt ist. Unsere Vorlieben, so Simon, ändern sich manchmal. Abhängig von einer Vielzahl von Faktoren fehlen uns oft die richtigen Informationen, um die ideale Entscheidung zu treffen. Außerdem kann es anstrengend sein, immer und überall im Leben nach dem besten Deal zu streben. In vielen Situationen ist es uns einfach nicht wichtig genug, die perfekte Option zu finden – den idealen Dachdecker, ein einzigartiges Fast-Food-Restaurant –, sodass wir manchmal bereit sind, uns mit »gut genug« zufriedenzugeben (zu satisfizieren).

Manchmal maximieren wir, erklärte Simon. Manchmal »satisfizieren« wir aber auch nur.[33] Falls dies stimmte – und Analysen des menschlichen Verhaltens zeigten, dass es so war –, mussten sich die Modelle ändern, was sie dann auch taten. Für seine Arbeit gewann Simon 1978 den Alfred-Nobel-Gedächtnispreis für Wirtschaftswissenschaften.

Es dauerte eine Weile, bis Psychologen mit der Erforschung der emotionalen Folgen von Simons zwei Entscheidungsfindungsmethoden begannen. Doch 2002 war es dann so weit. Damals entwickelten sechs Sozialwissenschaftler, angeführt von Barry Schwartz und Andrew Ward vom Swathmore College, eine Persönlichkeitsskala, die sogenannte Maximierungsskala, mit der sich die Neigung eines Individuums, zu maximieren oder zu satisfizieren, messen ließ. Mithilfe eines Katalogs von 13 Punkten konnten sie feststellen, welche Menschen nach idealen Standards strebten (die Maximierer) und welche sich öfter mit etwas zufriedengaben, das eine gewisse Akzeptanzschwelle erreichte (die Satisfizierer).

Nachdem mehr als 1700 Probanden den Fragebogen beantwortet hatten, untersuchten die Wissenschaftler die Verbindung zwischen den Ergebnissen und dem Wohlbefinden der Teilnehmer. Zu ihrer Überraschung fanden sie heraus, dass die meisten Maximierer unglücklich waren. Die Maximierer berichteten von »erheblich weniger Lebenszufriedenheit, Glück (und) Optimismus« und neigten wesentlich mehr zu Depressionen als die Satisfizierer.[34]

Als die Forscher nach dem Grund des Unglücklichseins suchten, stießen sie auf den Hauptübeltäter: »die Anfälligkeit der Maximierer für Reue – sowohl empfundene als auch antizipierte«. Die Maximierer bereuten alles in jeder Phase. Bevor sie ihre Entscheidungen trafen. Nachdem sie ihre Entscheidungen getroffen hatten. Während sie ihre Entscheidungen trafen. Egal wie die Situation ausfiel, sie stellten sich immer vor, wie es besser hätte sein können, wenn sie doch nur anders gehandelt hätten.[35] Doch diese aufwärtsgerichteten Kontrafakten lösten keine produktive Reue der Art »Fühlen um des Denkens willen« aus. Sie führten vielmehr zu grübelnder Reue der Art »Fühlen um des Fühlens willen«. In ihrem Bemühen, das Glück in jedweder Hinsicht zu maximieren, schmälerten sie es in den meisten Fällen.

Und hierin liegt ein Problem. Der Schwachpunkt in Bezos' Regret Minimization Framework ist, dass der ständige Versuch, unsere Reue zu antizipieren und zu minimieren, zu einer Form des ungesunden Maximierens werden kann. Dies ständig und in allen Bereichen zu tun, ist ein Rezept für Verzweiflung.

Wie also können wir diese gegenläufigen Strömungen in Einklang bringen – von den Vorteilen der antizipierten Reue profitieren, ohne in einen Abwärtssog zu geraten?

Die Lösung besteht darin, unsere Ziele besser zu definieren.

Reue optimieren

Unser Ziel sollte nicht darin bestehen, Reue stets zu minimieren. Unser Ziel sollte es sein, sie zu *optimieren*. Wenn wir die Wissenschaft der antizipierten Reue mit der neuen Tiefenstruktur der Reue verbinden, können wir unser mentales Modell neu definieren.

Nennen wir es Regret Optimization Framework (Modell zur Optimierung der Reue).

Dieses überarbeitete Modell basiert auf vier Prinzipien.

- In vielen Fällen kann das Antizipieren unserer Reue zu einem gesünderen Verhalten, zu klügeren beruflichen Entscheidungen und zu größerer Zufriedenheit führen.

- Oft führt das Antizipieren der Reue jedoch dazu, dass wir sie überschätzen und uns emotional auf unnötige Weise absichern. Dadurch werden unsere Entscheidungen verzerrt.

- Wenn wir zu weit gehen – wenn wir unsere Reueminimierung maximieren –, können wir unsere Lage verschlimmern.

- Gleichzeitig bringen Menschen überall auf der Welt übereinstimmend Reue in den vier Hauptkategorien zum Ausdruck. Diese Reue hat Bestand. Sie offenbart fundamentale menschliche Bedürfnisse. Und zusammen bilden diese Arten der Reue einen Wegweiser zum guten Leben.

Laut dem Regret Optimization Framework sollten wir Zeit und Mühe in das Antizipieren der vier Hauptarten der Reue investieren: Reue in puncto Fundament, Mut, Moral und Bindungen. Doch Reue außerhalb dieser vier Kategorien zu antizipieren, lohnt sich normalerweise nicht.

Gemäß diesem Modell sollten Sie sich, wenn Sie eine Vorgehensweise beschließen, also zunächst fragen, ob Sie es mit einer der vier Hauptarten der Reue zu tun haben.

Wenn nicht, sollten Sie satisfizieren. Wenn Sie zum Beispiel Gartenmöbel oder (mal wieder) einen Mikrowellenherd kaufen, wird diese Entscheidung wohl kaum um ein fundamentales bleibendes menschliches Bedürfnis gehen. Treffen Sie eine Entscheidung und schauen Sie nach vorn. Alles wird gut.

Betrifft die Entscheidung eine der großen vier Kriterien, denken Sie länger über sie nach. Überlegen Sie sich, was Sie beispielsweise in fünf Jahren, in zehn Jahren oder im Alter von achtzig über diese Entscheidung denken werden. Fragen Sie sich von dieser zukünftigen Warte aus, welche Entscheidung Ihnen helfen wird, Ihr Fundament zu errichten, ein vernünftiges Risiko einzugehen, das Richtige zu tun oder eine bedeutsame Bindung aufrechtzuerhalten. Antizipieren Sie Ihre Reue. Wählen Sie dann die Option, die sie am meisten reduziert. Wenn Sie dieses Modell ein paarmal angewendet haben, werden Sie merken, wie wirkungsvoll es ist.

In unserem Alltagsleben fällen wir Hunderte von Entscheidungen, von denen einige wichtig für unser Wohlergehen und viele bedeutungslos sind. Den Unterschied zu verstehen kann entscheidend sein. Denn wenn wir wissen, was wir wirklich bereuen, wissen wir, was wir wirklich wertschätzen. Reue – dieses verrückt machende, verwirrende und unleugbar reale Gefühl – weist uns den Weg zu einem gut gelebten Leben.

WIE SIE MIT IHRER REUE UMGEHEN SOLLTEN:

EINE KURZE WIEDERHOLUNG

Bei Reue in puncto Handeln:

1. **Machen Sie das Bereute rückgängig.** Entschuldigen Sie sich, leisten Sie Wiedergutmachung oder beheben Sie den Schaden.

2. **Formulieren Sie Wenigstens-Aussagen.** Finden Sie den Silberstreifen, denken Sie darüber nach, dass es auch schlimmer hätte kommen können, und seien Sie dankbar, dass dies nicht der Fall ist.

Bei jedweder Reue
(ob in puncto Handeln oder Nichthandeln):

1. **Selbstenthüllung.** Durchleben Sie das Bereute noch einmal und befreien Sie sich davon, indem Sie anderen davon erzählen (Eingeständnisse sind eine Möglichkeit, reinen Tisch zu machen) oder es für sich selbst aufschreiben.

2. **Selbstmitgefühl.** Normalisieren und neutralisieren Sie das Gefühl der Reue, indem Sie sich selbst so behandeln, wie Sie einen Freund behandeln würden.

3. **Selbstdistanzierung.** Analysieren Sie das, was Sie aus dem Bereuten gelernt haben, indem Sie sich zeitlich, räumlich oder mittels der Sprache davon distanzieren, und entwerfen Sie eine Strategie.

Um antizipierte Reue bei Ihren Entscheidungen zu nutzen:

1. **Bei den meisten Entscheidungen ist es sinnvoll zu satisfizieren.** Wenn es *nicht* um eine der vier Hauptarten der Reue geht, sollten Sie eine Wahl treffen, im Nachhinein nicht an sich zweifeln und nach vorn schauen.

2. **Bei den meisten wichtigen Entscheidungen sollten Sie maximieren.** Wenn es um eine der vier Hauptarten der Reue geht, dann stellen Sie sich einen bestimmten Zeitpunkt in der Zukunft vor und fragen Sie sich, welche Entscheidung Ihnen am meisten helfen wird, ein solides Fundament zu errichten, ein vernünftiges Risiko einzugehen, das Richtige zu tun und Bindungen zu anderen aufzubauen.

»Ich bereue es, dass ich nicht mutiger war und nicht mehr dafür getan habe, unsere Demokratie zu schützen!«

— FRAU, 82, PENNSYLVANIA

»Ich bereue es, nicht freundlicher zu anderen Menschen gewesen zu sein. Ich war zu oft damit beschäftigt, ›recht‹ zu haben, statt freundlich zu sein.«

— MANN, 41, GROSSBRITANNIEN

»Ich bereue es, nicht zum Prince-Konzert gegangen zu sein, weil es ›an einem Wochentag‹ stattfand. Unzählige ›Wochentage‹ versus ein Prince-Konzert. Dumme Entscheidung.«

— FRAU, 58, COLORADO

Epilog

Reue und Erlösung

Als ich begann, die im Rahmen des American Regret Project gewonnenen Daten zu sichten, irritierten mich zwei Ergebnisse.

Rufen Sie sich bitte in Erinnerung, dass die Voraussetzung dafür, Reue zu empfinden, Handlungsmacht ist – ein gewisses Maß an Kontrolle über zumindest einige Aspekte unseres Lebens auszuüben. Ich fragte mich, ob die Umfrageteilnehmer dieses Gefühl der Kontrolle über ihre Entscheidungen und Handlungen hatten. Das heißt: Glaubten sie, dass sie einen freien Willen hatten? Oder glaubten sie vielmehr, dass sie nicht wirklich das Heft in der Hand hielten – dass ihr Leben sich als Teil eines größeren Plans und jenseits ihrer Kontrolle entfaltete?

Ich stellte beide Fragen.

Ich fragte unsere 4489 Teilnehmer: Glauben Sie, dass Menschen einen freien Willen haben – dass sie ihre Entscheidungen weitgehend kontrollieren?

Eine große Mehrheit – 82 Prozent von ihnen – antwortete mit »Ja«.

Punkt für die persönliche Handlungsmacht.

Ich fragte die Teilnehmer aber auch: Glauben Sie, dass die meisten Dinge im Leben aus einem bestimmten Grund geschehen?

Eine große Mehrheit – 78 Prozent von ihnen – antwortete auch hier mit »Ja«.

Punkt für das Schicksal.

Lassen Sie uns das Spiel als unentschieden betrachten – und als eine Art gedankliches Knäuel. Ich verglich die Antworten auf beide Fragen miteinander – die Ergebnisse waren verwirrend. Nur fünf Prozent der Stichprobe widersprachen beiden Aussagen. Diese Menschen sagten, dass sie keinen freien Willen hätten und dass nichts aus einem bestimmten Grund geschehe. Lassen Sie uns diese verschwindend kleine Gruppe die *Nihilisten* nennen.

Derweil glaubten zehn Prozent, sie hätten einen freien Willen, lehnten jedoch die Vorstellung ab, dass Ereignisse aus einem bestimmten Grund passierten. Weitere zehn Prozent vertraten die gegenteilige Ansicht: Der freie Wille sei ein Mythos und alles geschehe aus einem bestimmten Grund. Dies sind die *Fatalisten*.

Doch die bei Weitem größte Gruppe – drei von vier an der Umfrage teilnehmenden Amerikanern – vertrat die Ansicht, dass sie einen freien Willen habe *und* dass die meisten Dinge aus einem bestimmten Grund geschehen würden, zwei Überzeugungen, die einander zu widersprechen scheinen.

Wie soll man die Mitglieder dieser rätselhaften Gruppe nennen?

Ich dachte eine Weile darüber nach. Und nach reiflicher Überlegung wählte ich für sie den Namen … die *Menschen*.

Öffnen Sie die Motorhaube der Reue, und Sie werden sehen, dass der Motor, der sie antreibt, das Geschichtenerzählen ist. Unsere Fähigkeit, Reue zu empfinden, hängt von unserer Fähigkeit ab, in unserer Vorstellung zurück in die Vergangenheit zu reisen, Ereignisse umzuschreiben und ein glücklicheres Ende als im ursprünglichen Entwurf zu gestalten. Unsere Fähigkeit, auf Reue zu reagieren, sie dauerhaft zu mobilisieren, hängt von unserem erzählerischen Können ab – die Geschichte zu enthüllen, ihre Komponenten zu analysieren und das nächste Kapitel neu zu entwerfen.

Reue hängt vom Geschichtenerzählen ab. Und das wirft eine Frage auf: Sind wir in diesen Geschichten der Schöpfer oder die Figur, der Stückeschreiber oder der Darsteller?

Mit ihren anscheinend widersprüchlichen, verwirrenden menschlichen Antworten auf meine völlig logischen Fragen machten die Umfrageteilnehmer mir deutlich, dass wir beides sind. Wenn die Geschichten, die wir uns selbst erzählen, unser Leben ausmachen, dann erinnert die Reue uns daran, dass wir eine Doppelrolle innehaben. Wir sind sowohl die Autoren als auch die Akteure. Wir können den Handlungsablauf gestalten, jedoch nicht vollständig. Wir können das Drehbuch beiseitewerfen, aber nicht immer. Wir leben an der Schnittstelle von freiem Willen und äußeren Umständen.

Dan McAdams, ein Psychologe der Northwestern University, behauptet schon seit Langem, dass wir Menschen unsere Identität durch Geschichten formen. Seinen Forschungen zufolge ringen bei unserer Sinnsuche zwei prototypische Geschichten in uns. Bei der einen Geschichte handelt es sich um das, was er »Verunreinigungserzählungen« (Abwärtsspiralen) nennt – die Lebensereignisse entwickeln sich vom Guten zum Schlechten hin; bei der anderen handelt es sich um »Erlösungserzählungen« (Aufwärtsspiralen) – es findet eine Entwicklung vom Schlechten zum Guten hin statt.[1]

McAdams hat festgestellt, dass Menschen, die ihr Leben als

eine Abwärtsspirale definieren, tendenziell unzufrieden mit ihrem persönlichen Leben sind und in ihrem Job nicht brillieren. Bei Menschen, die sich ihre Lebensgeschichte als Aufwärtsspirale vorstellen, ist das Gegenteil der Fall. Sie sind im Allgemeinen zufriedener und kompetenter – und sie empfinden ihr Leben als sinnerfüllt.

Reue liefert uns die ultimative Aufwärtsspirale. Sie ist ein positives Gefühl, mächtig und lebensbejahend. Das Problem ist nur, dass sie verkleidet vor unserer Haustür auftaucht.

Fragen Sie nur Cheryl Johnson.

Die Reue, die sie empfand, weil sie den Kontakt zu ihrer engen Freundin Jen verloren hatte, nagte weiterhin an ihr – so sehr, dass sie eines Morgens im Mai 2021 trotz ihres Unbehagens beschloss, eine E-Mail an Jen zu schicken.

»Ich kann mir denken, dass es seltsam ist, nach all den Jahren von mir zu hören«, begann die Nachricht.

Obwohl die beiden seit fünfundzwanzig Jahren nicht mehr miteinander kommuniziert hatten, antwortete Jen schon nach wenigen Stunden. Die Freundinnen beschlossen dann, sich zu einem virtuellen Lunch zu treffen, um wieder an alte Zeiten anzuknüpfen.

»Ich hatte endlich die Gelegenheit, ihr zu sagen, dass ich wusste, dass ich einen Fehler gemacht hatte«, sagte Cheryl mir nach diesem Lunch, »und wie sehr ich es bereute, so viele Jahre verloren zu haben, die wir damit hätten verbringen können, zu erleben, wie sich unser beider Leben entwickelt.«

Jens Antwort?

»Aber viele Jahre bleiben uns noch.«

Wenn wir so mit Reue umgehen – d. h. zurückblicken, um voranzukommen, das anpacken, was wir kontrollieren können, beiseiteschieben, was wir nicht kontrollieren können, und unsere eigene Aufwärtsspirale gestalten –, kann sie befreiend sein.

Für mich ist sie es gewesen.

Mit am meisten bereue ich, dass ich in jungen Jahren nicht freundlicher zu anderen Menschen war. Ich bin mir nicht sicher, ob es dafür einen bestimmten Grund gab, aber ich bin mir sicher, dass es einen Grund dafür gibt, dass ich mich daran erinnere. Nun versuche ich (nicht immer erfolgreich), der Freundlichkeit eine größere Priorität einzuräumen.

Ich bereue auch Momente der Unehrlichkeit, die nicht verhängnisvoll waren, doch irgendwie in meinem Gedächtnis eingebrannt bleiben. Jetzt versuche ich, es zu vermeiden, diese mentalen Regale mit Neuem zu füllen, indem ich härter daran arbeite, das Richtige zu tun.

Ich bereue einige bildungsmäßige und berufliche Entscheidungen. Doch ich mache mir nicht mehr so große Vorwürfe wegen dieser Fehler, lasse mich in meinem Leben von den Lehren leiten, die ich aus ihnen gezogen habe, und nutze sie, um anderen fundierte Ratschläge geben zu können.

Ich bereue es, nicht genügend enge Beziehungen zu Freunden, Mentoren und Kollegen aufgebaut zu haben. Jetzt gebe ich mir mehr Mühe, verbindlicher zu sein.

Ich bereue es, nicht mehr unternehmerische und kreative Risiken eingegangen und nicht so mutig gewesen zu sein, wie es meine privilegierte Stellung mir ermöglicht und mein Herz es sich gewünscht hätte.

Aber vielleicht kommt da noch was, wer weiß …

Nach einigen Jahren Beschäftigung mit der Wissenschaft und der Erfahrung unserer missverstandensten Emotion habe ich über mich selbst herausgefunden, was ich über andere herausgefunden habe: Reue macht mich menschlich. Reue lässt mich besser werden. Reue gibt mir Hoffnung.

Danksagung

Ich bereue es ganz gewiss nicht, dass es so viele großartige Menschen in meinem Leben gibt. Mein besonderer Dank gilt:

Jake Morrissey für seine klugen (und dringend notwendigen) Verbesserungen der Struktur des Buches, seine eleganten Verfeinerungen meiner uneleganten Prosa und für unsere regelmäßigen Gespräche, die während der düsteren Tage der Pandemie stets einen Lichtblick darstellten.

Dem Team Riverhead – vor allem Ashley Garland, Lydia Hirt, Geoff Kloske, Jynne Dilling Martin und Ashley Sutton – dafür, dass es alle Pink-Projekte mit Rat und Tat unterstützt hat.

Rafe Sagalyn, meinem unvergleichlichen Literaturagenten, für seine weisen Ratschläge zu diesem Buch und für unsere fünfundzwanzigjährige Zusammenarbeit.

Den 16 000 Menschen, die am World Regret Survey teilgenommen haben, den fast 5000 Menschen, deren Meinungen das American Regret Project bildeten, und den über hundert Menschen, die sich (meist virtuell) zu (ausgesprochen realen) Angelegenheiten interviewen ließen.

Joseph Hinson, Nathan Torrence und Josh Kennedy wie auch der Crew bei Qualtrics, die den World Regret Survey entwarfen und dafür sorgten, dass er aussagekräftig und benutzerfreundlich ist.

Fred Kofman, der mein abgewürgtes mentales Auto mit ein paar gezielten Schubsern wieder ins Rollen brachte.

Cameron French, der wieder einmal Fakten gesammelt, reine Fiktion richtiggestellt und mit messerscharfem Verstand Recherche betrieben hat.

Tanya Maiboroda, die trotz zweitklassiger Anweisungen auch diesmal erstklassige Grafiken erstellt hat.

Sophia Pink für ihre ausgezeichneten quantitativen Fähigkeiten und dafür, funkelnde, unter unübersichtlichen Datenbergen begrabene Erkenntnisbrocken zutage gefördert zu haben. Eliza Pink und Saul Pink dafür, dass sie gezeigt haben, wie man – im College und in der Highschool – unter suboptimalen Bedingungen hervorragende Abschlüsse hinlegt.

Jessica Lerner für alles.

Abbildungsnachweis

S. 39: Pink, Daniel, et al., American Regret Project (2021).

S. 41: © Kathleen Basile

S. 47/48: © Tim de Waele, Getty Images

S. 50: Medvec, Victoria Husted, Scott F. Madey und Thomas Gilovich, »When less is more: counterfactual thinking and satisfaction among Olympic medalists«, in: Journal of Personality and Social Psychology 69, Nr. 4 (1995), S. 603.

S. 77: © 2022, Daniel H. Pink

S. 87: Roese, Neal und Amy Summerville, »What we regret most ... and why«, in: Personality and Social Psychology Bulletin 31, Nr. 9 (2005), S. 1273-1285.

S. 90: Morrison, Mike und Neal J. Roese, »Regrets of the typical American: Findings from a nationally representative sample«, in: Social Psychological and Personality Science 2, Nr. 6 (2011), S. 576–583.

S. 94: Pink, Daniel et al., American Regret Project (2021).

S. 191: Pink, Daniel, et al., American Regret Project (2021).

Anmerkungen

Kapitel 1: Der Unsinn, nichts zu bereuen:

1   Dieser Bericht basiert auf zwei Piaf-Biografien (Burke, Carolyn, *No regrets: The life of Edith Piaf,* London 2012; Noli, Jean, *Edith Piaf: Trois ans pour mourir,* Paris 1978) und einem Interview mit Charles Dumont im Jahr 2003 (Lichfield, John, »Charles Dumont: Regrets? Too few to mention«, in: *The Independent,* 9. Oktober 2003).

2   Heldenfels, Richard, »TV mailbag: What's the song in the Allstate commercial?«, in: *Akron Beacon Journal,* 8. Oktober 2020; Wilder, Ben, »New Allstate commercial – actors, location, and music«, *Out of the Wilderness,* 13. Dezember 2020. Abrufbar unter: https://outofthewilderness.me/2020/11/08/allstate/.

3   Peale, Norman Vincent, »No room for regrets«, in: *Guideposts,* 10. Dezember 2008; Wolf, Richard, »Ruth Bader Ginsburg, in her ›own words‹«, in: *USA Today,* 3. Oktober 2016; Blair, Gwenda, »How Norman Vincent Peale taught Donald Trump to worship himself«, in: *Politico Magazine,* 6. Oktober 2015; Vecsey, George, »Norman Vincent Peale, preacher of gospel optimism, dies at 95«, in: *New York Times,* 26. Dezember 1993; Greenhouse, Linda, »Ruth Bader Ginsburg, Supreme Court's feminist icon, is dead at 87«, in: *New York Times,* 18. September 2020.

4   Chen, Joyce, »Angelina Jolie wrote foreword to ex-husband Billy Bob Thornton's new memoir«, in: *New York Daily News,* 23. Februar 2012; Robhemed, Natalie, »Laverne Cox on breaking down barriers in Hollywood and beyond«, in: *Forbes,* 13. Mai 2016; Feloni, Richard, »Tony Robbins reveals what he's learned from financial power players like Carl Icahn and Ray Dalio«, in: *Business Insider,* 18. November 2014; Elliot, Paul, »Slash: A decade of drugs was not money well spent«, in: *Classic Rock,* 12. Juni 2015. Leider konnte ich nichts dazu finden, bei welcher Gelegenheit Dylan und Travolta diesen Satz ursprünglich geäußert haben, doch sie werden oft zitiert, und das Zitat wurde meines Wissens nach nicht widerlegt. (Siehe z. B. https://www.reddit.com/r/quotes/comments/bdtnn5/i_dont_believe_in_regrets_regrets_just_keep_you/.)

5 https://catalog.loc.gov.
6 Liszewski, Walter, Elizabeth Kream, Sarah Helland, Amy Cavigli, Bridget C. Lavin und Andrea Murina, »The demographics and rates of tattoo complications, regret, and unsafe tattooing practices: A cross-sectional study«, in: *Dermatologic Surgery* 41, Nr. 11 (2015), S. 1283–1289; Kurniadi, Ivan, Farida Tabri, Asnawi Madjid, Anis Irawan Anwar und Widya Widita, »Laser tattoo removal: Fundamental principles and practical approach«, in: *Dermatologic Therapy* (2020), S. e14418; Harris Poll, »Tattoo takeover: Three in ten Americans have tattoos, and most don't stop at just one«, 10. Februar 2016. Abrufbar unter: https://bit. ly/35UIndU; Leigh, Harri, »Tattoo removal revenue about to hit record«, in: *Lehigh Valley Public Media*, 16. Oktober 2018; Allied Market Research, »Tattoo removal market size: Industry forecast by 2027«, Oktober 2020. Abrufbar unter: https://www.alliedmarketresearch.com/tattoo-removal-market; Ellison, Katherine, »Getting his tattoo took less than 20 minutes. Regret set in within hours«, in: *Washington Post*, 31. Mai 2020.
7 Markowitz, Harry, »Portfolio selection«, in: *Journal of Finance* 7 (1952), S. 77–91; Markowitz, Harry M., »Foundations of portfolio theory«, in: *Journal of Finance* 46, Nr. 2 (1991), S. 469–477.
8 Forgeard, M. J. C. und M. E. P. Seligman, »Seeing the glass half full: A review of the causes and consequences of optimism«, in: *Pratiques Psychologiques* 18, Nr. 2 (2012), S. 107–120; Rasmussen, Heather N., Michael F. Scheier und Joel B. Greenhouse, »Optimism and physical health: A meta-analytic review«, in: *Annals of Behavioral Medicine* 37, Nr. 3 (2009), S. 239–256.
9 Lyubomirsky, Sonja, Laura King und Ed Diener, »The benefits of frequent positive affect: Does happiness lead to success?«, in: *Psychological Bulletin* 131, Nr. 6 (2005), S. 803.
10 Siehe z. B. Ford, Brett Q., Phoebe Lam, Oliver P. John und Iris B. Mauss, »The psychological health benefits of accepting negative emotions and thoughts: Laboratory, diary, and longitudinal evidence«, in: *Journal of Personality and Social Psychology* 115, Nr. 6 (2018), S. 1075.

Kapitel 2: Warum uns Reue menschlich macht

1 Die vollständige Umfrage und ihre Ergebnisse finden Sie unter: www.danpink. com/surveyresults.
2 Greenberg, George und Mary FitzPatrick, »Regret as an essential ingredient in psychotherapy«, in: *The Psychotherapy Patient* 5, Nr. 1 (1989), S. 35–46.
3 Bell, David E., »Reply: Putting a premium on regret«, in: *Management Science* 31, Nr. 1 (1985), S. 117–122.
4 Guthrie, Chris, »Carhart, constitutional rights, and the psychology of regret«, in: *Southern California Law Review* 81 (2007), S. 877, zitiert aus Hampshire, Stuart, *Thought and action*, London 1959.
5 Guttentag, Robert und Jennifer Ferrell, »Reality compared with its alternatives: Age differences in judgments of regret and relief«, in: *Developmental Psychology* 40, Nr. 5 (2004), S. 764. Siehe auch Uprichard, Brian und Teresa McCormack,

»Becoming kinder: Prosocial choice and the development of interpersonal regret«, in: *Child Development* 90, Nr. 4 (2019), S. e486-e504.

6 Gautam, Shalini, Thomas Suddendorf, Julie D. Henry und Jonathan Redshaw, »A taxonomy of mental time travel and counterfactual thought: Insights from cognitive development«, in: *Behavioural Brain Research* 374 (2019). S. 112108; Burns, Patrick, Kevin J. Riggs und Sarah R. Beck, »Executive control and the experience of regret«, in: *Journal of Experimental Child Psychology* 111, Nr. 3 (2012), S. 501–515. (Diese Quelle behauptet, dass »die späte Herausbildung von Reue ... eine Folge der hohen Anforderung ist, duale Darstellungen der Realität gleichzeitig im Kopf zu behalten und zu vergleichen«.)

7 O'Connor, Eimear, Teresa McCormack und Aidan Feeney, »The development of regret«, in: *Journal of Experimental Child Psychology* 111, Nr. 1 (2012), S. 120–127; McCormack, Teresa, Eimear O'Connor, Sarah Beck und Aidan Feeney, »The development of regret and relief about the outcomes of risky decisions«, in: *Journal of Experimental Child Psychology* 148 (2016), S. 1–19; O'Connor, Eimear, Teresa McCormack, Sarah R. Beck und Aidan Feeney, »Regret and adaptive decision making in young children«, in: *Journal of Experimental Child Psychology* 135 (2015), S. 86–92.

8 McCormack, Teresa und Aidan Feeney, »The development of the experience and anticipation of regret«, in: *Cognition and Emotion* 29, Nr. 2 (2015), S. 266–280.

9 Rafetseder, Eva, Maria Schwitalla und Josef Perner, »Counterfactual reasoning: From childhood to adulthood«, in: *Journal of Experimental Child Psychology* 114, Nr. 3 (2013), S. 389–404; Guttentag, Robert und Jennifer Ferrell, »Children's understanding of anticipatory regret and disappointment«, in: *Cognition and Emotion* 22, Nr. 5 (2008), S. 815–832; Habib, Marianne, M. Cassotti, G. Borst, G. Simon, A. Pineau, O. Houdé und S. Moutier, »Counterfactually mediated emotions: A developmental study of regret and relief in a probabilistic gambling task«, in: *Journal of Experimental Child Psychology* 112, Nr. 2 (2012), S. 265–274.

10 Camille, Nathalie, Giorgio Coricelli, Jerome Sallet, Pascale Pradat-Diehl, Jean-René Duhamel und Angela Sirigu, »The involvement of the orbitofrontal cortex in the experience of regret«, in: *Science* 304, Nr. 5674 (2004), S. 1167–1170. Siehe auch Coricelli, Giorgio, Hugo D. Critchley, Mateus Joffily, John P. O'Doherty, Angela Sirigu und Raymond J. Dolan, »Regret and its avoidance: A neuroimaging study of choice behavior«, in: *Nature Neuroscience* 8, Nr. 9 (2005), S. 1255–1262. (Diese Quelle zeigt, dass dieselben neuronalen Schaltkreise sowohl bei der prospektiven Reue als auch der antizipierten Reue eine Rolle spielen.) Ursu, Stefan und Cameron S. Carter, »Outcome representations, counterfactual comparisons and the human orbitofrontal cortex: Implications for neuroimaging studies of decision-making«, in: *Cognitive Brain Research* 23, Nr. 1 (2005), S. 51–60.

11 Solca, Federica, Barbara Poletti, Stefano Zago, Chiara Crespi, Francesca Sassone, Annalisa Lafronza, Anna Maria Maraschi, Jenny Sassone, Vincenzo Silani und Andrea Ciammola, »Counterfactual thinking deficit in Huntington's disease«, in: *PLOS One* 10, Nr. 6 (2015), S. e0126773.

12 McNamara, Patrick, Raymon Durso, Ariel Brown und A. Lynch, »Counter-

factual cognitive deficit in persons with Parkinson's disease«, in: *Journal of Neurology, Neurosurgery, and Psychiatry* 74, Nr. 8 (2003), S. 1065–1070.

13 Contreras, Fernando, Auria Albacete, Pere Castellví, Agnès Caño, Bessy Benejam und José Manuel Menchón, »Counterfactual reasoning deficits in schizophrenia patients«, in: *PLOS One* 11, Nr. 2 (2016), S. e0148440; Hooker, Christine, Neal J. Roese und Sohee Park, »Impoverished counterfactual thinking is associated with schizophrenia«, in: *Psychiatry* 63, Nr. 4 (2000), S. 326–335. (Psychopathische Individuen empfinden retrospektive Reue, scheinen jedoch, wenn sie Entscheidungen treffen, von prospektiver Reue unbeeinflusst zu bleiben.) Baskin-Sommers, Arielle, Allison M. Stuppy-Sullivan und Joshua W. Buckholtz, »Psychopathic individuals exhibit but do not avoid regret during counterfactual decision making«, in: *Proceedings of the National Academy of Sciences* 113, Nr. 50 (2016), S. 14438–14443.

14 Tagini, Sofia, Federica Solca, Silvia Torre, Agostino Brugnera, Andrea Ciammola, Ketti Mazzocco, Roberta Ferrucci, Vincenzo Silani, Gabriella Pravettoni und Barbara Poletti, »Counterfactual thinking in psychiatric and neurological diseases: A scoping review«, in: *PLOS One* 16, Nr. 2 (2021), S. e0246388.

15 Gilovich, Thomas und Victoria Husted Medvec, »The temporal pattern to the experience of regret«, in: *Journal of Personality and Social Psychology* 67, Nr. 3 (1994), S. 357. Siehe auch Zeelenberg, Marcel und Rik Pieter, »A theory of regret regulation 1.0«, in: *Journal of Consumer Psychology* 17, Nr. 1 (2007), S. 3–18. (»Alle anderen negativen Emotionen können erlebt werden, ohne dass sie mit einer Entscheidung in Zusammenhang stehen, Reue jedoch nicht.«) Hammell, C. und A. Y. C. Chan, »Improving physical task performance with counterfactual and prefactual thinking«, in: *PLOS One* 11, Nr. 12 (2016), S. e0168181. https://doi.org/10.1371/journal.pone.0168181.

16 Landman, Janet, Regret: The persistence of the possible, New York 1993, S. 47.

17 Zeelenberg, Marcel und Rik Pieters, »A theory of regret regulation 1.0.«, in: *Journal of Consumer Psychology* 17, Nr. 1 (2007), S. 3–18.

18 Fleming, Eleanor B., Duong Nguyen, Joseph Afful, Margaret D. Carroll und Phillip D. Woods, »Prevalence of daily flossing among adults by selected risk factors for periodontal disease – United States, 2011–2014«, in: *Journal of Periodontology* 89, Nr. 8 (2018), S. 933–939; Sternberg, Steve, »How many Americans floss their teeth?«, in: *U. S. News and World Report*, 2. Mai 2016.

19 Shimanoff, Susan B., »Commonly named emotions in everyday conversations«, in: *Perceptual and Motor Skills* (1984).

20 Saffrey, Colleen, Amy Summerville und Neal J. Roese, »Praise for regret: People value regret above other negative emotions«, in: *Motivation and Emotion* 32, Nr. 1 (2008), S. 46–54.

21 Bjälkebring, Pär, Daniel Västfjäll, Ola Svenson und Paul Slovic, »Regulation of experienced and anticipated regret in daily decision making«, in: *Emotion* 16, Nr. 3 (2016), S. 381.

22 Morrison, Mike und Neal J. Roese, »Regrets of the typical American: Findings from a nationally representative sample«, in: *Social Psychological and Personality Science* 2, Nr. 6 (2011), S. 576–583.

23 Gilovich, Thomas und Victoria Husted Medvec, »The experience of regret: What, when, and why«, in: *Psychological Review* 102, Nr. 2 (1995), S. 379.

24 Langley, William, »Edith Piaf: Mistress of heartbreak and pain who had a few regrets after all«, in: *The Daily Telegraph*, 13. Oktober 2013.

Kapitel 3: Wenigstens und Wenndochnurs

1 Roese, Neal J. und Kai Epstude, »The functional theory of counterfactual thinking: New evidence, new challenges, new insights«, in: *Advances in experimental and social psychology*, Bd. 56, S. 1–79, Academic Press 2017.

2 Medvec, Victoria Husted, Scott F. Madey und Thomas Gilovich, »When less is more: Counterfactual thinking and satisfaction among Olympic medalists«, in: *Journal of Personality and Social Psychology* 69, Nr. 4 (1995), S. 603. (Die Studie untersuchte auch Medaillengewinner der Empire State Games von 1994.)

3 Maxwell, Scott E., Michael Y. Lau und George S. Howard, »Is psychology suffering from a replication crisis? What does ›failure to replicate‹ really mean?«, in: *American Psychologist* 70, Nr. 6 (2015), S. 487; Yong, Ed., »Psychology's replication crisis is running out of excuses«, in: *The Atlantic*, 19. November 2018.

4 Matsumoto, David und Bob Willingham, »The thrill of victory and the agony of defeat: Spontaneous expressions of medal winners of the 2004 Athens Olympic Games«, in: *Journal of Personality and Social Psychology* 91, Nr. 3 (2006), S. 568.

5 Hedgcock, William M., Andrea W. Luangrath und Raelyn Webster, »Counterfactual thinking and facial expressions among Olympic medalists: A conceptual replication of Medvec, Madey, and Gilovich's (1995) findings«, in: *Journal of Experimental Psychology: General* (2020). (Auch diejenigen, die die Erwartungen übertrafen, lächelten mehr. Die Studie ist zwar erfolgreich wiederholt worden, doch eine andere Studie argumentiert, dass Silbermedaillengewinner höhere Erwartungen haben als Bronzemedaillengewinner und deswegen eher enttäuscht sind.) McGraw, A. Peter, Barbara A. Mellers und Philip E. Tetlock, »Expectations and emotions of Olympic athletes«, in: *Journal of Experimental Social Psychology* 41, Nr. 4 (2005), S. 438–446. (Bei einer anderen Studie stellte man fest, dass die Gesichtsausdrücke der Silber- und Bronzemedaillengewinner ähnlich waren, die Silbermedaillengewinner in den Interviews jedoch mehr kontrafaktische Gedanken äußerten.) Allen, Mark S., Sarah J. Knipler und Amy Y. C. Chan, »Happiness and counterfactual thinking at the 2016 Summer Olympic Games«, in: *Journal of Sports Sciences* 37, Nr. 15 (2019), S. 1762–1769.

6 »Emma Johansson tog OS-silver i Rio«, in: *Expressen Sport*, 7. August 2016. Abrufbar unter https://www.expressen.se/sport/ os-2014/emma-johansson-tog-os-silver-i-rio/.

7 Zeelenberg, Marcel und Rik Pieters, »A theory of regret regulation 1.0.«, in: *Journal of Consumer Psychology* 17, Nr. 1 (2007), S. 3–18; Roese, Neal J. und Taekyun Hur, »Affective determinants of counterfactual thinking«, in: *Social Cognition* 15, Nr. 4 (1997), S. 274–290; Nasco, Suzanne Altobello und Kerry

L. Marsh, »Gaining control through counterfactual thinking«, in: *Personality and Social Psychology Bulletin* 25, Nr. 5 (1999), S. 557–569.

8   Summerville, Amy und Neal J. Roese, »Dare to compare: Fact- based versus simulation-based comparison in daily life«, in: *Journal of Experimental Social Psychology* 44, Nr. 3 (2008), S. 664–671.

9   Teigen, Karl Halvor und Tine K. Jensen, »Unlucky victims or lucky survivors? Spontaneous counterfactual thinking by families exposed to the tsunami disaster«, in: *European Psychologist* 16, Nr. 1 (2011), S. 48.

10   Siehe z. B. FitzGibbon, Lily, Asuka Komiya und Kou Murayama, »The lure of counterfactual curiosity: People incur a cost to experience regret«, in: *Psychological Science* 32, Nr. 2 (2021), S. 241–255.

Kapitel 4: Warum uns Reue besser macht

1   Ku, Gillian, »Learning to de-escalate: The effects of regret in escalation of commitment«, in: *Organizational Behavior and Human Decision Processes* 105, Nr. 2 (2008), S. 221–232.

2   Kray, Laura J. und Michele J. Gelfand, »Relief versus regret: The effect of gender and negotiating norm ambiguity on reactions to having one's first offer accepted«, in: *Social Cognition* 27, Nr. 3 (2009), S. 418–436.

3   Galinsky, Adam D., Vanessa L. Seiden, Peter H. Kim und Victoria Husted Medvec, »The dissatisfaction of having your first offer accepted: The role of counterfactual thinking in negotiations«, in: *Personality and Social Psychology Bulletin* 28, Nr. 2 (2002), S. 271–283.

4   Kray, Laura J., Adam D. Galinsky und Keith D. Markman, »Counterfactual structure and learning from experience in negotiations«, in: *Journal of Experimental Social Psychology* 45, Nr. 4 (2009), S. 979–982.

5   Reb, Jochen, »Regret aversion and decision process quality: Effects of regret salience on decision process carefulness«, in: *Organizational Behavior and Human Decision Processes* 105, Nr. 2 (2008), S. 169–182. Siehe auch Smallman, Rachel und Neal J. Roese, »Counterfactual thinking facilitates behavioral intentions«, in: *Journal of Experimental Social Psychology* 45, Nr. 4 (2009), S. 845–852.

6   Galinsky, Adam D. und Gordon B. Moskowitz, »Counterfactuals as behavioral primes: Priming the simulation heuristic and consideration of alternatives«, in: *Journal of Experimental Social Psychology* 36, Nr. 4 (2000), S. 384–409. Siehe auch Epstude, Kai und Kai J. Jonas, »Regret and counterfactual thinking in the face of inevitability: The case of HIV-positive men«, in: *Social Psychological and Personality Science* 6, Nr. 2 (2015), S. 157–163. (Bei HIV-positiven Männern verschlechterte die Reue das Wohlbefinden, verstärkte jedoch die Neigung, geschützten Sex zu praktizieren.)

7   Meldrum, Helen Mary, »Reflecting or ruminating: Listening to the regrets of life science leaders«, in: *International Journal of Organization Theory and Behavior* (2021).

8   Schwartz, Barry, The paradox of choice: Why more is less, New York 2004.

9   O'Connor, Eimear, Teresa McCormack und Aidan Feeney, »Do children who experience regret make better decisions? A developmental study of the

behavioral consequences of regret«, in: *Child Development* 85, Nr. 5 (2014), S. 1995–2010.

10 Markman, Keith D., Matthew N. McMullen und Ronald A. Elizaga, »Counterfactual thinking, persistence, and performance: A test of the Reflection and Evaluation Model«, in: *Journal of Experimental Social Psychology* 44, Nr. 2 (2008), S. 421–428. (Gewisse Arten von abwärtsgerichteten Kontrafakten verbesserten ebenfalls die Leistung, doch nicht annähernd so sehr wie diese wertenden aufwärtsgerichteten Kontrafakten.)

11 Roese, Neal J., »The functional basis of counterfactual thinking«, in: *Journal of Personality and Social Psychology* 66, Nr. 5 (1994), S. 805.

12 Markman, Keith D., Igor Gavanski, Steven J. Sherman und Matthew N. McMullen, »The mental simulation of better and worse possible worlds«, in: *Journal of Experimental Social Psychology* 29, Nr. 1 (1993), S. 87–109.

13 Galinsky, Adam D. und Gordon B. Moskowitz, »Counterfactuals as behavioral primes: Priming the simulation heuristic and consideration of alternatives«, in: *Journal of Experimental Social Psychology* 36, Nr. 4 (2000), S. 384–409. (In diesem Fall schien das kontrafaktische Denken selbst und nicht die Richtung des Kontrafakts den Effekt zu produzieren.) Siehe auch Saffrey, Colleen, Amy Summerville und Neal J. Roese, »Praise for regret: People value regret above other negative emotions«, in: *Motivation and Emotion* 32, Nr. 1 (2008), S. 46–54.

14 Gao, Hongmei, Yan Zhang, Fang Wang, Yan Xu, Ying-Yi Hong und Jiang Jiang, »Regret causes ego-depletion and finding benefits in the regrettable events alleviates ego-depletion«, in: *Journal of General Psychology* 141, Nr. 3 (2014), S. 169–206.

15 Wang, Yang, Benjamin F. Jones und Dashun Wang, »Early-career setback and future career impact«, in: *Nature Communications* 10, Nr. 1 (2019), S. 1–10. (Ein paar der Wissenschaftler in der Gruppe, die knapp gescheitert war, gaben diesen Beruf offenbar auf – oder bewarben sich zumindest nicht für viele nachfolgende Stipendien. Doch die Forscher kamen zu dem Schluss, dass das Aussondern dieser vielleicht weniger fähigen Wissenschaftler nicht für den Unterschied verantwortlich war.)

16 Kray, Laura J., Linda G. George, Katie A. Liljenquist, Adam D. Galinsky, Philip E. Tetlock und Neal J. Roese, »From what might have been to what must have been: Counterfactual thinking creates meaning«, in: *Journal of Personality and Social Psychology* 98, Nr. 1 (2010), S. 106. Siehe auch Choi, Hyeman und Keith D. Markman, »If only I had‹ versus ›If only I had not‹: Mental deletions, mental additions, and perceptions of meaning in life events«, in: *Journal of Positive Psychology* 14, Nr. 5 (2019), S. 672–680. (Subtraktive Kontrafakten stärken das Gefühl der Sinnhaftigkeit mehr als additive Kontrafakten, die oft dazu dienen, auf die Zukunft vorzubereiten.)

17 Roese, Neal J. und Kai Epstude, »The functional theory of counterfactual thinking: New evidence, new challenges, new insights«, in: *Advances in experimental social psychology*, Bd. 56, S. 1–79, Academic Press 2017; Heintzelman, Samantha J., Justin Christopher, Jason Trent und Laura A. King, »Counterfactual thinking about one's birth enhances well-being judgments«, in: *Journal of Positive Psychology* 8, Nr. 1 (2013), S. 44–49.

18 Ersner-Hershfield, Hal, Adam D. Galinsky, Laura J. Kray und Brayden G. King, »Company, country, connections: Counterfactual origins increase organizational commitment, patriotism, and social investment«, in: *Psychological Science* 21, Nr. 10 (2010), S. 1479–1486.

19 Stewart, Abigail J. und Elizabeth A. Vandewater, »If I had it to do over again … Midlife review, midcourse corrections, and women's well-being in midlife«, in: *Journal of Personality and Social Psychology* 76, Nr. 2 (1999), S. 270.

20 Teilnehmer am World Regret Survey reichten ihre Aussagen zu dem, was sie bereuen, anonym ein. Sie konnten aber freiwillig ihre E-Mail-Adresse angeben, wenn sie damit einverstanden waren, für Follow-up-Interviews kontaktiert zu werden.

21 James, William, *The principles of psychology*, Bd. 1–2, Pantianos Classics 2021, S. 432–433.

22 Fiske, Susan T., »Thinking is for doing: Portraits of social cognition from daguerreotype to laserphoto«, in: *Journal of Personality and Social Psychology* 63, Nr. 6 (1992), S. 877.

23 Hendel, Hilary Jacobs, »Ignoring your emotions is bad for your health. Here's what to do about it«, in: *Time*, 27. Februar 2018.

24 Zu einer klugen Kritik dieser Sichtweise siehe Lukianoff, Greg und Jonathan Haidt, The coddling of the American mind: How good intentions and bad ideas are setting up a generation for failure, New York 2019.

25 Monroe, Michelle Renee, John J. Skowronski, William MacDonald und Sarah E. Wood, »The mildly depressed experience more post-decisional regret than the non-depressed«, in: *Journal of Social and Clinical Psychology* 24, Nr. 5 (2005), S. 665–690; Callander, Gemma, Gary P. Brown, Philip Tata und Lesley Regan, »Counterfactual thinking and psychological distress following recurrent miscarriage«, in: *Journal of Reproductive and Infant Psychology* 25, Nr. 1 (2007), S. 51–65; Gilbar, Ora, Nirit Plivazky und Sharon Gil, »Counterfactual thinking, coping strategies, and coping resources as predictors of PTSD diagnosed in physically injured victims of terror attacks«, in: *Journal of Loss and Trauma* 15, Nr. 4 (2010), S. 304–324.

26 Saffrey, Colleen, Amy Summerville und Neal J. Roese, »Praise for regret: People value regret above other negative emotions«, in: *Motivation and Emotion* 32, Nr. 1 (2008), S. 46–54.

27 Broomhall, Anne Gene, Wendy J. Phillips, Donald W. Hine und Natasha M. Loi, »Upward counterfactual thinking and depression: A meta-analysis«, in: *Clinical Psychology Review* 55 (2017), S. 56–73; Roese, Neal J., Kai Epstude, Florian Fessel, Mike Morrison, Rachel Smallman, Amy Summerville, Adam D. Galinsky und Suzanne Segerstrom, »Repetitive regret, depression, and anxiety: Findings from a nationally representative survey«, in: *Journal of Social and Clinical Psychology* 28, Nr. 6 (2009), S. 671–688.

28 Zeelenberg, Marcel und Rik Pieters, »A theory of regret regulation 1.0«, in: *Journal of Consumer Psychology* 17, Nr. 1 (2007), S. 3–18. Zeelenberg und Pieters argumentieren dafür, »um des Tuns willen zu fühlen«, und sagen, ein negativer Affekt sei »ein Signal an den Organismus, dass Gegenmaßnahmen und Denken erforderlich sind«.

29 Crum, Alia J., Peter Salovey und Shawn Achor, »Rethinking stress: The role of mindsets in determining the stress response«, in: *Journal of Personality and Social Psychology* 104, Nr. 4 (2013), S. 716.

30 Ford, Brett Q., Phoebe Lam, Oliver P. John und Iris B. Mauss, »The psychological health benefits of accepting negative emotions and thoughts: Laboratory, diary, and longitudinal evidence«, in: *Journal of Personality and Social Psychology* 115, Nr. 6 (2018), S. 1075.

31 Kray, Laura J., Linda G. George, Katie A. Liljenquist, Adam D. Galinsky, Philip E. Tetlock und Neal J. Roese, »From what might have been to what must have been: Counterfactual thinking creates meaning«, in: *Journal of Personality and Social Psychology* 98, Nr. 1 (2010), S. 106.

32 Lippke, Andrea Codrington, »In make-do objects, collectors find beauty beyond repair«, in: *New York Times*, 15. Dezember 2010.

Kapitel 5: Die Oberflächenstruktur der Reue

1 U. S. Department of Commerce, Bureau of the Census, Current Population Reports (Serie P-20, Nr. 45), 22. Oktober 1953. Tabelle 11.

2 Erskine, Hazel, »The polls: Hopes, fears, and regrets«, in: *Public Opinion Quarterly* 37, Nr. 1 (1973), S. 132–145.

3 Landman, Janet und Jean D. Manis, »What might have been: Counterfactual thought concerning personal decisions«, in: *British Journal of Psychology* 83, Nr. 4 (1992), S. 473–477.

4 Metha, Arlene T., Richard T. Kinnier und Ellen H. McWhirter, »A pilot study on the regrets and priorities of women«, in: *Psychology of Women Quarterly* 13, Nr. 2 (1989), S. 167–174.

5 Lecci, Len, Morris A. Okun und Paul Karoly, »Life regrets and current goals as predictors of psychological adjustment«, in: *Journal of Personality and Social Psychology* 66, Nr. 4 (1994), S. 731.

6 DeGenova, Mary Kay, »If you had your life to live over again: What would you do differently?«, in: *International Journal of Aging and Human Development* 34, Nr. 2 (1992), S. 135–143.

7 Gilovich, Thomas und Victoria Husted Medvec, »The temporal pattern to the experience of regret«, in: *Journal of Personality and Social Psychology* 67, Nr. 3 (1994), S. 357.

8 Hattiangadi, Nina, Victoria Husted Medvec und Thomas Gilovich, »Failing to act: Regrets of Terman's geniuses«, in: *International Journal of Aging and Human Development* 40, Nr. 3 (1995), S. 175–185. (Bei diesen Männern und Frauen handelte es sich um die sogenannten »Termiten« – die Wunderkinder, die Lewis Terman in den 1920er-Jahren zu beobachten begann und deren Lebenswege er und seine Kollegen im Rahmen einer bis heute andauernden Langzeitstudie weiter verfolgten.)

9 Roese, Neal J. und Amy Summerville, »What we regret most … and why«, in: *Personality and Social Psychology Bulletin* 31, Nr. 9 (2005), S. 1273–1285.

10 Morrison, Mike und Neal J. Roese, »Regrets of the typical American: Findings

from a nationally representative sample«, in: *Social Psychological and Personality Science* 2, Nr. 6 (2011), S. 576–583.

Kapitel 6: Die vier Hauptarten der Reue

1   Chomsky, Noam, *Strukturen der Syntax*, Frankfurt am Main 1973; Chomsky, Noam, *Deep structure, surface structure and semantic interpretation*, New York 2019; Anderson, Stephen R., »On the role of deep structure in semantic interpretation«, in: *Foundations of Language* (1971), S. 387–396.
2   Chomsky, Noam, *Aspekte der Syntax-Theorie*, Frankfurt am Main 1973.

Kapitel 7: Reue in puncto Fundament

1   O'Donoghue, Ted und Matthew Rabin, »Doing it now or later«, in: *American Economic Review* 89, Nr. 1 (1999), S. 103–124; Frederick, Shane, George Loewenstein und Ted O'Donoghue, »Time discounting and time preference: A critical review«, in: *Journal of Economic Literature* 40, Nr. 2 (2002), S. 351–401.
2   Robbins, Jamie E., Leilani Madrigal und Christopher T. Stanley, »Retrospective remorse: College athletes' reported regrets from a single season«, in: *Journal of Sport Behavior* 38, Nr. 2 (2015).
3   Hemingway, Ernest. *Fiesta*, Reinbek bei Hamburg 1977, S. 111.
4   Wagenaar, William A. und Sabato D. Sagaria, »Misperception of exponential growth«, in: *Perception and Psychophysics* 18, Nr. 6 (1975), S. 416–422; Levy, Matthew und Joshua Tasoff, »Exponential-growth bias and lifecycle consumption«, in: *Journal of the European Economic Association* 14, Nr. 3 (2016), S. 545–583.
5   Jones, Edward E. und Victor A. Harris, »The attribution of attitudes«, in: *Journal of Experimental Social Psychology* 3, Nr. 1 (1967), S. 1–24; Kelley, Harold H., »The processes of causal attribution«, in: *American Psychologist* 28, Nr. 2 (1973), S. 107; Bem, Daryl J., »Self-perception theory«, in: *Advances in experimental social psychology*, Bd. 6, S. 1–62, Academic Press 1972; Ross, Lee, »The intuitive psychologist and his shortcomings: Distortions in the attribution process«, in: *Advances in experimental social psychology*, Bd. 10, S. 173–220. Academic Press 1977; Henrich, Joseph, Steven J. Heine und Ara Norenzayan, »The weirdest people in the world?«, in: *Behavioral and Brain Sciences* 33, Nr. 2–3 (2010), S. 61–83.

Kapitel 8: Reue in puncto Mut

1   Dies ist vor allem der Fall, wenn es um Armut und andere Notlagen geht. In ihrem eindringlichen Buch *Scarcity: The New Science of Having Less and How It Defines Our Lives* zeigen Sendhil Mullainathan und Eldar Shafir auf, dass wir, wenn wir wenig Zeit, Geld oder Wahlmöglichkeiten haben, mental derart gefordert sind, dass uns dies davon abhalten kann, kluge zukunftsgerichtete Entscheidungen zu treffen.

2   Costa, Paul T. und Robert R. McCrae, »Revised NEO personality inventory (NEO-PI-R) and NEO five-factor inventory (NEO-FFI)«, in: *Psychological Assessment Resources* (1992); Ones, Deniz S. und Stephan Dilchert. »How special are executives? How special should executive selection be? Observations and recommendations«, in: *Industrial and Organizational Psychology* 2, Nr. 2 (2009), S. 163–170.

3   Margolis, Seth und Sonja Lyubomirsky, »Experimental manipulation of extraverted and introverted behavior and its effects on well-being«, in: *Journal of Experimental Psychology: General* 149, Nr. 4 (2020), S. 719. Siehe auch Kuijpers, E., J. Pickett, B. Wille und J. Hofmans, »Do you feel better when you behave more extraverted than you are? The relationship between cumulative counterdispositional extraversion and positive feelings«, in: *Personality and Social Psychology Bulletin* (2021), S. 01461672211015062.

4   Gilovich, Thomas und Victoria Husted Medvec, »The temporal pattern to the experience of regret«, in: *Journal of personality and social psychology* 67, Nr. 3 (1994), S. 357; Gilovich, Thomas und Victoria Husted Medvec, »The experience of regret: What, when, and why«, in: *Psychological review* 102, Nr. 2 (1995), S. 379.

5   Gilovich, Thomas, Ranxiao Frances Wang, Dennis Regan und Sadafumi Nishina, »Regrets of action and inaction across cultures«, in: *Journal of Cross-Cultural Psychology* 34, Nr. 1 (2003), S. 61–71. Siehe auch Chen, Jing, Chi-Yue Chiu, Neal J. Roese, Kim-Pong Tam und Ivy Yee-Man Lau, »Culture and counterfactuals: On the importance of life domains«, in: *Journal of Cross-Cultural Psychology* 37, Nr. 1 (2006), S. 75–84.

6   Gilovich, Thomas und Victoria Husted Medvec, »The temporal pattern to the experience of regret«, in: *Journal of personality and social psychology* 67, Nr. 3 (1994), S. 357; Gilovich, Thomas und Victoria Husted Medvec, »The experience of regret: What, when, and why«, in: *Psychological review* 102, Nr. 2 (1995), S. 379; Siehe auch Savitsky, Kenneth, Victoria Husted Medvec und Thomas Gilovich, »Remembering and regretting: The Zeigarnik effect and the cognitive availability of regrettable actions and inactions«, in: *Personality and Social Psychology Bulletin* 23, Nr. 3 (1997), S. 248–257.

7   Nash, O., *The Best of Ogden Nash*, Chicago 2007.

Kapitel 9: Reue in puncto Moral

1   Haidt, Jonathan, The righteous mind: Why good people are divided by politics and religion, New York 2012. (Empfehlenswert sind auch Haidts andere Bücher: Lukianoff, Greg und Jonathan Haidt, The coddling of the American mind: How good intentions and bad ideas are setting up a generation for failure, New York 2019; Haidt, Jonathan, The happiness hypothesis: Finding modern truth in ancient wisdom, New York 2006.)

2   Haidt, Jonathan, »The emotional dog and its rational tail: A social intuitionist approach to moral judgment«, in: *Psychological Review* 108, Nr. 4 (2001), S. 814; Haidt, Jonathan, Fredrik Bjorklund und Scott Murphy, »Moral dumbfounding:

When intuition finds no reason«. Unveröffentlichtes Manuskript, University of Virginia (2000), S. 191–221.

3   Graham, Jesse, Jonathan Haidt und Brian A. Nosek, »Liberals and conservatives rely on different sets of moral foundations«, in: *Journal of Personality and Social Psychology 96*, Nr. 5 (2009), S. 1029.

4   Graham, Jesse, Jonathan Haidt, Sena Koleva, Matt Motyl, Ravilyer, Sean P. Wojcik und Peter H. Ditto, »Moral foundations theory: The pragmatic validity of moral pluralism«, in: *Advances in experimental social psychology*, Bd. 47, Academic Press 2013, S. 55–130.

5   Ebenda.

6   Graham, Jesse, Jonathan Haidt, Matt Motyl, Peter Meindl, Carol Iskiwitch und Marlon Mooijman, »Moral foundations theory«, in: *Atlas of moral psychology* (2018), S. 211–222.

7   Lynd, Robert Staughton und Helen Merrell Lynd, *Middletown: A study in contemporary American culture*, New York 1929.

8   Haidt, Jonathan, »The righteous mind: Why good people are divided by politics and religion, New York 2012, S. 163.

9   »Americans' Abortion Views Steady in Past Year«, https://news.gallup.com/poll/313094/americans-abortion-views-steady-past-year.aspx.

10 Émile Durkheim, *Die elementaren Formen des religiösen Lebens*, Frankfurt am Main 2007, S. 62.

Kapitel 10: Reue in puncto Bindungen

1   Morrison, Mike, Kai Epstude und Neal J. Roese, »Life regrets and the need to belong«, in: *Social Psychological and Personality Science 3*, Nr. 6 (2012), S. 675–681.

2   Siehe z. B. Eyal, Tal, Mary Steffel und Nicholas Epley, »Perspective mistaking: Accurately understanding the mind of another requires getting perspective, not taking perspective«, in: *Journal of Personality and Social Psychology* 114, Nr. 4 (2018), S. 547.

3   Epley, Nicholas und Juliana Schroeder, »Mistakenly seeking solitude«, in: *Journal of Experimental Psychology: General* 143, Nr. 5 (2014), S. 1980.

4   Boothby, Erica J. und Vanessa K. Bohns, »Why a simple act of kindness is not as simple as it seems: Underestimating the positive impact of our compliments on others«, in: *Personality and Social Psychology Bulletin* (2020). S. 0146167220949003.

5   Miller, Dale T. und Cathy McFarland, »Pluralistic ignorance: When similarity is interpreted as dissimilarity«, in: *Journal of Personality and Social Psychology 53*, Nr. 2 (1987), S. 298; Prentice, Deborah A und Dale T. Miller, »Pluralistic ignorance and the perpetuation of social norms by unwitting actors«, in: *Advances in experimental social psychology*, Bd. 28, S. 161–209. Academic Press 1996; Prentice, Deborah A. und Dale T. Miller, »Pluralistic ignorance and alcohol use on campus: Some consequences of misperceiving the social norm«, in: *Journal of Personality and Social Psychology* 64, Nr. 2 (1993), S. 243.

6   Mineo, Liz, »Good genes are nice, but joy is better«, in: *Harvard Gazette* 11 (2017).

7   Ebenda.

8   Andere Forschungen kommen zu einer größeren Anzahl, doch immer noch handelt es sich weltweit um eine Minderheit von Eltern. Siehe z. B. Piotrowski, Konrad, »How many parents regret having children and how it is linked to their personality and health: Two studies with national samples in Poland«, in: *PLOS One* 16, Nr, 7 (2021), S. e0254163.

9   Ko, Ahra, Cari M. Pick, Jung Yul Kwon, Michael Barlev, Jaimie Arona Krems, Michael E W Varnum, Rebecca Neel, et al., »Family matters: Rethinking the psychology of human social motivation«, in: *Perspectives on Psychological Science* 15, Nr. 1 (2020), S. 173–201.

10   Vaillant, George E., »Happiness is love: Full stop«. Unveröffentlichtes Manuskript (2012).

Kapitel 11: Chance und Pflicht

1   Higgins, E. Tory, »Self-discrepancy: A theory relating self and affect«, in: *Psychological Review* 94, Nr. 3 (1987), S. 319.

2   Davidai, Shai und Thomas Gilovich, »The ideal road not taken: The self-discrepancies involved in people's most enduring regrets«, in: *Emotion* 18, Nr. 3 (2018), S. 439. (Sie weisen auch darauf hin, dass unser ideales Selbst weniger realisierbar ist, mehr abstrakte Werte als konkrete Handlungen beinhaltet und weniger abhängig vom Kontext ist als unser Soll-Selbst.)

3   Dies wird auch deutlich in *5 Dinge, die Sterbende am meisten bereuen. Einsichten, die Ihr Leben verändern werden*, ein 2012 veröffentlichtes Buch, in dem die Hospizschwester Bronnie Ware das Bedauern einiger ihrer Patienten dokumentierte. Eine sehr wichtige Sache, die die Patienten bereuten, war: »Ich wünschte, ich hätte den Mut gehabt, ein Leben zu führen, in dem ich mir selbst treu geblieben wäre, statt eines, das andere von mir erwarteten.«

4   Siehe z. B. Joel, Samantha, Jason E. Plaks und Geoff MacDonald, »Nothing ventured, nothing gained: People anticipate more regret from missed romantic opportunities than from rejection«, in: *Journal of Social and Personal Relationships* 36, Nr. 1 (2019), S. 305–336.

5   Roese, Neal J. und Amy Summerville, »What we regret most … and why«, in: *Personality and Social Psychology Bulletin* 31, Nr. 9 (2005), S. 1273–1285.

6   Im sexuellen Bereich unterscheiden sich die Geschlechter, zeigt die Forschung. Eine 2013 von Andrew Galperin und Martie Haselton von der University of California, Los Angeles, durchgeführte Studie ergab, dass sich das Bedauern von Männern in der Kategorie Sex im Allgemeinen darum dreht, etwas nicht getan zu haben – um Menschen, mit denen sie nicht geschlafen haben. Frauen bereuen es eher, mit bestimmten Leuten geschlafen zu haben. Neal Roese hat aufgezeigt, dass das Bedauern von Männern in puncto Liebe eher ein Nichthandeln betrifft, während es bei Frauen in gleichem Maße mit ihrem Handeln und Nichthandeln zu tun hat. (Siehe Galperin, Andrew, Martie G. Haselton, David A. Frederick, Joshua Poore, William Hippel, David M. Buss und Gian C.

Gonzaga, »Sexual regret: Evidence for evolved sex differences«, in: *Archives of Sexual Behavior* 7, Nr. 42 (2013), S. 1145–1161; Roese, Neal J., Ginger L. Pennington, Jill Coleman, Maria Janicki, Norman P. Li und Douglas T. Kenrick, »Sex differences in regret: All for love or some for lust?«, in: *Personality and Social Psychology Bulletin* 32, Nr. 6 (2006), S. 770–780.)

7   Dies wird deutlicher, wenn wir die zwischen nordamerikanischen und asiatischen Kulturen bestehenden Unterschiede in Bezug auf Reue untersuchen. Diese Unterschiede sind zwar nicht riesig, doch Menschen in Ländern wie Japan und Korea bringen eher den zwischenmenschlichen Bereich betreffende Reue zum Ausdruck, Nordamerikaner eher ichbezogene Reue. Siehe Komiya, Asuka, Yuri Miyamoto, Motoki Watabe und Takashi Kusumi, »Cultural grounding of regret: Regret in self and interpersonal contexts«, in: *Cognition and Emotion* 25, Nr. 6 (2011), S. 1121–1130; Hur, Taekyun, Neal J. Roese und Jae-Eun Namkoong, »Regrets in the East and West: Role of intrapersonal versus interpersonal norms«, in: *Asian Journal of Social Psychology* 12, Nr. 2 (2009), S. 151–156; Komiya, Asuka, Shigehiro Oishi und Minha Lee, »The rural-urban difference in interpersonal regret«, in: *Personality and Social Psychology Bulletin* 42, Nr. 4 (2016), S. 513–525.

8   D. h., er diente in einer Spezialeinheit der US-Armee, deren Soldaten aufgrund ihrer grünen Baretts auch Green Berets genannt werden (Anmerkung der Übersetzerin).

Kapitel 12: Rückgängig machen und Wenigstens-Aussagen

1   Zeelenberg, Marcel, Joop van der Pligt und Antony S. R. Manstead, »Undoing regret on Dutch television: Apologizing for interpersonal regrets involving actions or inactions«, in: *Personality and Social Psychology Bulletin* 24, Nr. 10 (1998), S. 1113–1119.

2   Bei einem Mac kann man auch Command+Z drücken.

3   Emmerling, Johannes und Salmai Qari, »Car ownership and hedonic adaptation«, in: *Journal of Economic Psychology* 61 (2017), S. 29–38.

4   Siehe z. B. Gilbert, D. T., E. C. Pinel, T. D. Wilson, S. J. Blumberg und T. P. Wheatley, »Immune neglect: A source of durability bias in affective forecasting«, in: *Journal of Personality and Social Psychology* 75, Nr. 3 (1998), S. 617.

Kapitel 13: Enthüllung, Mitgefühl und Distanz

1   Deaner, Robert O., Amit V. Khera und Michael L. Platt, »Monkeys pay per view: Adaptive valuation of social images by rhesus macaques«, in: *Current Biology* 15, Nr. 6 (2005), S. 543–548.

2   Tamir, Diana I. und Jason P. Mitchell, »Disclosing information about the self is intrinsically rewarding«, in: *Proceedings of the National Academy of Sciences* 109, Nr. 21 (2012), S. 8038–8043.

3 Ebenda.

4 Frattaroli, Joanne, »Experimental disclosure and its moderators: A meta-analysis«, in: *Psychological Bulletin* 132, Nr. 6 (2006), S. 823.

5 Tamir, Diana I. und Jason P. Mitchell, »Disclosing information about the self is intrinsically rewarding«, in: *Proceedings of the National Academy of Sciences* 109, Nr. 21 (2012), S. 8038–8043.

6 Lyubomirsky, Sonja, Lorie Sousa und Rene Dickerhoof. »The costs and benefits of writing, talking, and thinking about life's triumphs and defeats«, in: *Journal of Personality and Social Psychology* 90, Nr. 4 (2006), S. 692.

7 Siehe Torre, Jared B. und Matthew D. Lieberman, »Putting feelings into words: Affect labeling as implicit emotion regulation«, in: *Emotion Review* 10, Nr. 2 (2018), S. 116–124.

8 Lyubomirsky, Sonja, Lorie Sousa und Rene Dickerhoof, »The costs and benefits of writing, talking, and thinking about life's triumphs and defeats«, in: *Journal of Personality and Social Psychology* 90, Nr. 4 (2006), S. 692.

9 Collins, Nancy L. und Lynn Carol Miller, »Self-disclosure and liking: A meta-analytic review«, in: *Psychological Bulletin* 116, Nr. 3 (1994), S. 457. (Hervorhebung hinzugefügt.)

10 Pennebaker, James W., »Putting stress into words: Health, linguistic, and therapeutic implications«, in: *Behaviour Research and Therapy* 31, Nr. 6 (1993), S. 539–548; Pennebaker, James W. und Cindy K. Chung, »Expressive writing, emotional upheavals, and health«, in: Friedman, Howard S. und Roxane Cohen Silver (Hg.), *Foundations of health psychology*, New York 2007; Pennebaker, James W., »Writing about emotional experiences as a therapeutic process«, in: *Psychological Science* 8, Nr. 3 (1997), S. 162–166; Gortner, Eva-Maria, Stephanie S. Rude und James W. Pennebaker, »Benefits of expressive writing in lowering rumination and depressive symptoms«, in: *Behavior Therapy* 37, Nr. 3 (2006), S. 292–303.

11 Pennebaker, James W., »Writing about emotional experiences as a therapeutic process«, in: *Psychological Science* 8, Nr. 3 (1997), S. 162–166.

12 Killham, Margo E., Amber D. Mosewich, Diane E. Mack, Katie E. Gunnell und Leah J. Ferguson., »Women athletes' self-compassion, self-criticism, and perceived sport performance«, in: *Sport, Exercise, and Performance Psychology* 7, Nr. 3 (2018), S. 297; Powers, Theodore A., Richard Koestner, David C. Zuroff, Marina Milyavskaya und Amy A. Gorin, »The effects of self-criticism and self-oriented perfectionism on goal pursuit«, in: *Personality and Social Psychology Bulletin* 37, Nr. 7 (2011), S. 964–975; Powers, Theodore A., Richard Koestner und David C. Zuroff, »Self-criticism, goal motivation, and goal progress«, in: *Journal of Social and Clinical Psychology* 26, Nr. 7 (2007), S. 826–840; Kamen, Leslie P. und Martin E. P. Seligman, »Explanatory style and health«, in: *Current Psychology* 6, Nr. 3 (1987), S. 207–218; Buchanan, Gregory McClell, Martin E. P. Seligman und Martin Seligman (Hg.), *Explanatory style*, New York 2013.

13 Baumeister, Roy F., Jennifer D. Campbell, Joachim I. Krueger und Kathleen D. Vohs, »Does high self-esteem cause better performance, interpersonal success, happiness, or healthier lifestyles?«, in: *Psychological Science in the Public Interest* 4, Nr. 1 (2003), S. 1–44.

14 Baumeister, Roy F., Laura Smart und Joseph M. Boden, »Relation of threatened

egotism to violence and aggression: The dark side of high self-esteem«, in: *Psychological Review* 103, Nr. 1 (1996), S. 5; Raskin, Robert, Jill Novacek und Robert Hogan, »Narcissism, self-esteem, and defensive self-enhancement«, in: *Journal of Personality* 59, Nr. 1 (1991), S. 19–38; Campbell, W. Keith, Eric A. Rudich und Constantine Sedikides, »Narcissism, self-esteem, and the positivity of self-views: Two portraits of self-love«, in: *Personality and Social Psychology Bulletin* 28, Nr. 3 (2002), S. 358–368; Aberson, Christopher L., Michael Healy und Victoria Romero, »Ingroup bias and self-esteem: A meta-analysis«, in: *Personality and Social Psychology Review* 4, Nr. 2 (2000), S. 157–173.

15 Neff, Kristin D., Kristin L. Kirkpatrick und Stephanie S. Rude, »Self-compassion and adaptive psychological functioning«, in: *Journal of Research in Personality* 41, Nr. 1 (2007), S. 139–154.

16 Ferrari, Madeleine, Caroline Hunt, Ashish Harrysunker, Maree J. Abbott, Alissa P. Beath und Danielle A. Einstein, »Self-compassion interventions and psychosocial outcomes: A meta-analysis of RCTs«, in: *Mindfulness* 10, Nr. 8 (2019), S. 1455–1473; Neff, Kristin D. und Christopher K. Germer, »A pilot study and randomized controlled trial of the mindful self-compassion program«, in: *Journal of Clinical Psychology* 69, Nr. 1 (2013), S. 28–44.

17 Neff, Kristin D., Stephanie S. Rude und Kristin L. Kirkpatrick, »An examination of self-compassion in relation to positive psychological functioning and personality traits«, in: *Journal of Research in Personality* 41, Nr. 4 (2007), S. 908–916.

18 Neff, Kristin D. und Christopher K. Germer, »A pilot study and randomized controlled trial of the mindful self-compassion program«, in: *Journal of Clinical Psychology* 69, Nr. 1 (2013), S. 28–44.

19 Mahmoud, Mohebi und Zarei Sahar, »The relationship between mental toughness and self-compassion in elite and non-elite adolescent taekwondo athletes«, in: *Journal of Motor and Behavioral Sciences* 2, Nr. 1 (2019), S. 21–31.

20 Neff, Kristin D., »Self-compassion, self-esteem, and well-being«, in: *Social and Personality Psychology Compass* 5, Nr. 1 (2011), S. 1–12.

21 Greenberg, Jonathan, Tanya Datta, Benjamin G. Shapero, Gunes Sevinc, David Mischoulon und Sara W. Lazar, »Compassionate hearts protect against wandering minds: Self-compassion moderates the effect of mind-wandering on depression«, in: *Spirituality in Clinical Practice* 5, Nr. 3 (2018), S. 155.

22 Neff, Kristin D., Ya-Ping Hsieh und Kullaya Dejitterat, »Self-compassion, achievement goals, and coping with academic failure«, in: *Self and Identity* 4, Nr. 3 (2005), S. 263–287.

23 Zessin, Ulli, Oliver Dickhäuser und Sven Garbade, »The relationship between self-compassion and well-being: A meta-analysis«, in: *Applied Psychology: Health and Well-Being* 7, Nr. 3 (2015), S. 340–364.

24 Winders, Sarah-Jane, Orlagh Murphy, Kathy Looney und Gary O'Reilly, »Self-compassion, trauma, and posttraumatic stress disorder: A systematic review«, in: *Clinical Psychology and Psychotherapy* 27, Nr. 3 (2020), S. 300–329; Hiraoka, Regina, Eric C. Meyer, Nathan A. Kimbrel, Bryann B. DeBeer, Suzy Bird Gulliver und Sandra B. Morissette, »Self-compassion as a prospective predictor of PTSD symptom severity among trauma-exposed US Iraq and Afghanistan war veterans«, in: *Journal of Traumatic Stress* 28, Nr. 2 (2015), S. 127–133.

25 Phillips, Wendy J. und Donald W. Hine, »Self-compassion, physical health, and health behaviour: A meta-analysis«, in: *Health Psychology Review* 15, Nr. 1 (2021), S. 113–139.

26 Zhang, Jia Wie und Serena Chen, »Self-compassion promotes personal improvement from regret experiences via acceptance«, in: *Personality and Social Psychology Bulletin* 42, Nr. 2 (2016), S. 244–258.

27 Siehe z. B. Breines, Juliana G. und Serena Chen, »Self-compassion increases self-improvement motivation«, in: *Personality and Social Psychology Bulletin* 38, Nr. 9 (2012), S. 1133–1143.

28 Neff, Kristin D., »Self-compassion, self-esteem, and well-being«, in: *Social and Personality Psychology Compass* 5, Nr. 1 (2011), S. 1–12.

29 Kross, Ethan und Özlem Ayduk, »Making meaning out of negative experiences by self-distancing«, in: *Current Directions in Psychological Science* 20, Nr. 3 (2011), S. 187–191.

30 Kross, Ethan, Özlem Ayduk und Walter Mischel, »When asking ›why‹ does not hurt distinguishing rumination from reflective processing of negative emotions«, in: *Psychological Science* 16, Nr. 9 (2005), S. 709–715.

31 Kross, Ethan und Özlem Ayduk, »Self-distancing: Theory, research, and current directions«, in: *Advances in experimental social psychology*, Bd. 55, S. 81–136, Academic Press 2017.

32 Grossmann, Igor, Anna Dorfman, Harrison Oakes, Henri C. Santos, Kathleen D. Vohs und Abigail A. Scholer, »Training for wisdom: The distanced-self-reflection diary method«, in: *Psychological Science* 32, Nr, 3 (2021), S. 381–394.

33 Ayduk, Özlem und Ethan Kross, »Enhancing the pace of recovery: Self-distanced analysis of negative experiences reduces blood pressure reactivity«, in: *Psychological Science* 19, Nr. 3 (2008), S. 229–231.

34 Grossmann, Igor und Ethan Kross, »Exploring Solomon's paradox: Self-distancing eliminates the self-other asymmetry in wise reasoning about close relationships in younger and older adults«, in: *Psychological Science* 25, Nr. 8 (2014), S. 1571–1580.

35 Leitner, Jordan B., Özlem Ayduk, Rodolfo Mendoza-Denton, Adam Magerman, Rachel Amey, Ethan Kross und Chad E. Forbes, »Self-distancing improves interpersonal perceptions and behavior by decreasing medial prefrontal cortex activity during the provision of criticism«, in: *Social Cognitive and Affective Neuroscience* 12, Nr. 4 (2017), S. 534–543. Siehe auch Waytz, Adam, Hal E. Hershfield und Diana I. Tamir, »Mental simulation and meaning in life«, in: *Journal of Personality and Social Psychology* 108, Nr. 2 (2015), S. 336.

36 Thomas, Manoj und Claire I. Tsai, »Psychological distance and subjective experience: How distancing reduces the feeling of difficulty«, in: *Journal of Consumer Research* 39, Nr. 2 (2012), S. 324–340.

37 Kross, Ethan und Özlem Ayduk, »Self-distancing: Theory, research, and current directions«, in: *Advances in experimental social psychology*, Bd. 55, S. 81–136. Academic Press 2017.

38 Bruehlman-Senecal, Emma und Özlem Ayduk, »This too shall pass: Temporal distance and the regulation of emotional distress«, in: *Journal of Personality and Social Psychology* 108, Nr. 2 (2015), S. 356.

39   Rim, SoYon und Amy Summerville, »How far to the road not taken? The effect of psychological distance on counterfactual direction«, in: *Personality and Social Psychology Bulletin* 40, Nr. 3 (2014), S. 391–401.

40   Kross, Ethan und Özlem Ayduk, »Self-distancing: Theory, research, and current directions«, in: *Advances in experimental social psychology*, Bd. 55, S. 81–136, Academic Press 2017.

41   Grossmann, Igor, Anna Dorfman, Harrison Oakes, Henri C. Santos, Kathleen D. Vohs und Abigail A. Scholer, »Training for wisdom: The distanced-self-reflection diary method«, in: *Psychological Science* 32, Nr. 3 (2021), S. 381–394. Siehe auch Kross, Ethan, Emma Bruehlman-Senecal, Jiyoung Park, Aleah Burson, Adrienne Dougherty, Holly Shablack, Ryan Bremner, Jason Moser und Özlem Ayduk, »Self-talk as a regulatory mechanism: How you do it matters«, in: *Journal of Personality and Social Psychology* 106, Nr. 2 (2014), S. 304.

42   Dolcos, Sanda und Dolores Albarracín, »The inner speech of behavioral regulation: Intentions and task performance strengthen when you talk to yourself as a You«, in: *European Journal of Social Psychology* 44, Nr. 6 (2014), S. 636–642.

43   Orvell, Ariana, Ethan Kross und Susan A. Gelman, »How ›you‹ makes meaning«, in: *Science* 355, Nr. 6331 (2017), S. 1299–1302.

44   Kross, Ethan, Brian D. Vickers, Ariana Orvell, Izzy Gainsburg, Tim P. Moran, Margaret Boyer, John Jonides, Jason Moser und Özlem Ayduk, »Third-person self-talk reduces Ebola worry and risk perception by enhancing rational thinking«, in: *Applied Psychology: Health and Well-Being* 9, Nr. 3 (2017), S. 387–409.

45   Moser, Jason S., Adrienne Dougherty, Whitney I. Mattson, Benjamin Katz, Tim P. Moran, Darwin Guevarra, Holly Shablack et al., »Third-person self-talk facilitates emotion regulation without engaging cognitive control: Converging evidence from ERP and fMRI«, in: *Scientific Reports* 7, Nr. 1 (2017), S. 1–9.

46   Dieses Beispiel stammt aus einem meiner Lieblings-Wirtschaftsbücher: Heath, Chip und Dan Heath, *Decisive: How to make better choices in life and work*. New York 2013.

47   Koo, Minkyung, Sara B. Algoe, Timothy D. Wilson und Daniel T. Gilbert, »It's a wonderful life: Mentally subtracting positive events improves people's affective states, contrary to their affective forecasts«, in: *Journal of Personality and Social Psychology* 95, Nr. 5 (2008), S. 1217.

Kapitel 14: Reue antizipieren

1   Die genauen Details der Geschichte und Nobels wahre Motivation sind unklar. Und einige der Einzelheiten sind widersprüchlich. Siehe Lenon, Troy, »Swedish inventor Alfred Nobel was spurred by his obituary to create the Nobel Prize«, in: *Daily Telegraph*, 12. April 2018; Andrews, Evan. »Did a premature obituary inspire the Nobel Prize?«, History.com, 23, Juli 2020. Abrufbar unter: https:// www.history.com/news/did-a-premature-obituary-inspire-the-nobel-prize. Doch die Geschichte ist immer wieder erzählt worden, u. a. im Rahmen der

Dankesreden der Nobelpreisträger. Siehe z. B. Gore, Al, »The Nobel lecture given by the Nobel Peace Prize laureate 2007, Al Gore, (Oslo, December 10, 2007)«, The Nobel Foundation, Oslo (2007).

2   Chapman, Joyce, »Leveraging regret: Maximizing survey participation at the Duke University Libraries«, Ithaka S+R blog, 23. Mai 2017, Abrufbar unter: https://sr.ithaka.org/blog/leveraging-regret-maximizing-survey-participation-at-the-duke-university-libraries/.

3   Siehe z. B. Haisley, Emily, Kevin G. Volpp, Thomas Pellathy und George Loewenstein, »The impact of alternative incentive schemes on completion of health risk assessments«, in: *American Journal of Health Promotion* 26, Nr. 3 (2012), S. 184–188; Zeelenberg, Marcel und Rik Pieters, »Consequences of regret aversion in real life: The case of the Dutch postcode lottery«, in: *Organizational Behavior and Human Decision Processes* 93, Nr. 2 (2004), S. 155–168. Doch sie sind nicht immer effektiv. Siehe z. B. Gandhi, Linnea, Katherine L. Milkman, Sean Ellis, Heather Graci, Dena Gromet, Rayyan Mobarak, Alison Buttenheim et al., »An experiment evaluating the impact of large-scale, high-payoff vaccine regret lotteries«, *High-payoff Vaccine Regret Lotteries (August 13, 2021)*, (2021). (Eine Reuelotterie in Philadelphia hatte kaum einen Einfluss auf die Zunahme von COVID-Impfungen.)

4   Tversky, Amos und Daniel Kahneman, »Advances in prospect theory: Cumulative representation of uncertainty«, in: *Journal of Risk and Uncertainty* 5, Nr. 4 (1992), S. 297–323.

5   Ravert, Russell D., Linda Y. Fu und Gregory D. Zimet, »Young adults' COVID-19 testing intentions: The role of health beliefs and anticipated regret«, in *Journal of Adolescent Health* 68, Nr. 3 (2021), S. 460–463.

6   Wolff, Katharina, »COVID-19 vaccination intentions: The theory of planned behavior, optimistic bias, and anticipated regret«, in: *Frontiers in Psychology* 12 (2021).

7   Brewer, Noel T., Jessica T. DeFrank und Melissa B. Gilkey, »Anticipated regret and health behavior: A meta-analysis«, in: *Health Psychology* 35, Nr. 11 (2016), S. 1264.

8   Abraham, Charles und Paschal Sheeran, »Deciding to exercise: The role of anticipated regret«, in: *British Journal of Health Psychology* 9, Nr. 2 (2004), S. 269–278.

9   Steptoe, Andrew, Linda Perkins-Porras, Elisabeth Rink, Sean Hilton und Francesco P. Cappuccio, »Psychological and social predictors of changes in fruit and vegetable consumption over 12 months following behavioral and nutrition education counseling«, in: *Health Psychology* 23, Nr. 6 (2004), S. 574.

10 Penţa, Marcela A., Irina Catrinel Crăciun und Adriana Băban, »The power of anticipated regret: Predictors of HPV vaccination and seasonal influenza vaccination acceptability among young Romanians«, in: *Vaccine* 38, Nr. 6 (2020), S. 1572–1578.

11 Chapman, Gretchen B. und Elliot J. Coups, »Emotions and preventive health behavior: Worry, regret, and influenza vaccination«, in: *Health Psychology* 25, Nr. 1 (2006), S. 82.

12 Richard, Rene, Nanne K. de Vries und Joop van der Pligt, »Anticipated regret

and precautionary sexual behavior«, in: *Journal of Applied Social Psychology* 28, Nr. 15 (1998), S. 1411–1428.

13   Ahn, Jisoo und Lee Ann Kahlor, »No regrets when it comes to your health: Anticipated regret, subjective norms, information insufficiency, and intent to seek health information from multiple sources«, in: *Health Communication* 35, Nr. 10 (2020), S. 1295–1302.

14   de Nooijer, Jascha, Lilian Lechner, Math Candel und Hein de Vries, »Short-and long-term effects of tailored information versus general information on determinants and intentions related to early detection of cancer«, in: *Preventive Medicine* 38, Nr. 6 (2004), S. 694–703.

15   Elliott, Mark A. und James A. Thomson, »The social cognitive determinants of offending drivers' speeding behaviour«, in: *Accident Analysis and Prevention* 42, Nr. 6 (2010), S. 1595–1605.

16   Sandberg, Tracy und Mark Conner, »A mere measurement effect for anticipated regret: Impacts on cervical screening attendance«, in: *British Journal of Social Psychology* 48, Nr. 2 (2009), S. 221–236.

17   Conner, Mark, Tracy Sandberg, Brian McMillan und Andrea Higgins, »Role of anticipated regret, intentions, and intention stability in adolescent smoking initiation«, in: *British Journal of Health Psychology* 11, Nr. 1 (2006), S. 85–101.

18   Carfora, Valentina, Daniela Caso und Mark Conner, »Randomised controlled trial of a text messaging intervention for reducing processed meat consumption: The mediating roles of anticipated regret and intention«, in: *Appetite* 117 (2017), S. 152–160.

19   Kaiser, Florian G., »A moral extension of the theory of planned behavior: Norms and anticipated feelings of regret in conservationism«, in: *Personality and Individual Differences* 41, Nr. 1 (2006), S. 71–81.

20   Mayes, Liz, »At this workshop, writing your own obit means analyzing your past – or future«, in: *Washington Post*, 10. Dezember 2019.

21   Klein, Gary, »Performing a project premortem«, in: *Harvard Business Review* 85, Nr. 9 (2007), S. 18 f. (Zur Pre-Mortem-Methode siehe auch: Pink, Daniel H., *When: The scientific secrets of perfect timing*, New York 2019, S. 107 f.)

22   Stillman, Jessica, »How Amazon's Jeff Bezos made one of the toughest decisions of his career«, in: *Inc.*, 13. Juni 2016.

23   Wilson, Timothy D. und Daniel T. Gilbert, »Affective forecasting: Knowing what to want«, in: *Current Directions in Psychological Science* 14, Nr. 3 (2005). S. 131–134; Gilbert, Daniel T., Matthew D. Lieberman, Carey K. Morewedge und Timothy D. Wilson, »The peculiar longevity of things not so bad«, in: *Psychological Science* 15, Nr. 1 (2004), S. 14–19. Siehe auch Crawford, Matthew T., Allen R. McConnell, Amy C. Lewis und Steven J. Sherman, »Reactance, compliance, and anticipated regret«, in: *Journal of Experimental Social Psychology* 38, Nr. 1 (2002), S. 56–63.

24   Gilbert, Daniel T., Carey K. Morewedge, Jane L. Risen und Timothy D. Wilson, »Looking forward to looking backward: The misprediction of regret«, in: *Psychological Science* 15, Nr. 5 (2004), S. 346–350. Siehe auch Sevdalis, Nick und Nigel Harvey, »Biased forecasting of postdecisional affect«, in: *Psychological Science* 18, Nr. 8 (2007), S. 678–681.

25   Simonson, Itamar, »The influence of anticipating regret and responsibility on purchase decisions«, in: *Journal of Consumer Research* 19, Nr. 1 (1992), S. 105–118.

26   Bar-Hillel, Maya und Efrat Neter, »Why are people reluctant to exchange lottery tickets?«, in: *Journal of Personality and Social Psychology* 70, Nr. 1 (1996), S. 17; Risen, Jane L. und Thomas Gilovich, »Another look at why people are reluctant to exchange lottery tickets«, in: *Journal of Personality and Social Psychology* 93, Nr. 1 (2007), S. 12. (Die Menschen glauben auch, dass der Tausch ihres Lotterieloses die Wahrscheinlichkeit erhöht, dass es gewinnen wird.)

27   van de Ven, Niels und Marcel Zeelenberg, »Regret aversion and the reluctance to exchange lottery tickets«, in: *Journal of Economic Psychology* 32, Nr. 1 (2011), S. 194–200.

28   Beattie, Jane, Jonathan Baron, John C. Hershey und Mark D. Spranca, »Psychological determinants of decision attitude«, in: *Journal of Behavioral Decision Making* 7, Nr. 2 (1994), S. 129–144; Wake, Sean, Jolie Wormwood und Ajay B. Satpute, »The influence of fear on risk taking: A meta-analysis«, in: *Cognition and Emotion* 34, Nr. 6 (2020), S. 1143–1159; McConnell, Allen R., Keith E. Niedermeier, Jill M. Leibold, Amani G. El-Alayli, Peggy P. Chin und Nicole M. Kuiper, »What if I find it cheaper someplace else? Role of prefactual thinking and anticipated regret in consumer behavior«, in: *Psychology and Marketing* 17, Nr. 4 (2000), S. 281–298. (Preisgarantien können der Trägheit von Konsumenten entgegenwirken, die nicht kaufen, weil sie damit rechnen, dass die Preise sinken.)

29   Larrick, Richard P. und Terry L. Boles, »Avoiding regret in decisions with feedback: A negotiation example«, in: *Organizational Behavior and Human Decision Processes* 63, Nr. 1 (1995), S. 87–97.

30   Merry, Justin W., Mary Kate Elenchin und Renee N. Surma, »Should students change their answers on multiple choice questions?«, in: *Advances in Physiology Education* 45, Nr. 1 (2021), S. 182–190; Princeton Review, »Fourteen avoidable mistakes you make on test day«. Abrufbar unter: https://www.princetonreview.com/college-advice/test-day-mistakes.

31   Merry, Justin W., Mary Kate Elenchin und Renee N. Surma, »Should students change their answers on multiple choice questions?«, in: *Advances in Physiology Education* 45, Nr. 1 (2021), S. 182–190; Bauer, Daniel, Veronika Kopp und Martin R. Fischer, »Answer changing in multiple choice assessment: Change that answer when in doubt – and spread the word«, in: *BMC Medical Education* 7, Nr. 1 (2007), S. 1–5; Couchman, Justin J., Noelle E. Miller, Shaun J. Zmuda, Kathryn Feather und Tina Schwartzmeyer, »The instinct fallacy: The metacognition of answering and revising during college exams«, in: *Metacognition and Learning* 11, Nr. 2 (2016), S. 171–185. (Entscheidend ist nicht so sehr der erste Instinkt, sondern die Metakognition – wie sicher die Studenten sich ihrer Antworten sind.)

32   Kruger, Justin, Derrick Wirtz und Dale T. Miller, »Counterfactual thinking and the first instinct fallacy«, in: *Journal of Personality and Social Psychology* 88, Nr. 5 (2005), S. 725.

33   Simon, Herbert A., »Rational choice and the structure of the environment«, in: *Psychological Review* 63, Nr. 2 (1956), S. 129; Simon, Herbert A., »Rational

decision making in business organizations«, in: *American Economic Review* 69, Nr. 4 (1979), S. 493–513.

34   Schwartz, Barry, Andrew Ward, John Monterosso, Sonja Lyubomirsky, Katherine White und Darrin R. Lehman, »Maximizing versus satisficing: Happiness is a matter of choice«, in: *Journal of Personality and Social Psychology* 83, Nr. 5 (2002), S. 1178.

35   Ebenda. (»Je mehr Optionen es gibt, desto eher trifft man eine suboptimale Entscheidung, und diese Aussicht schmälert vielleicht jegliche Freude, die die tatsächliche Entscheidung bereitet.«)

Epilog: Reue und Erlösung

1   McAdams, Dan P. und P. J. Bowman, »Narrating life's turning points: Redemption and contamination: Narrative studies of lives in transition«, in: Turns in the road: Narrative studies of lives in transition, Washington, DC: American Psychological Association Press 2001; McAdams, Dan P., Jeffrey Reynolds, Martha Lewis, Allison H. Patten und Phillip J. Bowman. »When bad things turn good and good things turn bad: Sequences of redemption and contamination in life narrative and their relation to psychosocial adaptation in midlife adults and in students«, in: Personality and Social Psychology Bulletin 27, Nr. 4 (2001), S. 474–485; McAdams, Dan P., »The psychology of life stories«, in: Review of General Psychology 5, Nr. 2 (2001), S. 100–122; McAdams, Dan P., The redemptive self: Stories Americans live by (überarbeitete und erweiterte Ausgabe), New York 2013.